新编商务日语综合教程

（修订版）

罗萃萃　阿部诚（日）　编著
日高一宇（日）　审校

东南大学出版社
·南京·

内容提要

本书将"国际贸易知识"、"相关法律知识"、"商务文件处理知识"、"日本社会文化知识和涉外礼节规定"、"口译训练"等综合性商务日语知识,根据国际商务活动规范,按照一般国际贸易程序融会贯通成一体,使学习者通过身临其境的"体验实践型"的学习方式,随着贸易活动的进展,循序渐进、生动有趣地学习,从而掌握系统的商务日语及相关知识,同时加强学习者的法律和跨文化交际意识。

图书在版编目(CIP)数据

新编商务日语综合教程/罗萃萃,(日)阿部诚编著.
—2版.—南京:东南大学出版社,2012.6(2025.7重印)
ISBN 978-7-5641-3613-0

Ⅰ.①新⋯ Ⅱ.①罗⋯ ②阿⋯ Ⅲ.商务—日语—教材 Ⅳ.①H36

中国版本图书馆CIP数据核字(2012)第132772号

新编商务日语综合教程

编　　著	罗萃萃　阿部诚(日)	责任编辑	刘　坚
电　　话	(025)83793329 / 83362442(传真)	电子邮件	liu-jian@seupress.com
出版发行	东南大学出版社		
地　　址	南京市四牌楼2号	邮　编	210096
销售电话	(025)83793191 / 83794561 / 83794174 / 83794121 / 83795801 / 83792174　83795802 / 57711295(发行部传真)		
网　　址	http://www.seupress.com	电子邮件	press@seupress.com
经　　销	全国各地新华书店	印　刷	南京迅驰彩色印刷有限公司
开　　本	787mm×1092mm　1/16	印　张	17.25
字　　数	450千字	印　数	22001—23010册
版　　次	2025年7月第2版第9次印刷		
书　　号	ISBN 978-7-5641-3613-0		
定　　价	45.00元		

*未经本社授权,本书内文字不得以任何方式转载、演绎,违者必究。
*本社图书若有印装质量问题,请直接与营销部联系。电话:025-83791830。

使 用 说 明

为了使枯燥的商务日语学习生动有趣、丰富实用，本书在编撰时采用了新的课文结构，建议教学者或学习者用以情景教学法和计划教学法为基础的"体验实践型教学法"施教或学习。

一、内容构成

全书共20课，每课包括5方面内容，即：日本社会习俗须知，商务业务及法律知识，商务文件写作注意事项，范文，会话口译练习。

本书是综合性的商务日语基础教程。它以生动有趣、实用性强的日本社会文化习俗知识为前导，有机贯穿起来的16类商务活动和法律知识及20种商务文件为主要内容，并相应配上培养实际应用能力的商务文件范文和商务洽谈翻译练习，最后附有实际商务活动中常用的各类知识总汇及课文参考译文。因此，本书既可作为商务日语教程，也可作为对日商务活动工具书。

二、课文结构及学习方法（第一课和第十八课除外）：

1. **短评**：目的是让学习者在学习商务知识之前，先了解日本商界及社会的一些习俗，籍此活跃课堂气氛，激起学习者学习兴趣。学习时可结合国情比较两国不同点，以此增强学习者跨文化交际意识，进一步理解日本社会。

2. **商务知识（正文）**：目的是让学习者沿着一项国际贸易活动的进程，循序渐进地学习每个贸易环节必须掌握的商务和法律知识。

开始学习本部分内容时，最好采用"体验实践型教学法"。即首先让学习者分成中日双方，两人一组成立各自的公司，并设定一个具体的贸易项目，使学习者作为公司管理者的身份进入到学习活动中去。这样学习者会产生身临其境的感觉，对自己所负责的项目负有使命感，从而在实践活动中自然、自觉的主动要求吸取知识。

教师作为总导演，主要责任是安排学习任务、质疑、解难和评价。

3. **文件写作**：与正文相呼应，学习贸易环节中往来文件的内容及写作知识。可结合课后练习，让学习者互通函电。

4. **文件范文**：供模仿练习写作用并用于笔译练习，要强调商务函件的规范性、严格性和重要性，目的是培养学习者严谨的工作作风和动手能力。

5. **商务口译练习**：本部分的口译练习内容结合正文、深入浅出、短小活泼，适合四人组练习。四人可轮换作中日双方谈判代表和翻译。这种练习的目的是使学习者获得现场口

译的体验。口译练习要强调学习者的精神面貌、行为规范、礼貌及准确措辞，培养学习者审时度势和灵活应变的能力。（练习时，承担翻译的学习者耳听口译不看课本；中方代表眼看日文口译成中文；日方代表可单纯读日文或根据大意调整、改动一些内容。）

三、学习时间安排

本教材共有20课，2~3课时学习正文，2课时复习正文和练习口译，学完全书共需80~90课时，约一学年。

四、本书使用略语

（名）——名词　　　　　　　　（形）——形容词
（副）——副词　　　　　　　　（形动）——形容动词
（接续）——接续词　　　　　　（词组）——词组
（自一）——一段活用自动词　　（他一）——一段活用他动词
（自五）——五段活用自动词　　（他五）——五段活用他动词
（自サ）——サ变活用自动词　　（他サ）——サ变活用他动词

编者
2012年6月

再 版 前 言

随着我国改革开放步伐的进一步加快及世界经济全球化程度的进一步加强，中国和世界第二经济强国日本之间的经济、商贸等交流活动日益频繁，这就需要有越来越多的高素质人才投身于对日经贸领域。

对于从事经贸工作的人员来说，其专业水平的高低、法律意识的强弱、跨文化交际意识的具备，他们在从事经贸活动时的言行举止和应变能力都对贸易活动的成功与否乃至国与国的关系有着直接的影响，因此，新的时代对商务日语人才提出了更高的要求。

《新编商务日语综合教程》就是根据中国加入WTO后，对从事对日商务活动人员提出的新要求，基于教育部"重视21世纪人才的综合素质培养"的精神，根据市场经济的实际发展，从培养"厚基础、宽口径"商务人才的综合素质这一角度出发，立足于外语教学的基本原理编写而成的。

《新编商务日语综合教程》在于适应新形势下的贸易方式，培养新时期适应市场需求的人才，提高商务日语的教学效率，以增强学习者的应用能力，拓宽学习者的知识面，培养学习者的法律意识和跨文化交际意识。

《新编商务日语综合教程》的特点是：

1. 本教程采用了"体验实践型商务日语教学法"，将"国际贸易知识"、"相关法律知识"、"商务文件处理知识"、"日本社会文化知识和涉外礼节规定"、"口译训练"等综合性商务日语知识，根据国际商务活动规范，按照一般国际贸易程序融会贯通成一体，使学习者通过身临其境的"体验实践型"的学习方式，随着贸易活动的进展，循序渐进、生动有趣地学习，从而掌握系统的商务日语及相关知识，同时加强学习者的法律和跨文化交际意识。

2. 本教程共有20课，设计为90~100课时。每课包括5个方面的内容：①日本社会和商界习俗；②贸易业务及有关法律知识；③商务文件写作要领及注意事项；④范文；⑤同声口译练习。

3. 本教程课程设置按照一般的国际贸易活动程序，即从一次国际贸易活动开始到结束，将**介绍外贸形式、招商、询价、报盘、回盘和递实盘、订货、签约、结算、运输、交接货、保险、抗议、索赔**等业务知识编成20课并将相关商务往来书信即**寒暄、介绍、查询、邀请、交涉、订购、变更、建议和委托、答复、合同、催促、通知、抗议、索赔申请、保险、慰问、感谢、道歉**等写作知识穿插其中。同时，适时地加进法律知识、日本社会常识及涉

外礼仪知识和相关规定。

4. 本教程由中日专家合作，从培养学习者的综合素质出发，参考了外贸业务、法律、外贸函件、外贸会话、涉外知识、日本社会及商界习俗的有关资料、集各家所长并进行充实完善编撰而成。

5. 本教材还选编了贸易各个阶段必用的函件范文及部分对日贸易函件原文，非常实用；书后选编了"贸易常用缩略语"等附录，极具参考价值。

6. 本书附有多媒体教学课件，其中有和每一课有关的内容和图片，此外，还有商务人员必备的各种商务知识。

本书自 2004 年出版以来，受到广大使用者的一致好评，此次再修，除对原文中的错误进行改正以外，还增加了有关"倾销"和"国家补贴"的内容，以适应新贸易形势下对人才培养的需求。

本书既适合各类学校日语专业、经贸日语专业的学习者使用，同时也适合从事对日贸易工作的人员自学或作为工具书使用。

本书由罗萃萃、阿部诚编著，李明、周学莲、罗榕榕、姚壮勤等老师参加了编写和修订工作，编著者在此谨致衷心的感谢。

编者

2012 年 5 月

目　次

≫ **第一課　ＷＴＯ加盟と国際貿易方式**……………………………………………… 1
　　一、コラム：相手変われど主変わらず
　　二、ＷＴＯ加盟と国際貿易方式
　　三、通訳の練習：貿易政策の紹介
　　四、練習問題

≫ **第二課　貿易手順、ビジネス文書の種類・形式と挨拶文書作成要領**………… 12
　　一、コラム：サインと印鑑
　　二、貿易手順、ビジネス文書の種類・形式と挨拶文書作成要領
　　三、例文：店舗開設一周年記念挨拶/新年挨拶/業務終了挨拶/社長就任挨拶/電話番号変更通知/暑中見舞い/残暑見舞い/寒中見舞い
　　四、通訳の練習：南京名所案内
　　五、練習問題

≫ **第三課　パートナー探し**……………………………………………………………… 25
　　一、コラム：名刺と一期一会
　　二、パートナー探しの要旨と紹介・推薦文書作成要領
　　三、例文：自社紹介/新規プロジェクトパートナー募集/営業内容の紹介/代理店推薦/新規代理店取引申し込み回答/合作経営承諾/取引先紹介お礼
　　四、通訳の練習：商品紹介
　　五、練習問題

≫ **第四課　取引促進のためのインビテーション**………………………………… 34
　　一、コラム：招待状をもらったら
　　二、商務訪問要旨と招待状・招聘状作成要領
　　三、例文：社屋落成披露宴招待/社屋落成披露宴招待欠席通知/取引促進のための招聘/もてなしに対するお礼/訪問日時変更お詫び
　　四、通訳の練習：表敬訪問

目　次

　　五、練習問題

》第五課　カタログとサンプル送付……………………………………………42

　　一、コラム：出る杭は打たれる

　　二、依頼要旨と依頼文書作成要領

　　三、例文：カタログ送付依頼/カタログ送付/依頼回答(拒絶)/エプロン見本作成依頼/新製品拡販依頼/延長申請手続きの代行依頼

　　四、通訳練習：カタログ・サンプル等の請求

　　五、練習問題

》第六課　引き合い………………………………………………………………51

　　一、コラム：他山の石

　　二、引合要旨と照会文書作成要領

　　三、例文：手袋初引き合い/手袋初引き合い回答/商況照会/信用状態調査依頼/取引条件引き合い(1)/取引条件引き合い(2)/着荷品不足照会

　　四、通訳の練習：輸入商談

　　五、練習問題

》第七課　ファーム・オファー…………………………………………………60

　　一、コラム：沈黙は金

　　二、オファー要旨と回答文書作成要領

　　三、例文：大豆オファー/漢方薬オファー/ベスト・オファー依頼/オファー同意回答/オファー修正要請回答(拒絶)

　　四、通訳の練習：ファーム・オファー

　　五、練習問題

》第八課　カウンター・オファーとファーム・ビッド…………………………68

　　一、コラム：短気は損気

　　二、取引交渉要旨と交渉文書作成要領

　　三、例文：値上げ依頼/値下げ依頼/値上げ依頼回答/値下げ依頼/委託商品値引き処分同意依頼/値引き要請承諾/ファーム・ビッド要請

　　四、通訳の練習：値下げ要請

　　五、練習問題

目　次

》 **第九課　オーダー（注文）** ·· 79

　一、コラム：商いは牛のよだれ

　二、オーダー要旨とオーダー文書作成要領

　三、例文：一般的な注文依頼/追加注文依頼/見本による注文依頼/注文取消し依頼/指値注文依頼/注文承諾

　四、通訳の練習：委託加工貿易

　五、練習問題

》 **第十課　契　約** ··· 88

　一、コラム：約束は遅く履行は速くなせ

　二、契約要旨と契約書作成要領

　三、例文：設備導入協議/契約書送付通知/日中長期貿易取り決め/契約履行督促/契約取り消し

　四、通訳の練習：契約内容の検討

　五、練習問題

》 **第十一課　決　済** ··· 99

　一、コラム：借りる時の地蔵顔

　二、決済要旨と決済方式

　三、例文：D/A条件支払要請依頼/支払遅延お詫び/支払猶予承諾/支払方法変更協議/立替金督促/後払い依頼回答

　四、通訳の練習：支払方法について

　五、練習問題

》 **第十二課　L/C（信用状）** ··· 110

　一、コラム：何事も縁

　二、L/C要旨とL/C決済要領

　三、例文：L/C開設依頼/L/C開設依頼/米ドル建てL/C開設依頼/L/Cの開設遅延お詫び及び開設通知/L/C未着通知

　四、通訳の練習：信用状決済・分割払い

　五、練習問題

》 **第十三課　運送と納期** ··· 120

　一、コラム：三人寄れば文殊の知恵

目　次

　　二、運送・納期要旨と通知・変更文書作成要領

　　三、例文：船積み通知/納期履行依頼/荷渡し督促/商品送付通知/入荷通知/納期変更通知

　　四、通訳の練習：分割積み出し

　　五、練習問題

》第十四課　包　装（パッケージ）……………………………………………… 130

　　一、コラム：一事が万事

　　二、包装要旨と督促状作成要領

　　三、例文：船積み及び包装依頼/破損商品再発送通知/包装方法通知/包装改善依頼/リファー・ナンバー添付依頼/支払依頼

　　四、通訳の練習：包装

　　五、練習問題

》第十五課　抗　議………………………………………………………………… 140

　　一、コラム：仇も情けもわが身より出る

　　二、抗議要旨と抗議文書作成要領

　　三、例文：品質不良抗議/品質不良返品通知/代理販売商品乱売抗議/荷物数量不足分送付依頼/模造品販売抗議/支払減額抗議

　　四、通訳の練習：抗議

　　五、練習問題

》第十六課　クレーム……………………………………………………………… 149

　　一、コラム：挨拶は時の氏神

　　二、クレーム要旨とクレーム文書・詫び状作成要領

　　三、例文：損害賠償請求/クレーム/クレーム受諾通知/クレーム回答（断り）/クレーム回答（お詫び）/輸入車使用後のクレーム

　　四、通訳の練習：クレーム

　　五、練習問題

》第十七課　保　険………………………………………………………………… 159

　　一、コラム：旅は道連れ、世は情け

　　二、保険要旨と保険証券・見舞い状・悔やみ状作成要領

　　三、例文：保険料率通知/付保方法回答/保険問合せ回答/地震見舞い/損害賠償請求

目　次

　　　　　代行依頼/社長逝去お悔やみ状

　　四、通訳の練習：保険条件

　　五、練習問題

第十八課　感謝と祝賀………………………………………………………………169

　　一、コラム：情けは人のためならず

　　二、感謝要旨と礼状作成要領・祝賀要旨と祝い状作成要領

　　三、例文：新製品受注お礼/営業所開設祝賀会参会お礼/新製品拡販協力お礼/
　　　　　　　会葬お礼/就任祝賀/創業記念日祝賀/支店開店祝賀/結婚お祝い

　　四、対外貿易政策

　　五、練習問題

第十九課　ダンピング（不当廉売）…………………………………………………180

　　一、コラム：牛追い、牛に追われる

　　二、ダンピングの定義・特徴・目的・分類・アンチダンピング案応訴要領ダンピングの定義

　　三、例文：ダンピング調査書の実例　トリクロロエチレン

　　四、通訳の練習：アンチダンピン調査対応検討会

　　五、練習問題

第二十課　アンチダンピング・反補助金……………………………………………191

　　一、コラム：巧詐は拙誠に如かず　待てば海路の日和あり

　　二、アンチダンピング（AD）措置運用要領と濫用予防

　　三、日本の政府助成金・反補助金調査の予防

　　四、例文：クロロプレンゴムダンピング調査/中国アンチダンピング調査に関するお知らせ

　　五、通訳の練習

　　六、練習問題

参考译文………………………………………………………………………………205

付録　貿易用常用語句………………………………………………………………240

主要参考资料…………………………………………………………………………264

光盘内容

　　・课文 PPT

　　・『1990 年国際貿易専門用語解釈規定』による取引双方の責任、リスク及び負担費用表

目　次

- 漢日貿易用語対照表
- 日漢貿易用略語対照表
- 国際貿易に関する組織並びに会議など
- 主な国家名及び首府名
- 主な外国通貨
- 常用計量単位英漢日対照表1（公制：The Metric System）
- 常用計量単位英漢日対照表2（英美制：The British and US System）
- 貿易常用表格及報告、単証

  1）確認書

  2）発注書

  3）インボイス（1）

  　　インボイス（2）

  4）パッキング・リスト（1）

  　　パッキング・リスト（2）

  5）輸入信用状発行依頼書

  　　信用状

  　　信用状確認通知書

  6）輸出請求書

  7）検査報告

  8）通関報告書（1）

  　　通関報告書（2）

- 書類説明資料一覧

第一課　ＷＴＯ加盟と国際貿易方式

> 一、コラム：相手変われど主変わらず
> 二、ＷＴＯ加盟と国際貿易方式
> 三、通訳の練習：貿易政策の紹介

一、コラム

相手変われど主変わらず

　国際貿易の仕事につくと、外国人との交際や交流が日常的になり、更に仕事を通じていろいろな人と出会うことが多くなるでしょう。日本には「相手変われど主変わらず」という諺があります。これは、相手の人が次々に変わっても、これに応対するものはいつも同じであることを言う諺です。日本においても、人に良い第一印象を持ってもらうことは極めて重要です。

　人の性格はそれぞれ異なり国民性も異なっていますが、朗らかで、誠実的で、真面目で、協力的な性質を持ち、信頼できる人だと言う良い第一印象を相手に与えることができれば、あなたのために喜んで協力してくれる人が多くなることでしょう。

　日本では、就職の時期になると、どの大学のキャンパスでもネクタイにスーツ姿の学生を良く見かけます。普段は長髪を染め、ジーンズ姿の男子学生も、就職活動をする時は良い印象を得るために必ず髪の形や服装を整えて、ビジネスマンになっても問題のないことを示しておきます。

　日本では言葉が乱暴だったり、服装に無頓着な人は仕事も真面目にできる筈がないと思われることがあります。そのため、就職試験を受ける時の態度や服装は重要な採否決定の要素になります。第一印象を重んじる日本人に仕事などで始めて会う時や就職の面接を受ける時、一般にジーンズなどの普段着を避け、男性は紺か灰色のスーツにネクタイ、女性もスーツが一般的です。わざわざ就職服を買って着ていく人も多いです。

　また、コートを着たまま、椅子に座ったり、足を組んだり無作法なことをすると、きっとマイナスになるので、このようなことをしないように注意してください。

　更に、日本の社会では礼儀正しいのが好まれるほかに、時間を厳守して人との約束を大切にする人が周囲の人々や取引相手から信頼されます。

二、WTO加盟と国際貿易方式

ⅠWTO加盟

1）ガットの成立と加盟国の権利及び義務

30年代の世界的恐慌の苦い経験を繰り返さないために、国連の下部機構として、ブレトン・ウッズ体制（国際通貨基金（IMF）と世界銀行）を補完する国際貿易機構として、1947年10月30日にジュネーブの会議で、ガット（『関税及び貿易に関する一般協定』）が調印された。この国際協定の本部はジュネーブにあり、当時の加盟国は23ヶ国あった。1995年の時点で加盟国は104ヶ国に上り、この協定は関税と貿易規則を規定する国際的法規でもあり、多角貿易商談や協調論争の場でもある。

加盟国の権利：
①加盟国が自国の輸出製品に与える最恵国待遇を享受する。
②他の加盟国が差別的数量規制及びその他の規制を取り消し、または削減するメリットを受けることができる。
③ガットの体制を利用して他の加盟国と商談したり、トラブルを解決することができる。
④他の加盟国の対外貿易統計・貿易政策及び措置の資料が得られる。
⑤発展途上の加盟国は一定条件下の互恵的特別待遇を享受することができる。

加盟国の義務：
①他の加盟国に対しては同一の関税を掛けなければならないとする最恵国待遇の原則を守る。
②関税譲許表に定めた各国の関税率の水準を上回る輸入税を課せない。
③国際収支の悪化など特別の場合を除いて、輸入数量制限を行わない。
④その他の非関税障壁を廃止する。
⑤ガット規定によって他の加盟国との貿易トラブルを解決する。
⑥他の加盟国に自国の対外貿易統計データ・政策及び措置などの資料を提供する。
⑦会費を納める。

2）ガットの国際貿易で果たした役目

ガットは1948年1月1日に活動を開始してから、第二次世界大戦後の国際貿易と世界経済を大いに発展させ、各加盟国の貿易上の矛盾を緩和し、更に世界経済における情報交流と人材育成に貢献した。

3）中国のガット復帰への歩み

中国はガットの成立当時、23の加盟国の一員であったが、歴史的原因から中国とこの国際組織との関係は、1949年から1987年にかけて絶たれた。しかし、中国の世界銀行とIMFにおける地位は既に回復され、ガットとの関係も1971年以降、徐々に回復してきた。1987年7月に中国はガットでの地位回復の申請を検討する中国作業部会を作っ

て、中国の貿易制度を詳細に検討し、全般的に評価し直した。中国も70年代から、国際分業に参与するための開放政策を実施し、国際市場に目を向けた経済改革及び中央集権の計画経済を最終的に社会主義市場経済に置き換える歴史的変革を行っている。

こうした変革の中で、ガットの各加盟国がもっとも関心を持った問題は二つある。その一つは、国有企業の自主経営・損益自己負担が、企業の経営メカニズム転換の中で着実に実施されているかどうかと言うことで、もう一つは、市場価格メカニズムの改善が完成できるかどうかという問題であった。

ガットへの復帰に備えて対外的にも一連の重要な改革を行った。例えば関税を大幅に引き下げ、輸入調節税を全て廃止し輸入制限も撤廃した。また、輸入許可証の発給も速くなり、海外投資家にはより多くの市場を開放するようになった。しかし、中国は発展途上国なので、特別の待遇が与えられるべきで、関税もあまり引き下げることができなかった。更に、国内の未発達分野の工業製品を海外企業の攻勢から守るために、中国アンチダンピング法と貿易法を作成した。

中国はガットに復帰すると大幅な関税引き下げの試練に直面して大きな衝撃を受けることが予想されたため、中国の製品が国際市場での競争力をつけることを迫られ、外国製品のチャレンジを受けることになるが、長い目で見れば中国経済の発展にとっては良いチャンスであり、プラスでもあると考えられた。

長年来、中国は最恵国待遇について、殆ど毎年のようにアメリカと掛け合っているが、中国がガットに復帰することができれば全ての加盟国との間に最恵国待遇を自動的に無条件で、しかも安定的に享受し合うことができる。また、中国がガット締結国としての合法的な地位を早期に回復することは、中国と世界各国が平等互恵の貿易関係をいっそう発展させる上で役立つに違いないと考えられていた。

4）WTOと中国の加盟

(1) WTOの成立

WTO（国際貿易機構）を作る提案は第二次世界大戦後に出されたが、正式な設立には至らなかった。しかし、アメリカは自国の経済政策をその超国家機構に干渉されるのではないかと危惧しその提案に同意しなかった。そのため、WTOの成立は中途半端なものになってしまい、1947年に暫定的多角貿易協定──ガットが成立して、WTOの代わりに国際貿易機構の機能を果たしていた。

ガットは協定であったが1947年から1995年までの間、ずっと国際貿易機構の役割を果たしてきた。1995年1月1日に新しいWTOが成立して1996年1月に機能し始めてから、世界貿易を47年間管理してきたガットは廃止された。WTOは永久的機構としてIMF（国際通貨基金）や世界銀行と共に世界経済の体制を支える三本柱となっている。1999年末までの加盟国は既に134ヶ国となっている。2011年3月に145カ国まで増えた。

(2) WTOの役目

WTOはガットの主な条項を継承しているほかに、ガットより更に広い分野で活動を行うようになっている。サービス業貿易や知的所有権保護、貿易にかかわる投資等の

商活動は始めて多角的貿易管理体制の中に取り入れられた。また、ガットの条項をより明確で強力なものにしたほかに、WTOはガットより更に効率的で透明度の高い貿易摩擦解決の斡旋メカニズムを作った。これによって、どの国でもWTOの仲裁専門家グループによる採決を拒否することはできなくなった。

サービス業貿易は運輸・旅行・保険・金融などを含み、WTOにおいて『サービス貿易協定』が調印された。

知的所有権とは知的な創造活動の成果を持つ者の法的な人権と財産である。

知的所有権の特徴に専用性、地域性と時間性という三つがあり、知的所有権の内容は次のものを含む。

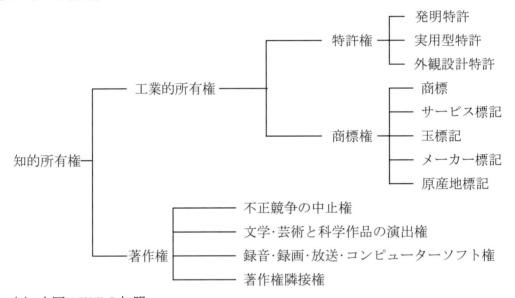

(3) 中国のWTO加盟

中国はガットの地位復帰への歩みを含めると、WTO加入への道を13年間近く進めてきた。そして、1999年11月17日にアメリカと、2000年5月20日に欧州自由貿易連合とWTO加入に関する協議を調印した。中国がWTOに加入する日は更に一歩近づいた。そして、2000年11月11日に正式にWTOに加盟する協議を調印し、2001年12月11日から、中国はWTO加盟国の一員として国際貿易の道を歩み始めた。その時点、WTO加盟国の数はすでに143に上った。

(4) WTOを守っていくのに各国の協力が必要

WTOが設立されてから国際貿易と世界経済を大いに発展させ、各加盟国の貿易上の矛盾を緩和させ、世界経済における情報交流と人材育成に貢献し、加盟各国に大きな利益をもたらした。

しかしながら、2002年3月にアメリカは自国の鋼鉄産業の利益を保護するという意味で、WTO加盟国と協議せずに鋼鉄セーフガードを利用して輸入関税の引き上げに踏み切った。これはWTOの協定に反する行為で、そして、確かに多くの加盟国の利益を損なったのである。それで、WTOは2003年11月10日に、アメリカの鋼鉄関税引き上げという行為をWTO規則に背く違法行為だと判断し、被害国が12月15日からそれに対

する抵抗措置を採ってもいいと言う意を示した。結局、アメリカはこの加盟国の断固反対と強い非難の情勢に考慮せざるを得ず折れて2003年12月4日に鋼鉄関税の引き上げを止む得なく取り消した。

このようにWTO規則を無視した行為が、もし多発し、また、WTO規則に基づいて修正されなかったら、WTOの機能は弱まる一方で、世界経済の安定発展は脅かされるに違いない。だから、世界経済の安定発展の為に、WTOを守っていくのに各加盟国は自分の義務と責任を認識し、協力し合っていく必要がある。

II 国際貿易方式

中国では21世紀のマーケットの需要に応じ、対外貿易の分野において、90年代から対外開放に基づく経済改革を一層進めている。政府の「経済を対内的には活性化させ、対外的には開放する」と言う政策の実行は世界貿易機構（WTO）に加盟してから、一層促進され、更に外資導入を促進するために、投資環境の改善、経済特区の設置も増加し、関連法の整備なども急いで進められている。

今は国際商習慣に基づくいろいろな貿易方式を生かして多くの国と貿易を行うようになった。特に沿海地方などでは地理的に恵まれた条件にあることから、日本を貿易上の第一の相手やパートナーとして考えている地域が多い。

現在、国際貿易においては一般貿易・一手販売・代理販売・委託販売・入札・競売などの貿易方式が採られている他に、取引所で実物や先物の取り引きも行なわれている。

特に、中国はWTOに加盟してから盛んに行なわれている貿易方式は、OEM生産である。

これは中国語では「定牌生産」という貿易方式である。即ち：外国企業（一般、ブランド製品を生産する企業、または販売専業のブランド商社）から提供した設計書・規格・特許・サンプルなどを受ける。中国企業が原料を提供して加工を行う。そして、中国企業は生産費などを受け取る。外国企業は其の製品をブランドのマークをつけて販売する。

次は、今、よく行なわれている貿易方式である。

1）補償貿易：外国企業が設備、技術、資材などを提供し、中国企業はその代金を生産物や製品で返済する。これはコンペンセーション・ドレートとも呼ばれ、次の二種がある。

①直接補償貿易：導入設備を稼動して、直接生産される製品で導入した設備などの経費を返済する。

②間接補償貿易（又は総合補償貿易）：直接生産品ではなくほかの生産物、製品で導入した設備の経費に当てて返済する。

ただし、資源開発アイテムにPS方式（プロダクト・シェアリング）と言う補償貿易もある。補償貿易とカンター貿易は国際貿易を行なう場合に赤字を減少させる有効な方式だとされている。

2）共同生産（合弁経営）：共同生産にはさまざまな形態がある。外国企業は設備・資材・ライセンス・ノウハウなどの一部もしくは全部を提供する。中国側は工場に関連す

土地・建物や従業員を提供する。そして、製品もしくは利益を両者で分配する。

3）リース：普通次の二種がある。

単純リース：期間満了後対象物を貸主に返却する。

ハイヤ・パーチェース：期間満了後所有権を借主に移転する。

4）委託加工：外国企業に原材料を提供してもらい、中国企業がその原材料を加工し、加工品を外国企業に引き渡して加工賃を受け取る。

5）原料輸入加工：中国企業が外国企業から原料或いは部品の一部を輸入して加工し、加工品の金額から原料輸入代金を差し引いた金額を受け取る。

6）サンプル加工：外国企業からサンプルや設計書の提供を受け、中国企業が原料を提供して加工を行い生産費を受け取る。

7）ノックダウン：中国企業が外国企業から部品一式を輸入し、組み立てを行い、その加工賃を受け取る（主に軽工業）。

次の生産方式は、昔、計画経済時代に中国の対外貿易の赤字を減少させるためによく利用されいた方式であるが、今では、政府行為以外はあまり利用されていない。

8）カウンター貿易：これは国内で十分な供給源のある商品を品薄の原料や市場物資と交換する方式である。昔、中国の対外貿易の赤字を減少させるためによく利用された方式である。主として次の二つがある。

①バーター貿易：双方の需要に基づいて、価格が同じ或いは価格差の小さい商品と交換する。中国側の輸出商品は、昔、一次産品を主とし、主なものは、米・綿花・茶・麻・燃料であるが、今はプリント生地・自転車・機械・電気製品などである。輸入商品は木材・セメント・銑鉄・自動車などである。

②見返り貿易：売り手は商品を販売した後、必ず買手から一定の商品を買う。しかし、双方の商品の価格が必ずしも同等とは限らず、双方の契約によって詳細を決める。

貿易の多様化は貿易する双方に次のメリットがあるとされている。

外国側にとっては：

①労働のコストを低く抑えることができて、安価な製品が輸入できる（特に労働集約型産業）。

②製品・資源を長期間、安定的に輸入することができる。

③品質・包装の改善が期待できる。

中国側にとっては：

①外貨の獲得、外貨の有効利用ができる。

②労働生産性・品質の向上が期待できる。

③生産管理・経営管理などの技術とノウハウが習得できる。

三、通訳の練習

貿易政策の紹介

C（会社名）＿＿＿＿＿＿＿＿＿＿＿＿（役職）＿＿＿＿＿＿＿＿＿＿＿＿
J（会社名）＿＿＿＿＿＿＿＿＿＿＿＿（役職）＿＿＿＿＿＿＿＿＿＿＿＿

C よくいらっしゃいました。

J 始めまして。＿＿＿＿＿＿の＿＿＿＿＿＿と申します。どうぞよろしくお願いいたします。
（名刺交換）

C あ、どうも。私は＿＿＿＿＿＿と申します。こちらこそ、どうぞよろしくお願いいたします。どうぞおかけください。

J 今日は＿＿＿＿＿＿社長にお会いできて大変光栄に存じます。

C 恐れ入ります。南京はいかがですか。

J 蒸し暑いのはたまりませんが、高層ビルがどんどん建築されて、近代的な町に変わり、活気があってすばらしいですね。

C これは改革開放のおかげです。特に中国がWTOに加盟して以来南京の町は一層発展していますよ。

J 日本は景気がなかなか良くなりませんが、中国は高い経済成長率を保っていますね。

C 一連の経済開放政策を実施したお陰で、近年も高い経済成長率を持続しています。

J 日本もかつて高度成長を持続していたんですが。

C 中国の貿易政策は平等互恵を原則としておりますが、改革開放以来、特にWTOに加盟して以来国際的な商習慣に基づく方法を採用するようになりました。

J 具体的にどのような方法が採用されているのですか。

C 具体的に申し上げますと、補償貿易・委託加工貿易・合弁経営・独資経営などの方法を取り入れています。更に、外資の導入にも積極的に取り入れています。

J それは私どもの非常に興味のあるところですね。

C 特に中国は WTO 加盟国になってからもっと投資環境の改善に取り組んでおり、経済特区の設置や関連法の整備を進めています。つまり、外国からの投資家に対し優遇措置を実施、積極的な投資を促しているのです。

J 効果はありましたか。

C もちろんです。外資の導入量は年々速いスピードで増えているのです。

J しかし、経済特区の発展は地域格差を助長するのではありませんか。

C これは経済発展の条件の整った沿海地域を先に発展させ、その牽引力を利用して、内陸地域の発展を促進させようと言うもので、決して地域格差を助長しようというものではありません。

J 分かりました。中国の経済発展は世界的にも注目されていますが、日本におい

ても地理的条件に恵まれておりますので、特に注目しております。これからぜひとも、WTO加盟国として互いに経済発展することを願っております。
C 私どもも沿海地域の持続的発展が、アジア諸国の安定的な経済の発展を助け、必ず世界経済の発展に貢献できるものと確信しております。
J 中国経済の未来は明るいですね。
C これは私どもが作成いたしました中国経済に関する資料ですので、ご参考になれば幸いです。
J ありがとうございます。ついでに申し上げて大変恐縮ですが、対外経済活動に関する法律面の解説書がございましたらご紹介いただきたいのですが。
C ちょうど私どもも使っております法令集がありますので、関連部分をコピーいたします。少々お待ちください。
J 今日はいろいろご指導いただきまして本当にありがとうございました。
C どういたしまして、こちらこそ、今後ともどうぞよろしくお願いいたします。

新しい単語

相手変われど主変わらず（あいてかわれどぬしかわらず）	以不変応万変
コラム（column）①（名）	短評
国際貿易組織（WTO）（こくさいぼうえきそしき）⑩（名）	世界貿易組織
スーツ(suit)①（名）	成套西装
ジーンズ(jeans)①（名）	牛仔褲
ビジネスマン(businessman)④（名）	実業家、商人
無頓着（むとんちゃく）②（形動）	不講究、不在乎
無作法（むさほう）②（名）	没礼貌、粗魯
ガット(GATT)①（名）	関貿総協定
ブレトン・ウッズ体制（～たいせい）⑦（名）	布雷頓森林体系
ジュネーブ②（名）	日内瓦
多角貿易（たかくぼうえき）⓪（名）	多辺貿易
関税障壁（かんぜいしょうへき）⓪（名）	関税壁塁
斡旋メカニズム（あっせん mechanism）⑥（名）	机制
アンチダンピング(antidumping)⑥（名）	反傾銷
セーフガード（safeguard）④（名）	貿易保護措施
玉標記（たまひょうき）③（名）	貨源標記
国際商習慣（こくさいしょうしゅうかん）⑦（名）	国際貿易慣例
関連法（かんれんほう）⓪（名）	相関法規
パートナー(partner)①（名）	合作伙伴

第一課　WTO加盟と国際貿易方式

一手販売（いってはんばい）④（名）	独家经营
入札（にゅうさつ）⓪（名）	投标
先物（さきもの）⓪（名）	期货
引渡し（ひきわたし）⓪（名）	交付、提交；引渡
加工賃（かこうちん）②（名）	加工费
代金（だいきん）⓪（名）	货款
差し引く（さしひく）③（動）	扣除、抵销、相抵
ノックダウン（knock down）④（名）	装配业务、来件装配贸易
部品一式（ぶひんいっしき）⓪（名）	整套设备
補償貿易（ほしょうぼうえき）④（名）	补偿贸易
コンペンセーショントレード（compensation trade）⑤+②（名）	补偿贸易
稼動する（かどう～）⓪（動）	（机器）运转、开动
返済する（へんさい～）⓪（動）	还账、还债
アイテム（item）①（名）	项目
プロダクトシェアリング（product sharing）③+③（名）	产品分配方式
ライセンス（licence）（名）	许可；许可证
ノウハウ（know how）①（名）	诀窍、技术秘密、技术情报
リース（lease）①（名）	租赁
返却する（へんきゃく～）⓪（動）	返还
ハイヤーパーチェース（hire purchase）④（名）	租赁买进
移転する（いてん～）⓪（動）	转移、转让
カウンター貿易（counter ぼうえき）⑥（名）	对销贸易
バーター貿易（barter ぼうえき）⑤（名）	易货贸易
需要（じゅよう）⓪（名）	需求、需要
一次産品（いちじさんぴん）④（名）	初级产品
プリント生地（print きじ）⑤（名）	印染布料
銑鉄（せんてつ）⓪（名）	生铁
見返り貿易（みかえりぼうえき）⑤（名）	回头贸易
契約（けいやく）⓪（名）	契约、合同
多様化（たようか）⓪（名）	多元化
メリット（merit）①（名）	利益、长处
コスト（cost）①（名）	成本
集約型（しゅうやくがた）⓪（名）	集中型
外貨獲得（がいかかくとく）⓪（名）	获取外汇、创汇
画一的（かくいつてき）⓪（形動）	统一的

第一課　ＷＴＯ加盟と国際貿易方式

四、練習問題

1. WTOについて勉強してきたが、どれぐらい身に付けたか、次の質問に答えながらチェックしてみよう。選択肢から一番正しいものを選んで（　）に入れなさい。

   (1) 30年代の世界的恐慌の苦い経験を繰り返さないために、（　　　）の下部機構としてＩＭＦと世界銀行を補完する国際貿易機構としてガットが調印された。
   ① 国連　　　　② CIC　　　　③ ナット　　　　④ ＷＴＯ

   (2) ガットが調印された時間は（　　　）の10月30日である。
   ① 1949年　　② 1996年　　③ 2000年　　④ 1947年

   (3) 最初の加盟国は全部（　　　）カ国である。
   ① 108　　　② 43　　　③ 56　　　④ 23

   (4) ガットの使命はＷＴＯ実行してからの（　　　）に終った。
   ① 1995年1月　②1996年1月　③ 2000年1月　④ 1998年1月

   (5) 中国は最初の加盟国の一員であったが、一時期ガットと関係を切った。（　　　）に、また、地位回復申請を出した。
   ① 1995年　　② 1987年　　③ 2000年　　④ 1985年

   (6) 2000年年末までの加盟国は（　　　）カ国となっている。
   ① 108　　　② 143　　　③ 135　　　④ 123

2. 次のいくつかの貿易方式は皆さんのクラスメートがこれからやろうとする方式です。皆さん、彼らはいったいどんな方式でやるつもりですか。彼らの説明を読んでから、選択肢から正しいものを選び、または、（　　　）に書き入れてください。

   (1) Ａさん：売り手は商品を販売した後、必ず買い手から一定の商品を買う。双方の商品の価格が必ずしも同等とは限らず、双方の契約によって決める。私は、こういう方式でやりたい。これは
   ① バーター貿易　　　　　　② 間接補償貿易
   ③ 見返り貿易　　　　　　　④ カウンター貿易
   という方式なんだ。

   (2) Ｂさん：値段の高い、また、短期間使いたい機械を貿易相手から借りて使う。貸し出し期限が切れてから、その機械を相手に返却する。これは　私の方式だ。つまり、
   ① ハイヤーチェース　　　　② 単純リース
   ③ バーター貿易　　　　　　④ ノックダウン
   という方式だ。

   (3) Ｃさん：相手企業から部品一式を輸入し、組み立てを行い、その加工賃だけ受け取る方式は、私のやりたいもので、
   ① 補償貿易　　　　　　　　② ノックダウン
   ③ サンプル加工　　　　　　④ カウンター貿易
   というものだ。

(4) Dさん：私は日本企業に設備、資材、ライセンス、ノウハウなどの一部或いは全部を提供してもらい、私から、工場の建物や従業員を提供する（　　　　　）という方式でやるつもりだ。

(5) Eさん：私は、中国で十分な供給源のある農産品を日本の品薄の原料や市場物質と交換するような貿易方式でやるつもりだ。つまり、（　　　　　）貿易をしたいんだ。

(6) Fさん：私は、やりやすい方式でやるつもりだ。つまり、日本企業にサンプルや設計書を提供してもらい、こちらは、原料を提供して加工する。生産費を受けとるんだ。これは（　　　　　）という貿易方式だぞ。

(7) Gさん：私はリスクの小さい方式でやるつもりだ。つまり、まず、日本企業から、必要とする機械などを借りて使う、期限が切れてから、その機械は私のものにする方式だ。いいだろう。これは、ご存知の（　　　　　）という方式だよ。

(8) Hさん：今の時代はやはり先端的技術が大切で、私はそういう設備を導入するつもりだ。コストが高いけど、直接生産された製品で、導入した設備などの経費を返済すればいいと思う。これは、（　　　　　）という方式で、皆さんも利用して見て。

(9) Ｉさん：貿易の（　　　　　）化は、貿易する双方に多くの（　　　　　）があるとされているよ。皆さん、いろいろと頑張って腕を見せようね。

(10) Kさん：私も、皆さんと同じようにやりたいが、ちょっと心細くてね。皆さん、どんな人を貿易のパートナーに選んだらいいのかね、アドバイスしてくれないかしら。

（皆さん、五十字以内で、アドバイスしてください。15点取れるよ。）

3. 商業誘致会に出席し、そして、取引相手を求めてから決める。

商業誘致会は次回の授業で行われる。

　　時間：次回の授業
　　場所：教室
　　参加者資格：中日両国の企業（クラス全体を中、日両方の企業にわけ、さらに、一つの企業に二人のようにグループを作る）
　　目的：取引相手やパートナーを求める

（ただし、一旦、取引相手企業を決めたら、これからの書類交換や商業会談などは、ずっと、いっしょにやっていくから、自他の企業名や経営項目など、ちゃんと覚えておくこと。）

第二課　貿易手順、ビジネス文書の種類・形式と挨拶文書作成要領

> 一、コラム：サインと印鑑
> 二、貿易手順、ビジネス文書の種類・形式と挨拶文書作成要領
> 三、例文：1. 店舗開設一周年記念挨拶
> 　　　　　2. 新年挨拶
> 　　　　　3. 業務終了挨拶
> 　　　　　4. 社長就任挨拶
> 　　　　　5. 電話番号変更通知
> 　　　　　6. 暑中見舞い
> 　　　　　7. 残暑見舞い
> 　　　　　8. 寒中見舞い
> 四、通訳の練習：南京名所案内

一、コラム

サインと印鑑

　中国人は趣味や仕事のために印鑑（はんこともいう）を持っている人が沢山います。しかし、日常生活の中で印鑑を持っていなくても困ることはありません。

　ところが、日本で生活すると印鑑を使う機会がよくあります。市区町村の役所や役場には実印と認印の二種があります。実印とは居住地の市町村長に印鑑登録を申請して、間違いなく本物であることを証明できるようにしたもののことです。認印とは会社内で自分の作成した書類や他から回ってきた書類に責任を持つという意味で押したり、普段の生活で配達物の受け取りなどに使うもののことです。

　市区町村の役所や役場に提出する書類には、必ず印鑑を押す欄があります。また、配達物の受け取り証明として、印鑑を押すように求められることもあります。更に、銀行ローンの契約や会社設立など、特に重要な文書に実印が必要です。実印は認印とは違い、大切なものです。

　外国ではこのような場合、全てサインで処理しますが、日本でも最近サインで済むようになってきたとは言え、まだまだ印鑑が必要です。日本に長く住んでいる外国人の中には自分の名前を片仮名や漢字で刻んだ印鑑を持っている人もいます。やはり印鑑を持

った方が便利だからかもしれません。

　もし、ビジネスなどで日本に長く滞在する時には印鑑を二つ持っていくときっと役に立つでしょう。

二、貿易手順、ビジネス文書の種類・形式と挨拶文書作成要領

貿易手順

　まず、紹介や広告などを通して取引相手を求め、引き合いをしたり、相互訪問をしたりすることによって互いに理解を深め、オファー、カウンター・オファー、承諾と言う商談の段階に入る。そして、成約条件が整えば契約を結ぶ。契約書には貿易方式・品物の数量・品質・規格・価格・色・納期・デリバリー（荷渡し）・決済・運搬・保険等について詳しく記載される。

　双方が契約書にサインした日から契約は法律上有効になる。

　次は輸出と輸入の契約を履行する手順である。

輸出契約を履行する手順：
(1) L/C（信用状）開設有無を確かめる（L/C 決済の場合は L/C 開設を請求し、先にもらっておく）
(2) 品物を揃える。これが出来たら納期通りに荷渡しの準備をする。その前に相手に荷渡し期日を知らせる。
(3) 納品の準備をする。L/C を受け取ったら、船名・積期・出発期日・仕向け港などを相手に知らせると共にインボイス、パッキング・リストなどの書類を相手の指名した銀行に送付する。
(4) 積み込む手配をする。
(5) 決済の準備をする。
(6) 輸出金額の確認や納税の手続きをする。
(7) 違約があれば適当な措置をとる。

輸入契約を履行する手順：
(1) L/C の開設と L/C のアメンドをする（できるだけしないこと）。
(2) 運搬の手配と付保（価格条件による）の手続きをする。
(3) 荷受けの用意をする。
(4) 書類審査と代金支払いをする。
(5) 税関に輸入関税の報告をする。
(6) 商品検査を受け、品物の破損の有無を確認する。
(7) 損失を受けた場合、輸入クレーム申請を原因者に提出し損害賠償を請求する。
　　国際貿易は普通次の手順で行う。

第二課　貿易手順、ビジネス文書の種類・形式と挨拶文書作成要領

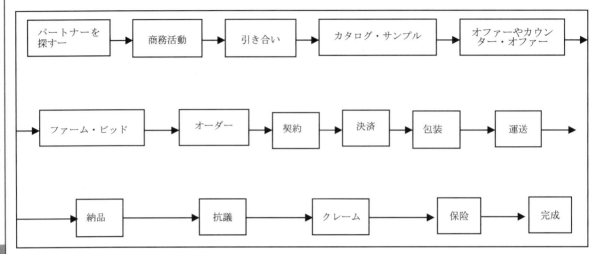

ビジネス文書の種類・形式

　ビジネス文書の種類には二つある。一つは貿易ビジネスの段階によって分ける方法である。例えば：広告宣伝段階・貿易の相手やパートナー募集段階・会社や製品の紹介と推薦段階・カタログなどの請求段階・引き合い・オファー（カウンター・オファーやファーム・ビッドなどを含む）段階・注文段階・契約段階・保険段階・運送段階・抗議・クレーム段階などの各段階によって分類することができる。

　他の一つは文書の種類によって分ける方法である。例えば：広告（パートナー募集など）・照会状・案内状・紹介状・変更などの通知状・依頼状・提案状・承諾状・断り状・督促状・抗議状・招待状・招聘状・祝い状・見舞い状・悔やみ状・礼状・詫び状などに分類することができる。

　ビジネス文書の形式としては、横書きと縦書きの二種類がある。更に横書きは発信番号・日付・発信者名を上部に書く場合と下部に書く場合がある。

横書き：
（1）前付け：発信番号・発信日付・受信者名・発信者名・件名
（2）冒頭語：拝啓・拝復・前略など
（3）前文挨拶：一般に時候の挨拶・お礼・お詫びなどの内容から成る
（4）本文：相手に知らせる内容
（5）末文：結びの挨拶
（6）結語：敬具・以上・草々など
（7）副文：追伸・二伸など

横書き1

```
                                              発信番号
                                              発信日付
    受信者名
                                              発信者名
                        件    名

    冒頭語・前文挨拶
                        本    文
                        末文
                                                  結語

  (副文)
```

横書き2

```
    受信者名
                        件    名
    冒頭語・前文挨拶
                        本    文
                        末文
                                                  結語
                                              発信者名
                                              発信番号
                                              発信日付

  (副文)
```

縦書き

(1) 冒頭語：拝啓・拝復・前略・件名
(2) 前文挨拶：一般に時候の挨拶・お礼・お詫びなどの内容から成る
(3) 本文：相手に知らせる内容
(4) 末文：結びの挨拶
(5) 結語：敬具・以上・草々など
(6) 後付け：発信番号・発信日付・受信者名・発信者名
(7) 副文：追伸・二伸など

(ただし、冒頭語を「前略」と書く場合、結語を必ず「草々又は匆匆」と書く。)

また、儀礼を重んじる社交文書では縦書きを用い、句読点を入れない。どの程度の儀礼的文書であれば縦書きを用いるかは企業によって異なる。祝い状や悔やみ状は一般的に縦書きを用い、横書きの書式とは若干異なっているので、次の注意が必要である。

(1) 本文中の数量を表す数字は原則的に漢数字を用いるが複雑な内容や数値の説明をする場合、本文中に書かずに「記」として別に表す。「記」書きの結語には「以上」を忘れずに書く。

(2) 日付・発信者名・受信者名は結語の後に来る。

挨拶文書作成要領

挨拶状は季節の挨拶状・披露の挨拶状・人事変動や社名変更などの挨拶状に分けられる。季節の挨拶状は年賀状・寒中見舞い状・暑中見舞い状・残暑見舞い状など、時節に応じた挨拶文書である。通常、はがきを用いることが多い。

披露の挨拶状は開店・新築・会社設立・移転などの儀礼的な挨拶状である。異動の挨拶状は人事異動の通知をかねて挨拶状を出し、近況を知らせておくものである。

又、中国と同じように日本でも「来たものに対して返さぬ非礼」と言う言葉があり、客先の来信に対し、もしすぐに回答できない場合、とりあえず挨拶の手紙を出すことによって、相手に安心感を与えるためのものである。

挨拶状作成に当たっては次の点に注意すべきである。

(1) 丁寧な文面にし、慣例に従う**こと**
(2) 謙遜した言葉遣いをする**こと**。
(3) 相手に好感を与えるように配慮する**こと**
(4) タイミングを逃さない**こと**

挨拶状は一般に定型文書の形がとられる。特別な事情もしくは目的から、特に気をつかって書く必要のある場合は、以下の内容を含んだ挨拶状となる。

(1) 冒頭語或いは簡単な挨拶。
(2) 挨拶或いは見舞いの理由を簡単に説明する文。
(3) 自分の考え方を述べる文。

(4) 相手を高く評価する或いは慰める文。
(5) 依頼文或いは励ます文。
(6) 結びの挨拶（末文）。

三、例文

例文1　　　　　　　　店舗開設一周年記念挨拶

　　　　　　　　　　　　　　　　　　　　　　　　　　第　　　号
　　　　　　　　　　　　　　　　　　　　　　　年　　月　　日

日本□□□□株式会社
□□□□様

　　　　　　　　　　　　　　　　　　　　　　　中国□□□□□会社
　　　　　　　　　　　　　　　　　　　　　　　　　　　□□□

拝啓　桜花咲き誇る候となりましたが、皆様ご清栄のこととお喜び申し上げます。
　日頃は格別の御引立を賜り、厚くお礼申し上げます。
　さて、弊店はこの程開設満一周年を迎えることになりました。開業以来、業績が順調に伸びてまいりましたのも、ひとえに皆様方の絶大なご支援があってのことであり、心から感謝申し上げております。これまで、種種不慣れな点も多く、何かとサービス面で不行き届きもあり、ご迷惑をお掛けしているかと存じます。しかし、この開設一周年を機に社員一同、心を新たに鋭意改善に努め、十分に満足いただけるよう一段と努力する所存でございます。何卒、今後ともご支援ご指導を賜りますよう心からお願い申し上げます。
　先ずは略儀ながら書中をもってご挨拶申し上げます。

　　　　　　　　　　　　　　　　　　　　　　　　　　　　　　敬具

例文2　　　　　　　　　　新年挨拶

　　　　　　　　　　　　　　　　　　　　　　　　　　第　　　号
　　　　　　　　　　　　　　　　　　　　　　　年　　月　　日

日本□□□□□株式会社
□□□□様

　　　　　　　　　　　　　　　　　　　　　　　中国□□□□□公司
　　　　　　　　　　　　　　　　　　　　　　　　　　　□□□

拝啓　謹んで新年のご挨拶を申し上げます。旧年中は双方の貿易の新たな発展のため、一方ならぬご努力をなされましたことに対し、深甚なる敬意を表します。ここに新春を迎えるに当り、貴社各位におかれましてはますますご清栄の段お喜び申し上げますとともに、今後とも相変わらず双方の友好の促進及び双方の貿易の繁栄のためにご尽力くださることをお願いいたします。
　まずは新年のご挨拶まで。

　　　　　　　　　　　　　　　　　　　　　　　　　　　　　　敬具

例文3　　　　　　　　　　　業務終了挨拶

日本□□□□株式会社

□□□□様

拝啓　先日貴社よりの書簡及び弊社日本駐在員よりの連絡によりますと、貴社中国駐在員□□□様は無事ご帰国されたとのこと、ご同慶の極みであります。

　□□□様が江蘇駐在中、我々との間で順調に話し合いが行われ、双方とも満足できる結果になっております。今後ともさらに連携を密にいたしまして、協議事項の実現に努めたいと願っております。

　□□□様の江蘇滞在中、おもてなしの面で至らぬ点もあったかとは存じますが、何卒ご容赦くださいますようお願い申し上げるとともに、貴社の皆様方のご健勝と業務の順調なる進展をお祈りする次第であります。

敬具

中国□□□□会社

□□□

年　　月　　日

例文4　　　　　　　　　　　社長就任挨拶

中国□□□□公司

総経理□□□殿

拝啓　新春の候、ますますご清栄のほど慶賀の至りでございまして、この度役員会の推挙により私が□□□□産業株式会社の代表取締役社長に選任されました。ここに謹んでご挨拶申し上げます。

　この難しい経済情勢のもとで、私にとりましては身にあまる大役で責任の重大さを痛感致しておりますが、全役員・社員、心を一にして社業発展のため、最大の努力を傾注する所存でございます。

　何卒皆様方のご指導ご鞭撻を心よりお願い申し上げます。

　以上略儀ながら書中をもってご挨拶申し上げます。

敬具

日本□□□□株式会社

代表取締役社長□□□□

年　　月　　日

例文5　　　　　　　　　電話番号変更通知

日本□□□□□株式会社
□□□□様
拝啓　謹んで梅雨のお見舞いを申し上げます。
　さて、この度当地域の電話局の新設にともないまして、弊社の電話番号下記の通り変更になりました。何卒ご記憶お改め下さいまして、従前の通りご利用くださいますようお願い申し上げます。

　　　　　　　　　　　　　　　　　　　　　　　　　　　　　　　　敬具
　　　　　　　　　　　　　　　　　　　　　　　　　　　　中国□□□□公司
　　　　　　　　　　　　　　　　　　　　　　　　　　　　　　　　　□□□
　　　　　　　　　　　　　　　　　　　　　　　　　　　年　　　月　　　日
　　　　　　　　　　　　　　　　　　　　　　　　　　　　　　　　　　記
□□□□□公司　　　新電話番号：（025）6666888

例文6　　　　　　　　　　　暑中見舞い

　謹んで暑中お見舞い申し上げます。
　今年の暑さはことのほかでございますが、皆様には如何お過ごしでしょうか。
　　　　　　　　　　　・・・・・・

　　　　　　　　　　　　　　　　　　　　　　　　　　　　　　□□□年盛夏
　　　　　　　　　　　　　　　　　　　　　　　　　　　　　　　　　□□□

例文7　　　　　　　　　　　残暑見舞い

　謹んで残暑お見舞いを申し上げます。
　残暑とは名のみにて、連日盛暑にも劣らぬ暑さが続いておりますが、皆様には如何お過ごしでしょうか。
　　　　　　　　　　　・・・・・・

　　　　　　　　　　　　　　　　　　　　　　　　　　　　　　□□□年初秋
　　　　　　　　　　　　　　　　　　　　　　　　　　　　　　　　　□□□

例文8　　　　　　　　　　　寒中見舞い

　謹んで寒中お伺い申し上げます。
　厳冬の折から如何がお過しでしょうか。先日はご丁寧な寒中お見舞い、誠に有難うございました。おかげ様にて一同無事消光しておりますゆえ、何卒ご放念のほど、お願い申し上げます。
　　　　　　　　　　　・・・・・・

　　　　　　　　　　　　　　　　　　　　　　　　　　　　　　□□□年厳冬
　　　　　　　　　　　　　　　　　　　　　　　　　　　　　　　　　□□□

四、通訳の練習

南京名所案内

C（会社名）＿＿＿＿＿＿＿＿＿＿＿＿　（役職）＿＿＿＿＿＿＿＿＿＿＿＿
J（会社名）＿＿＿＿＿＿＿＿＿＿＿＿　（役職）＿＿＿＿＿＿＿＿＿＿＿＿
（ホテルへお迎え）

C おはようございます。
J おはようございます。
C 昨晩ごゆっくりお休みいただきましたでしょうか。
J ええ、ゆっくり休ませてもらいました。
C 今日は、私が南京市内をご案内させていただきます。
J それはどうもありがとうございます。それで、今日の予定はどうなっているんですか。
C はい。先日日本の方にファックスで送らせていただきました予定表のとおりで、変更はございません。午前中は中山陵と明孝陵。昼食の後、江蘇省の展覧館を見学してから、玄武湖を一回り散歩していただいて、夜は孔子廟の夜景を見ていただこうと思っておりますがいかがでしょうか。
J 結構ですが、南京の歴史にも興味があるので、もし時間があれば、博物館も見学したいんですが。
C そうですか。それでは、玄武湖の散歩を短くして、博物館の見学に行くということでよろしいでしょうか。

第二課　貿易手順、ビジネス文書の種類・形式と挨拶文書作成要領

J　はい。そうしていただければ助かります。
C　では、お車が来ましたので、そろそろ出発いたしましょう。
　　（車の中）
C　＿＿＿＿＿＿さん、南京は初めてですか。
J　いいえ、二度目なんです。3年前に来た時は仕事が忙しくて、市内見物をする暇もありませんでした。今回は、一日ゆっくり市内見物させていただけるので大変喜んでいます。
C　前回はどこも見物されなかったんですか。
J　ええ、仕事の方が忙しくて、ホテルの部屋から街を眺めただけでした。それにしても、3年前に比べると高層ビルが増えましたね。
C　そうなんです。最近はこの新街口辺りを中心に、30階以上の高層ビルの建築ラッシュが続いています。
J　そうですね、このあたりはまるで摩天楼のようですね。
C　それは、ちょっと言いすぎじゃないですか。でも、改革開放以来、経済発展は街の様子をすっかり変えてしまいました。
J　そうですか。そういえば、このあたりには殆ど古い町並みはありませんね。
C　ええ。孔子廟の近くにはまだ残っているのですが。
　　（中山陵の駐車場）
C　＿＿＿＿＿＿＿さん。中山陵に着きました。車や人が多いですから、お降りの時は気をつけてください。
J　はい、分かりました。休日はいつもこんなに人が多いんですか。
C　ええ、天気がいいと、入り口の辺りは脚の踏み場もないくらいです。
　　（中山陵の入り口で）
C　ちょっとすいません。入場券を買ってきますので、ここで暫くお待ちください。
J　ここは人が多いので、向こうで待っていてもいいですか。
C　え、どこですか。
J　向こうの建物の前が空いているのでいいと思うんですが、どうですか。
C　あそこならここからも良く見えますから、結構ですよ。すぐに戻りますので、あそこで暫くお待ちください。
J　はい、わかりました。

新しい単語

印鑑（いんかん）③（名）　　　　　　　　　　　　　印章、図章
店舗（てんぽ）①（名）　　　　　　　　　　　　　　店铺
はんこ◎（名）　　　　　　　　　　　　　　　　　　戳子

第二課　貿易手順、ビジネス文書の種類・形式と挨拶文書作成要領

実印（じついん）⓪（名）	在官署备案的重要印章
認印（みとめいん）⓪（名）	手戳
市区町村（しくちょうそん）③（名）	市区镇村
役場（やくば）⓪（名）	村公署、镇公署
銀行ローン（ぎんこう loan）⑤（名）	银行贷款
取引相手（とりひきあいて）⑤（名）	贸易对方
引合（ひきあい）⓪（名）	询问、询价
オファー（offer）①（名）	报盘、报价
カウンター・オファー（counter offer）⓪+①（名）	回盘、回价
承諾（しょうたく）⓪（名）	接受、承诺
納期（のうき）①（名）	交货期
デリバリー（delivery）⓪（名）	交货
決済（けっさい）①（名）	结算
サインする（sign〜）①（名）	签字、署名
履行する（りこう〜）⓪（名）	履行
信用状（しんようじょう）⓪（名）	信用证
請求する（せいきゅう〜）⓪（名）	要求、索取、催款
納品（のうひん）⓪（名）	交货；交货期
インボイス（invoice）③（名）	发货单、发票
パッキング・リスト（packing list）①+①（名）	装箱单
送付する（そうふ〜）①（名）	寄送
積み込む（つみこむ）③（名）	装货
違約（いやく）⓪（名）	违约
処置（しょち）①（名）	处理
アメンド（amend）②（名）	修改
付保（ふほ）①（名）	投保
破損（はそん）⓪（名）	破损
有無（うむ）①（名）	有无
仕向港（しむけこう）⓪（名）	目的港、抵达港
クレーム申請（claim しんせい）⓪（名）	申请索赔
招聘状（しょうへいじょう）⓪（名）	邀请书
カタログ（catalogue）⓪（名）	商品目录、营业说明书
請求書（せいきゅうしょ）⓪（名）	账单、付账通知单
依頼書（いらいしょ）⓪（名）	委托书
ファーム・ビッド（firm bid）⓪+①（名）	递实盘
オーダー（order）①（名）	订货、定货
発注書（はっちゅうしょ）⓪（名）	订货单
合意書（ごういしょ）⓪（名）	同意书

小切手（こぎって）②(名)	支票
手形（てがた）⓪(名)	汇票、票据
詫び状（わびじょう）⓪(名)	道歉信、赔礼信
礼状（れいじょう）⓪(名)	感谢信
祝い状（いわいじょう）⓪(名)	贺信
結語（けつご）⓪(名)	结束语
追伸（ついしん）⓪(名)	又启
二伸（にしん）⓪(名)	再启
ひとえに②(副)	惟有
不慣れ（ふなれ）③(名)	不习惯、生疏
不行き届き（ふゆきとどき）②(名)	不周到
鋭意（えいい）①(名)	锐意、专心
一段と（いちだんと）③(名)	更加、进一步
略儀（りゃくぎ）⓪(名)	简略方式
深甚な（しんじんな）⑤(形動)	深厚、深深地
連携（れんけい）②(名)	合作、联合
慶賀（けいが）①(名)	庆贺
役員会（やくいんかい）⑤(名)	董事会
推挙（すいきょ）①(名)	推举、推荐
代表取締役（だいひょうとりしまりやく）⓪(名)	董事长、社长、总裁
身に余る（みにあまる）⓪+②(連語)	无上的、过分的
傾注（けいちゅう）⓪(名)	倾注

五、練習問題

1. **商業誘致会（セミナー）を開いてみよう。**
   （1）自社紹介際に紹介すべき内容：
   社名、歴史、経営項目、従業員人数、固定資産、取引銀行（口座開設銀行）、モットーとする言葉（時には 個人の趣味も）
   （2）自社紹介際に注意すべき点：
   明るい態度を示すこと
   大きな声ではっきり話すこと
   礼儀正しいこと
2. **今日の商業誘致会（セミナー）**で見つけた取引相手企業の会社名と自社名、それぞれの経営項目を次に書きなさい。それから、例文を照らしてお互いに挨拶状を書きなさい。
   （1）自社社名：　　　　　　　　　経営項目：
   （2）相手会社名：　　　　　　　　経営項目：

3. 本文の内容に基づいて次の文の（ ）に選択肢から正しいものを選んで入れなさい。
   (1) ビジネス相手からのオファー書を受けてたら、先ず焦らずに（　　　　）をしたほうがいい。
      ①契約　　　　②引合　　　③カウンターオファー　　　④決済
   (2) 取引相手ができたら、まず（　　　）したほうがいい。
      ①オファー　　　②契約　　　③商務訪問　　　　　　④引合
   (3) カウンター・オファーは、普通、相手の（　　　　）を受けてから出すものだ。
      ①契約　　　　　　　　　　②ビット
      ③オファー　　　　　　　　④引合
   (4) 輸出契約の履行手順は次のようにしたらいい。即ち、まず（　　　　）をして、それから、納品の準備などをする。
      ①品物ぞろい　　②信用状確認　③運輸用意　　　　④決済用意
   (5) 輸入契約の履行手順は次のようにしたらいい。即ち、まず（　　　　）をして、それから、運搬等の手配をする。
      ①付保　　　　②荷受け　　　③信用状開設　　　④代金支払
   (6) 銀行ローンの契約や会社設立など、特に重要な文書には（　　　　）が必要である。
      ①認印　　　　②実印　　　　③契約　　　　　　④サイン

4. 本文の例文に基づいて、お互いに挨拶状を書きなさい。

5. 例文の一つを中国語に訳しなさい。

第三課　パートナー探し

```
一、コラム：名刺と一期一会
二、パートナー探しの要旨と紹介・推薦文書作成要領
三、例文：1. 自社紹介
          2. 新規プロジェクトパートナー募集
          3. 営業内容の紹介
          4. 代理店推薦
          5. 新規代理店取引申し込み回答
          6. 合作経営承諾
          7. 取引先紹介お礼
四、通訳の練習：商品紹介
```

一、コラム

名刺と一期一会

　取引活動の最初の段階で大切なことは良いパートナーや取り引き相手を得ることです。貿易取引のパートナーや取り引き相手とは協力し合える仲間のことです。単純な商品商売の取引の場合もあれば、協力によって共同で企業経営をする場合もあります。これからの取引の成功を目指して、パートナーや取引相手を探すのですから、早く成約を目指す人ほどパートナーや取引相手のことを詳しく知りたいと思うでしょう。

　言葉による意志の伝達の苦手な日本人にとって、初対面の時、最も簡単にコミュニケーションを図る方法は名刺の交換です。仕事をしている日本人は殆ど名刺を持っています。名刺には勤務先の企業名・団体名・所属名・役職名・住所・電話番号・電子メール・アドレス、時には、会社の精神やイメージを表す言葉が印刷されているので、その交換を通してお互いに相手の地位を知り、それに応じた対応をすることが出来るのです。名刺には企業名や役職名を詳細に記入しておいたほうがよいでしょう。

　名刺の交換にも簡単な決まりがあります。名前の書いてある面を上にして、相手の方に向け、両手を伸ばして相手に渡し、お辞儀をするのが礼儀です。そして、もらった名刺を直ちに、ポケットや名刺入れに入れずに丁寧に見ながら読んで確認してから入れるのが礼儀です。座っている場合に、必ず名刺入れや手帳の上に丁寧におくのが礼儀です。

　初対面の団体の人々に会う時、相手側の上下関係がはっきりわからない場合、自分の名刺を手にして待てばよいでしょう。（名刺を名刺入れの上に置いて持つほうがいい）

なお、日本人には握手する習慣がありません。

日本では会社の一つの部門に同じ肩書きには小さな相違があります。日本人はこのような小さな差にも気を配ります。又、名刺交換をする時、もし、人数が多ければ、地位の高い人から順に交換すべきです。この順番を間違えて交換すると失礼が生じかねませんから、お客を迎える側から先に名刺を出すことが望ましいでしょう。

仕事で人と付き合いの多いビジネスマンにとって、名刺は大切な仕事の道具です。ビジネスマンの名刺入れは、大切な人間関係を維持する連絡帳でもあるからです。もらった名刺の裏に、その人の名刺をもらった日時・場所・用件・さらにその人への印象や性格まで書き入れておけば、それ以後の付き合いや取引の順調な展開にプラスになるでしょう。

パートナーを選ぶ時の条件には、積極性、協調性があり、明るくて真面目であると言ったことが挙げられるでしょう。特に、日本の茶道には一期一会という言葉があり、一期一会の態度で他人を尊重すれば、誰からも尊敬されるので、相手の名刺を大切に保管し、相手を尊重するという態度を示せば、相手からも大切にされるでしょう。

二、パートナー探しの要旨と紹介・推薦文書作成要領

パートナー探しの要旨

何らの目的を持ってパートナーを探す際、パートナー募集の文書中には明確に相手方に対する条件が明記されていなければならない。即ちその条件であるプロジェクトの名称・時期・場所などを明記する必要がある。各種メディアを利用してパートナー募集の広告を出すことも可能である。このときには、プロジェクトのメリットを強調することが重要である。

パートナーを探す文書は特定の相手に直送するので、できるだけ事実に基づき、誇張を避けた内容で、自分側の条件について説得力のある表現で記述しなければならない。ただし、パートナーを探す文書の文体は「である」体を使っても良い。

一方、商品の買い手を探す場合は、売り手にとって買い手が多ければ多いほど良いので、できるだけ多くの方法で探したほうが良い。例えば友人・同窓生などの人間関係や電話帳・雑誌・インターネットなどを通して、ユーザーを探すこともできれば、いろいろな商業パーティー、外国訪問等さまざまな機会を利用して、多くの人を紹介してもらい、ユーザーを探すことができる。そして、重要なことは取引先を紹介してくれた人に対する感謝の気持ちを忘れないことである。

紹介・推薦文書作成要領

紹介文書は友人や関係部門、企業に対して、自分の良く知っている人物や組織を紹介するものであり、二種類ある。

一つは単純な紹介文書で、もう一つは紹介の上、更に推薦する文書である。このような

書類では法的な責任は生じないが、道義上の責任は重い。従って紹介者は無責任な紹介を避けるべきである。

　紹介状は一般に定型文書の形が取られる。ある特別な関係や目的から、更に積極的な紹介が必要である場合は、以下の内容を含んだ紹介文書となる。

　(1)前文挨拶；(2)被紹介者と紹介者の関係；(3)紹介の目的と理由；(4)被紹介者の客観的で簡潔な評価；(5)依頼文；(6)末文。

三、例文

例文1　　　　　　　　　　　　　自社紹介

日本□□□□□株式会社
□□□□様
拝啓　新春の候、ますますご清栄のほど慶賀の至りでございます。
　当社は中国の衣料品主要輸出商社の一つであり、ウール100％の男女スーツ、シルク100％のブラウスなど、各種高級衣料品を取り扱っております。
　当社は一貫して品質第一、信用第一、ユーザー第一の原則を守り、各国の需要家の皆様に御愛用いただいております。ここに輸出製品リストを一部同封いたします。これらは必ず、貴社のニーズに応えるものであると確信しておりますので、ご一読いただければ幸いです。
　なお、各種の衣料品に対して、引き合い書をいただければ、人民元建てＦＯＢ上海港、包装費込みのオファー・シートをご送付いたします。また、支払条件につきましては、別途で相談させていただきます。

　　　　　　　　　　　　　　　　　　　　　　　　　　　　　　　　敬具
　　　　　　　　　　　　　　　　　　　　　　　　　　　　中国□□□□公司
　　　　　　　　　　　　　　　　　　　　　　　　　　　　　　担当□□□
　　　　　　　　　　　　　　　　　　　　　　　　　　　　　　年　月　日

例文2　　　　　　　　　　　新規プロジェクトパートナー募集

日本□□□□□株式会社
□□□□様
拝啓　新春の候、ますますご清栄のほど慶賀の至りでございます。
　弊社では最近皮革製品生産の新規プロジェクトを予定しております。建設予定は□□□□年、場所は□□□□にあります。詳細は下記のとおりでございます。もし、貴社は当プロジェクトに参画するお考えがございましたら、弊社まで至急ご連絡くださるようお願い申し上げます。

　　　　　　　　　　　　　　　　　　　　　　　　　　　　　　　　敬具
　　　　　　　　　　　　　　　　　　　　　　　　　　　　　　□□□公司
　　　　　　　　　　　　　　　　　　　　　　　　　　　　　　　□□□
　　　　　　　　　　　　　　　　　　　　　　　　　　　　　　年　月　日

記

生産品目：寝袋・皮製衣類
年産予定：寝袋 10 万個、皮製衣類 14 万着
販売：国内 30%、輸出 70%
投資総額：800 万人民元
参画方式：合弁
中国側：□□□皮革製品工場
中国側概況：敷地面積 6000 平方メートル、建物面積 300 平方メートル、固定資産 100 万人民元、従業員 100 名
連絡先。担当者：□□□市対外開発区□□□
電話：　　　　　FAX：　　　　　E メール：

例文 3　　　　　　　　　営業内容の紹介

中国□□□□□公司
総経理□□□殿
拝啓　貴社ますますご繁栄のこととお慶び申し上げます。
　この数年来、当社は東京において各種外国商品の代理店となり、日本各地の販売ルートを開拓しております。
　今回、日本中国工業展覧会に展示された貴社のポンプに非常に興味を持っておりますので、このタイプのポンプに関する全ての資料をお送りいただきたいと存じます。
　なお、当社は同製品の販売につきました健全な販売網とメンテナンス部門をもっておりますことを申し添えておきます。

敬具
日本□□□□□株式会社
代表取締役社長□□□□
年　月　日

例文 4　　　　　　　　　代理店推薦

中国□□□□□公司
総経理□□□様
拝啓　貴社ますますご繁栄のこととお慶び申し上げます。
　先日のお手紙で、貴社より特約代理店紹介のご依頼を承っておりますが、種種検討致しました結果、□□□商事株式会社東京支店がこの任に適しているのではないかと考えております。
　同社はこれら商品の取り扱い経験が豊富であり、貴社製品のエージェント業務に対しても大変興味を持っております。

ここに、□□□商事株式会社東京支店営業部長□□□氏を紹介申し上げます。なお、□□□氏には既に貴社を訪問し、ご相談するよう申し伝えております。どうぞご引見の上よろしくご高配を賜りますようお願いいたします。

敬具

日本□□□□□株式会社

代表取締役　社長□□□□

年　月　日

例文5	新規代理店取引申し込み回答

中国□□□□□公司

総経理□□□□□様

拝復　常々貴社のごひいきを賜り、誠に有り難く、厚くお礼申し上げます。この度は弊社に対しまして貴社より代理販売店を希望なさっておられる旨の書簡いただき、誠に有り難くお礼申し上げます。

　せっかくのご好意に背き誠に残念ではございますが、弊社はご高承のように□□市には既に代理店を有しており、当社と□□市販売店の間の信頼関係を維持する上から、「一都市一店」主義の販売政策を堅持いたす必要がございます。このような事情から今回の取り引き申し込みは残念ながらお断り致したいと存じます。

　なお、別の分野につきましては、ご相談に応じさせていただきますので、よろしくご検討下さいますようお願い申し上げます。

　失礼ながら書中をもってとりあえずご連絡申し上げます。

敬具

日本□□□□□株式会社

代表取締役社長□□□□

年　月　日

例文6	合作経営承諾

日本□□□□□株式会社

□□□□様

拝復　この度合作経営お申し込みの意向書を確かに落掌いたしました。

　貴社のご高名はかねてから拝承いたしておりましたが、なにぶん弊社は創業以来まだ日も浅く、力量・経験とも不足致しております。従って貴社と合作経営できますことは、誠に有り難く光栄に存じます。今後共何卒宜しくお願い申し上げます。

　まずはお礼方々お願いまで。

敬具

中国□□□□□公司

総経理□□□

第三課　パートナー探し

例文7　　　　　　　　取引先紹介お礼　　　　　　　　　　年　月　日

日本□□□□□株式会社
□□□□様
拝啓　貴社ますますご隆昌のほどお喜び申し上げます。
　さて、このたびは取引先のご紹介をお願いいたしましたところ、さっそくご紹介賜り誠に有難うございました。
　おかげ様にて、ご紹介いただきました先様とは既に順調に商談が進行中であります。
　まずはご紹介のお礼を申し上げ、ご休心いただきますようお願いする次第でございます。これからもご支援いただきますよう宜しくお願い申し上げます。

敬具
中国□□□□□公司
総経理□□□□□
年　月　日

四、通訳の練習

商品紹介

C（会社名）＿＿＿＿＿＿＿＿＿＿＿＿（役職）＿＿＿＿＿＿＿＿＿＿＿＿
J（会社名）＿＿＿＿＿＿＿＿＿＿＿＿（役職）＿＿＿＿＿＿＿＿＿＿＿＿
（広州貿易会で）

C この度は遠方からわざわざご参加いただき、どうもありがとうございます。
J いいえ、こちらこそこの交易会に参加させていただきまして大変喜んでおります。今回参加の目的は布製バッグの輸入です。私どもの会社にも布製バッグの製造販売部門があるのですが、これまでは中国からバッグの生地だけを輸入して、全て当社で生産しておりました。
C 日本で生産するとかなりコストが高くなるんじゃないですか。
J ええ、そうなんです。そこで、今後はバッグの完成品を輸入したいと考えておりますので、ご協力願いますようよろしくお願いいたします。
C こちらこそ、いつもお引き立ていただきありがとうございます。バッグと言いましても範囲が広いのですが、どのようなものでしょうか。
J 婦人向けのファッションバッグですが。
C わが社が生産しておりますのは旅行用の大型バッグが中心ですが、最近アメリカからの注文があって、ご婦人向けのものを生産した経験がございますのでご安心ください。今サンプルをお持ちいたしますので、少々お待ちください。
（サンプルを見ながら）
J これはかなり斬新なデザインですね。
C アメリカではこのようなデザインが最近流行しているそうで、かなりの量を輸出させていただきました。
J しかし、ここまで、斬新なデザインは日本ではねえ。他にサンプルはありますか。
C こちらはいかがでしょうか、先ほどのものに比べるとかなりおとなしいデザインになっておりますが。
J これは日本人向けのデザインですね。でも。ちょっと平凡ですねえ。
C それでは、日本人のニーズに合ったデザインを貴社で検討していただきまして、当社の方にご指示ください。試作品を作らせていただきますので、それでご検討いただきましたらいかがでしょうか。
J それはいいですね。
C 私どもの商品は、品質が良い上に、価格もかなり安価に設定しておりますので、日本製のものと比べても競争力があると思います。その上デザイン面でご協力いただければ、何ら問題はないと思いますが。
J ご存じとは思いますが、日本の消費者の要求する商品の品質はかなり高水準ですので、今見せていただきましたサンプルの品質水準では日本で販路を広げるのに価格をかなり安く設定していただくしかありません。できれば品質で更に努力をしていただきたいですね。
C それは承知しております。品質面での向上を図るべく研究開発に努めておりますので、ご安心ください。
J もう一つお伺いしたいのですが、契約から納品までにどのくらいの期間が必要ですか。
C 数量にもよりますが、新製品ですので一般のバッグに比べて船積までに一ヶ月

余計にかかると思います。
J　そうですか。いろいろご説明いただきありがとうございました。カタログと価格リストをいただきたいのですが、よろしいでしょうか。
C　はい、どうぞ。
J　どうもありがとうございました。近いうちに必ず連絡させていただきますので、どうぞよろしくお願いします。
C　はい、お待ちしておりますので、いつでもどうぞご連絡ください。

新しい単語

一期一会（いちごいちえ）⓪（名）	一生只有一次
推薦する（すいせん〜）⓪（名）	推荐
肩書き（かたがき）⓪（名）	职衔、头衔、地位
名刺入れ（めいしいれ）⓪（名）	名片夹
プロジェクト（project）③（名）	计划、规划
メデイア（media）①（名）	新闻媒体、媒体
記述する（きじゅつする）⓪（動）	记述
ウール（wool）①（名）	羊毛
ブラウス（blouse）②（名）	女式衬衫
引合い書（ひきあいしょ）⓪（名）	询价单
人民元建て（じんみんげんだて）⓪（名）	以人民币结算
FOB（Free on Board）	离岸价
オファー・シート（offer sheet）④（名）	报价单
寝袋（ねぶくろ）②（名）	睡袋
皮製衣類（かわせいいるい）⑤（名）	皮衣
参画方式（さんかくほうしき）⓪（名）	参与筹划方式
Eメール（E-mail）①（名）	电子邮件、电子信箱
販売ルート（はんばいroute）⑤（名）	销路
隆昌（りゅうしょう）⓪（名）	昌盛
開拓する（かいたく〜）⓪（名）	开拓
販売網（はんばいもう）③（名）	销售网
メンテナンス（maintenance）④（名）	维修、保养
承る（うけたまわる）⑤（動）	接受、听取
エージェント（agent）①（名）	代理人、斡旋人
引見（いんけん）⓪（名）	引见
高配（こうはい）⓪（名）	特别关照

背き（そむき）②（名）	违反
賜る（たまわる）⓪（動）	给予、赐予
ひいき①（名）	照顾、偏爱、偏袒
代理販売店（だいりはんばいてん）⑥（名）	代销店
有する（ゆうする）③（動）	具有、有
一都市一店（いちとしいってん）③+②（名）	一市一店
堅持する（けんじする）⓪（名）	坚持
落掌する（らくしょうする）①（動）	收到、拿到
かねて①（副）	事先、以前、早就
拝承する（はいしょうする）⓪（動）	恭闻
日も浅い（ひもあさい）（連語）	时间短
方々（かたがた）②（名）	与此同时
休心（きゅうしん）⓪（名）	安心、放心

五、練習問題

1. 本文の内容に基づいて、次の質問に答えなさい。
   （1）相手からもらった名刺をどのようにしておけばこれからの仕事にプラスになるのか。
   （2）自分の名刺を作る時、どのようなことを書くべきなのか。
   （3）パートナーを募集する時、どのような条件の人が適当であるのか。
2. 本文の内容に基づいて、次の文の（　）に選択肢から正しいもの選んで入れなさい。
   （1）初対面の人に会う場合、（　　　）交換をしたほうがいい。
   　　① 名刺　　　　② ノート　　　③ カタログ　　　④ 広告
   （2）他人の紹介で新しいユーザーを得たら、（　　　）に感謝することを忘れないこと。
   　　① ユーザー　　② 紹介人　　　③ 上司　　　　④ 友達
   （3）相手企業の人たちの上下関係がはっきりわからないが、名刺交換したい場合にどうすればいいか（自分が訪問団団長である場合）。
   　　① そのまま待つだけ　　　　② 名刺を持って待つ
   　　③ 相手に聞く　　　　　　　④ 勝手に名刺交換する
   （4）他の企業に人を紹介するとき、（　　　）責任はないが道義上の責任が重い。
   　　① 利益的な　　② 礼儀的な　　③ 法的な　　　④ 規則的な
   （5）紹介状を書く時、被紹介者を（　　　）紹介したほうがいい。
   　　① 普通以上に　② 主観的に　　③ 客観的に　　④ 平凡的に
3. 本文の例文に基づいて、お互いに会社紹介状を書きなさい。

4. 例文の一つを中国語に訳しなさい。

第四課　取引促進のためのインビテーション

　一、コラム：招待状をもらったら
　二、商務訪問要旨と招待状・招聘状作成要領
　三、例文：1. 社屋落成披露宴招待
　　　　　　2. 社屋落成披露宴招待欠席通知
　　　　　　3. 取引促進のための招聘
　　　　　　4. もてなしに対するお礼
　　　　　　5. 訪問日時変更お詫び
　四、通訳の練習：表敬訪問

一、コラム

招待状をもらったら

　日本のビジネスマンはいろいろな宴会やパーティーなどによく参加します。例えば年末年始の同僚や友人たちとの忘年会や新年会をはじめとして、結婚式・葬式・仕事に関する種種の披露宴・祝賀会・歓迎会などがあります。もし、ビジネスマンに「あなたは、毎年何回ぐらい宴会やパーティーに出られますか。」と尋ねたら、「それは……数え切れないでしょうね。」と答える人がたくさんいるでしょう。更に、社長や重役などの肩書きのある人なら、その数は一層多くなるでしょう。

　もし、あなたが日本に駐在したら、きっといろいろな宴会やパーティーに招待されるでしょう。招待状（インビテーション・カード）や案内状をもらったら、どのようにすればいいのでしょうか。結婚式の例を見ながら考えて見ましょう。……

　最近、結婚式の出席者の中にも外国人の姿をよく見かけます。普通、招待状の封筒には二つ折りの案内状、出欠連絡用のはがき、会場の地図などが入っています。これをもらったら、まず自分のスケジュールを確認し、それからすぐに出欠の返書を送りましょう。

　当日の結婚式は一般的に神式であれば親戚しか参列できませんが、キリスト教式なら誰でも参列できます。式が終わると続いて披露宴になります。参加者はまず入り口の受け付けにお祝いのお金を入れて自分の名前を書いたお祝いの「のし袋」を出します。服装は花婿や花嫁より目立たないことと披露宴の雰囲気に合わせることに注意する必要があります。男性なら黒の上下に白いネクタイ、女性はドレッシーなものであればよいでしょう。

　ただし、結婚式ではなくほかの宴会やパーティーに招待された場合、服装は特に決ま

っていません(日本のパーティーは、普通会費制です)。

　もし、仕事にかかわる宴会に招待されたら、その席で今まで知らなかった人に出会えるかもしれません。それは人間関係や仕事などのネットワークを広げる絶好のチャンスです。このようなチャンスを見逃さず、今後の仕事のために、いろいろな人を紹介してもらって、名刺交換をしておいた方が良いでしょう。そのためにも、宴会やパーティーに行く場合には必ず名刺を忘れずに持って行きましょう。

二、商務訪問要旨と招待状・招聘状作成要領

商務訪問要旨

　商務訪問はいわゆる取引促進ための訪問である。これは国際貿易活動における「外交活動」と言っても良いであろう。相互訪問を通して互いに情報を交換し、理解を深め、取引関係拡大を目指すものである。

　日本は礼儀を重んじる国なので、商務活動においては礼節が日常生活より重視される。そのため、日本へ商務訪問や取り引きに行く際には以下の点に注意しなければならない。

（1）初めて訪問する場合、誰かに紹介してもらってから行けば便利であろう。

（2）訪問に行こうとする時、事前にアポイントをもらっておくべきである。つまり訪問の目的を述べ、訪問の時間と場所を約束しておくのである。

（3）名刺はコミュニケーションを図るために大変便利なものだから、初対面の相手に必ずこちらから進んで渡すようにする。

（4）儀礼的訪問なら相手に応じたお土産を持参し、そして挨拶の際に渡して敬意を示すべきである。ただし、贈り物は贈賄にならないように注意しなければならない。

（5）必ず敬語を使って話す。

（6）関係地域の役所や協会に表敬訪問する際は、具体的なビジネスの話をしない方が良い。

（7）訪問後、電話や礼状で相手の接待に感謝の意を表す。

　ここで一般の会社における役職を紹介する。これを覚えておくと、商務訪問の時、参考になるであろう。(ただし、会社によって役職名は異なることがある)

会長：取締役会の議長として、会を運営し、会を代表する者である。

社長（CEO）：取締役会で決定した業務の執行及び会社の代表者として全般的管理を担当する企業経営の責任者。

専務取締役：会社の通常の業務を担当する管理部門の執行者、一般に一社に一人又は二人いる。

常務取締役：社長を補佐し、会社の業務を担当する管理部門の執行者、一般に会社の管理営業・生産などの部門のうちの一つの執行権をもっていることが多い。

部長：各部門の執行責任者で、会社の取締役を兼ねることもある。

課長：会社の各部門における実質的責任者で、直接各部門の仕事を管理する。

係長：係員の長。

招待状・招聘状作成要領

　招待する時には招待状（インビテーション・カード）や招聘状（インビテーション・レター）を書かなければならない。一般的に招待状は比較的定型的な様式が使用され、不特定多数の方に宛てて発送する場合等には印刷されたものを用いる。

　一方、招聘状は相手を会議や視察に招く時に用いる文書なので、特定の相手宛てに発送することが多い。招聘文は一般にあまり長くないが、丁寧に熱意を込めて書くべきである。

　招聘や、又招待に関する詳細なことも（例えば招聘する人の名前・日時・場所など）行き違いのない様にはっきり記しておく必要がある。更に、出欠連絡用の返信葉書きを同封し、早めに発送することやスピーチなどの依頼を事前にしておくことも大切である。文面の長短とはかかわりなく、以下の内容が含まれる。

1) 受け取り人に対する簡潔な挨拶
2) 行事内容の説明
3) スケジュールの詳細
4) 必要に応じて出欠の返事を依頼

三、例文

例文1　　　　　　　　　社屋落成披露宴招待
中国□□□□□公司
総経理□□□様
拝啓　平素は一方ならぬ御愛顧に預かり厚くお礼申し上げます。また、貴社ますますご清栄のこととお喜び申し上げます。
　さて、弊社社屋はおかげさまでこのほど落成の運びとなりました。
　つきましては、下記のとおり、新社屋竣工式及び小宴を催したいと存じます。ご多忙中誠に恐縮ではございますが、ぜひご来臨の栄を賜りたく謹んでご案内申し上げます。

　　　　　　　　　　　　　　　　　　　　　　　　　　　　敬具
　　　　　　　　　　　　　　　　　　　　　　日本□□□□□株式会社
　　　　　　　　　　　　　　　　　　　　　　代表取締役社長□□□□
　　　　　　　　　　　　　　　記
　　　　　　　　　　日時：□□□□
　　　　　　　　　　場所：□□□□
　なお、お手数ではございますが、同封ハガキにて□□月□□日までに出欠のご返信をいただければ幸甚でございます。
　当日は本状を受付にてお示しくださいますようお願い申し上げます。

例文2　　　　　　　　　　社屋落成披露宴招待欠席通知

日本□□□□□株式会社
代表取締役社長□□□□様

　前略　社屋落成披露宴の招待状拝受致しました。お心遣い有難うございます。本来、お招きに応じて出席させて頂くべきところ、昨日突然出張の指示を受け、出席できなくなり、誠に申し訳ないことながら、披露宴には欠席させて頂きたく存じます。せっかくの機会を逸することになりますが、今回は事情ご理解の上ご了承くださいますようお願い申し上げます。

草々

中国□□□□□公司

総経理□□□

年　月　日

例文3　　　　　　　　　　取引促進のための招聘

中国□□□□□公司
総経理□□□様

　双方の友好と合作関係及び業務連絡を一層強化発展させるため、貴社の以下の関係者を日本に派遣され、商談と市場調査を行われることを希望いたします。

1）メンバー：

氏　名	性　別	生年月日	職業
□□□	□	□□年□月	□□
□□□	□	□□年□月	□□

2）訪問日時：2004年10月1日から9日まで（8日間）

3）日程：
　　　10月1日　　　　　　　　上海→東京
　　　10月2日から4日まで　　 東京で市場調査
　　　5日午前　　　　　　　　東京→名古屋
　　　5日午後　　　　　　　　当社訪問及び当社工場見学
　　　6日　　　　　　　　　　商談
　　　7日　　　　　　　　　　他の関係先訪問
　　　8日　　　　　　　　　　名古屋→大阪
　　　9日　　　　　　　　　　大阪→上海

4）費用：訪問期間中上記メンバーの日本滞在必要経費〔国際旅費を除く〕をすべて日本側が負担する。

　予定期日に訪日できるよう、早急に渡航手続きを完了してくださるよう宜しくお願いいたします。

日本名古屋市□区□町□丁目□番□号

日本□□□□□株式会社

代表取締役社長□□□□

年　月　日

例文4　　　　　　　　　もてなしに対するお礼

日本□□□□□株式会社
代表取締役社長□□□□様
前略　取り急ぎお礼の書状差し上げます。私どもは明日帰国の途に就くことになりました。貴国を離れるに際し、どうか私の心からの挨拶をお受けくださるようお願い申し上げます。

　日本滞在のこの8日間というものは、私どもにとって一生忘れがたい経験であります。多くの名所旧跡などを見学し、たくさん知人を得ました。そして日本人の中国人に対する友情を深く感じました。これらは皆貴殿の行き届いた手配によるものであり、ここに私どもは再度お礼を申し上げると共に、近い将来貴殿のご厚情にお応えする機会がありますよう希望してやみません。

草々
中国□□□□□公司
総経理□□□
年　月　日

例文5　　　　　　　　　訪問日時変更お詫び

日本□□□□□株式会社
代表取締役社長□□□□様
前略　早速ながら一筆お詫び申し上げます。

　先日貴殿との間で、来月貴社を訪問致す旨でお約束致しておりましたが、思いがけず昨日になりまして会社の出張命令がございました。このため残念ではございますが、お約束とおりには訪問叶わぬことと相成りました。誠に申し訳がありませんが、ご容赦下さいますようお願い申し上げます。

草々
中国□□□□□公司
総経理□□□
年　月　日

第四課　取引促進のためのインビテーション

四、通訳の練習

表敬訪問

C（会社名）＿＿＿＿＿＿＿＿＿＿（役職）＿＿＿＿＿＿＿＿＿
J（会社名）＿＿＿＿＿＿＿＿＿＿（役職）＿＿＿＿＿＿＿＿＿
j（会社名）＿＿＿＿＿＿＿＿＿＿（役職）＿＿＿＿＿＿＿＿＿

（部長室の受付で）

j　いらっしゃいませ。何か御用でしょうか。

C　海外事業部の＿＿＿＿部長さんとお約束させていただいております。＿＿＿＿の＿＿＿と申すものですが、部長さんはいらっしゃいますでしょうか。

j　はい、伺っております。始めまして、私部長の秘書の山田です。本日はようこそいらっしゃいました。私が部長室へ案内させていただきます。
どうぞ、こちらへ。

J　ああ＿＿＿さん、よくいらっしゃいました。私海外事業部長の＿＿＿＿です。（名刺を渡す）

C　＿＿＿＿の＿＿＿＿でございます。（名刺を渡す）こちらこそ、どうぞよろしくお願いいたします。本日は大変お忙しいところをお邪魔いたしまして誠に申し訳ありません。

J　いいえ。どうぞこちらにお掛けください。

C　この度、私どもの公司とお取り引きいただけることになり大変喜んでおります。

J　こちらこそ、優秀な中国企業との取り引きを希望しておりましたので、とても喜んでおります。

C　私どもの企業は、１９９０年の設立で、歴史はさほど古くありませんが、新進気鋭の先進企業として中国でも注目を集めております。

J　主にどんな製品を作っておられるのですか。

C　コンピューターの生産が中心ですが、テレビや冷蔵庫なども作っております。最

第四課　取引促進のためのインビテーション

J　中国のテレビの品質はよくなりましたね。以前と比べると雲泥の差ですよ。昨年は生産量、品質とも世界のトップクラスだと伺っていますが。

C　テレビはわが社の誇る優良製品で、品質ではどこの社にも退けを取りません。特に、新製品のDVDは、ぜひお取り引きいただくよう、今後お勧めしたいと思っております。

J　新製品の売れ行きはいかがですか。

C　まだ開発されたばかりですので、わが社の年商の10パーセント程度ですが、今後は50パーセント以上になると見込んでおります。

J　お互いの今後の取り引きが順調に進めば、もっと増えるじゃないですか。

C　ありがとうございます。ぜひ、そのようになりますよう、わが社も努力したいと思っております。

J　本日は、わざわざお越しいただいたのに、申し訳ないのですが、この後会議がありますので、そろそろ失礼させていただきます。担当課の方には私から既に話をしてありますので、具体的な話を進めてください。では、今日はこれで失礼いたします。

C　お忙しいところ、わざわざ、お時間を取っていただき、どうもありがとうございました。失礼いたします。

新しい単語

招待状（しょうたいじょう）③（名）	请柬（日常用）
インビテーション（invitation）④（名）	邀请
インビテーション・レター（invitation letter）⓪＋①（名）	邀请信
インビテーション・カード（invitation card）⓪＋①（名）	请柬（业务用）
インタビューする（interview～）①（名）	采访
ネットワーク（network）④（名）	联络网、关系网；广播网
社屋（しゃおく）①（名）	公司大楼
落成（らくせい）⓪（名）	落成
披露宴（ひろうえん）②（名）	招待宴会、披露宴
表敬訪問（ひょうけいほうもん）⑤（名）	拜访
出欠（しゅっけつ）⓪（名）	出、缺席
神式（しんしき）⓪（名）	神道式的
キリスト教（christきょう）⓪（名）	基督教
アポイント（appoint）②（名）	约定、约会
儀礼的（ぎれいてき）⓪（名）	礼仪

第四課　取引促進のためのインビテーション

持参する（じさん～）⓪（動）	（自己）帯来（去）
書状（しょじょう）⓪（名）	书信
貴殿（きでん）①（名）	您（男子間用語，対长辈、同辈的尊称）
つきまして③（接続）	所以，因此
小宴（しょうえん）⓪（名）	便宴
催す（もよお～）③⓪（動）	举办，召开
了承（りょうしょう）⓪（名）	知道（谦虚语）
年商（ねんしょう）⓪（名）	年销量
日取り（ひど～）⓪（名）	日程安排
逸する（いっ～）⓪（動）	错过，不吻合
新進気鋭（しんしんきえい）⓪（名）	新生势力
見込む（みこ～）⓪（動）	估计、预测

五、練習問題

1. 本文の内容に基づいて、次の質問に答えなさい。
   (1) 日本人の結婚式に招かれたらどうしたらいいのか。
   (2) 商業訪問に行く際、前もってどのようなことをしておけばいいのか。また、訪問してからは何をすべきなのか。
   (3) 訪問の時にどのようなお土産を用意して、また、どのように相手に贈呈したら、贈賄にならないのか。
   (4) 表敬訪問の際、どのようなことに注意すべきなのか。
2. 本文の内容に基づいて、次の（　）に選択肢から正しいものを選んで入れなさい。
   (1) ビジネス相手の訪問を招く場合、（　　）を出すべきである。
      ①招待状　　②インビテーション・レター　　③インビテーション・カード
   (2) 普段、会社の決断力を握る職は（　　）である。
      ①常務　　　②社長　　　③専務　　　④取締役会の会長
   (3) 日本の結婚式に親戚しか参列できない式は（　　）である。
      ①キリスト教式　　　②仏式　　　③神式
   (4) 日本では商業活動において礼節は日常生活（　　）。
      ①ほど重視されない　　②より重視される　　③と同じようにされる
   (5) もてなしを受けてからタイミングを逃さないように（　　）を出すのが礼儀である。
      ①招待状　　　　　　②インビテーション・レター
      ③インビテーション・カード　　④礼状
3. 本文の例文に基づいて、お互いに訪問招聘状と招聘への回答を書きなさい。
4. 例文の一つを中国語に訳しなさい。

第五課　カタログとサンプル送付

```
一、コラム：出る杭は打たれる
二、依頼要旨と依頼文書作成要領
三、例文：1. カタログ送付依頼
         2. カタログ送付
         3. 依頼回答（拒絶）
         4. エプロン見本作成依頼
         5. 新製品拡販依頼
         6. 延長申請手続きの代行依頼
四、通訳練習：カタログ・サンプル等の請求
```

一、コラム

出る杭は打たれる

　アジアのある国の経済評論家が自国の会社員を日本の会社員と比較して「わが国の社員は5時の退社時間前に帰り支度をし、5時キッカリに帰るが、日本の社員は5時までに仕事が終わらなければ、それが終わるまでやって、それから帰り支度をする。その時間差が1年、5年、10年経て膨大になり、それだけ水をあけられる。」といいました。確かにそうかも知れません。

　日本人はつまり退社時間になってもその日にしなければならない仕事が残っていれば、帰宅せず、仕事を続けるのです。この「残業」は世界でも有名なほど長時間だそうです。バブルの時間に、主人が残業をせず、夜の10時前に帰宅すると妻に冷たくされたり、隣の人から同情されたりしたそうです。会社で重要な仕事をしていないので、早く帰宅できると思われたからです。

　しかし、あるアメリカの女性記者は日本人の残業ぶりを観察してこう言ったそうです。「日本人の残業は本当に不思議ですね。必要な残業もあれば、勤務時間内にできる仕事なのに、わざわざ残業に回して、5時になってから、忙しそうにするのを見かけたことがあります。更に甚だしい時は、残業する仕事がなくても、書類の片付けなどと称して、ぐずぐずと事務室に残り、同僚の仕事が終わるのを待っていることがあります。これはどうしてでしょう。」

　日本には「出る杭は打たれる」という諺があります。「でしゃばるものはとかく人に嫌われたり、邪魔されたりする。又、才能や技能が人より優れた人はとかく悪口を言われ

たり、憎まれたりする」という意味です。つまり日本人は団体に同調し、自分勝手な人と思われないように常に他人の目を気遣っているのです。不必要な残業をしようというのはこのような意識を反映しているからでしょう。もし、そのアメリカの女性記者がこのような日本人の考え方を知っていれば、このような「残業」行為を理解できるかもしれません。

　日本人のそういう意識はビジネスのやり方からも反映されています。

　例えば、新しく就任した社長は就任メッセージをする時、自己主張をあまりアピールしません。こんな社長ならアメリカでは無能な人と見なされるかもしれませんが、日本では会社全員の信頼を受けてから、自分の改善方針を少しずつ古いものに入れ替えるそうです。

　各会社も、同じように社会への同調を求めています。例えば、中日合弁の会社で、一つの大きな取り引きについて決定する場合を考えて見ましょう。中国側から日本の会社に多額の新規投資を求めてきたり、新製品を日本に輸出したいという要望があったとき、日本の会社はまずマーケティング・リサーチをします。

　これは基本的に中国と同じですが、日本のリサーチの内容は二つに分かれています。第一は投資或いは新製品輸入の商業的意義、つまり取り引きの利益有無に関することです。第二はこの新規ビジネスに関わる社会的意義です。

　つまり、日本社会の慣習に合うか、社会がこの新規ビジネスをどう評価し、理解してくれるのかということです。これは日本における独特のものだと言えるかもしれません。マーケティング・リサーチの主な項目は下記の通りです。

1) この新規ビジネスは会社の創立者の意向、又会社の伝統に相応しいかどうか。
2) 業界はこの新規ビジネスをどう見ているのか。
3) ライバルはこの新規ビジネスをどう見ているのか。
4) 新規ビジネスによる新製品の市場進出は自社のイメージを損なうことがないか。
5) もし新規ビジネスの投資に失敗した場合の自社への影響はどの程度か。

　また、マーケティング・リサーチをして、とても投資価値のある取り引きだと判断できても、アメリカ人のように先ず大金を出して広い地盤を一括して買い取るというようなやり方と違い、すぐに大金を出さず、初めは、少し投資して見ます。確かに見込みある投資だと見定めてからはじめて巨額の資金を出すのです。

　日本では一つの大きな取り引きが社員の生活に大きな影響を与えるので、実行する前によく根回しをして、社会の支持を得ることが前提となります。

二、依頼要旨と依頼文書作成要領

依頼要旨

　依頼は人に頼んで何らかをしてもらうためにするものなので、他の人に要請するからには、相手の都合を考え、親密さと誠意を込めた表現をする必要がある。又、相手に依頼

側の気持や目的と内容を明確に伝えるようにしなければならない。相手に早く引き受けてもらうためには勧誘と説得に努めた表現を心掛ける必要がある。

依頼文書作成要領

　依頼状は取り引き先などに物事を依頼する文書である。見本・資料などの送付依頼・見積もり依頼・研修の依頼などに用いる文書である。要点は以下の通りである。

　（1）何の依頼であるか、それが相手にもたらす得失を明確にする必要がある。

　（2）依頼は簡単な通知や説明とは異なり、その内容について相手に前向きに考えさせ、行動を起こさせる必要があり、この点に意を用いるべきである。従って言葉遣いにも相手にやる気を起こさせ、気持を掻き立てるような言い回しを使用する必要がある。

　（3）文の構成は依頼内容・利害得失が一目瞭然となるように箇条書きにする事が望ましい。

　（4）たとえ相手を勧誘し、相手にやる気を起こさせるための文書であると言っても、決して誇張や虚偽があってはならない。

三、例文

例文1　　　　　　　　　　カタログ送付依頼

日本□□□□□株式会社名古屋支店

代表取締役社長□□□□様

拝啓　貴社ますますご発展のこととお喜び申し上げます。

　平素は格別のお引き立てをいただき、厚くお礼申し上げます。

　さて、現在中国は新しい経済建設方針に基づいて、従来の計画を見直し、既存工場において技術的改善に取り組んでおります。江蘇省でもプラスチック製品の製造機械や包装機械などが重点項目に選定されております。このような状況の中で、従来主にアメリカから輸入しておりますプラスチック加工機械及び包装機械が、最近、単価の引き上げられ、海上運賃も高騰しているため、今後、日本製の機械に切り替えが必要との声が高まっております。業者間におきましても、日本製機械に関心を持ち、其の輸入条件を研究するものが急に増えてきた次第であります。

　つきましては、この新しい情勢を貴社にお知らせ申し上げますとともに、これらの需要に備えるため、貴社取扱のプラスチック製品の製造機械と包装機械のカタログを至急お送りくださるようにお願い申し上げます。

　まずはご依頼まで。

敬具

中国□□□□□公司

総経理□□□

年　月　日

例文2　　　　　　　　カタログ送付

中国□□□□公司
総経理□□□様
拝復　貴社よりの□□月□□日付け書状を拝受致しました。
　貴書状によりますと貴国では国の経済建設方針に基づいて、既存工場を技術的に改善するためにプラスチック製品や包装などに関する機械を輸入する予定があるとのことでございますが、プラスチック加工機械及び包装機械に関しましては、幸いにして当社と緊密な関係にある幾つかのメーカーがございます。ここに関係メーカーのカタログ及び一部標準設備の参考価格を同封します。これらメーカーは日本の業界においても、極めて知名度が高く、その製品の品質の高さも広く知られております。したがいまして、当社としてはこれら設備が必ず貴社の関係企業の技術改善と経済効果の向上に役立つものと信じております。
　ぜひとも関係ユーザーに、ご検討の上、具体的な要求スペックをご提示され、お引合をいただきますようご推薦お願いいたします。

　　　　　　　　　　　　　　　　　　　　　　　　　　　　　　　　敬具
　　　　　　　　　　　　　　　　　　　　　　　　　　　日本□□□□□株式会社
　　　　　　　　　　　　　　　　　　　　　　　　　　代表取締役社長□□□□
　　　　　　　　　　　　　　　　　　　　　　　　　　　　　　　年　月　日

例文3　　　　　　　　依頼回答（拒絶）

中国□□□□公司
総経理□□□様
前略　お手紙にてご依頼いただきました件につきましては、誠に有難く存じますが、真に私どもの力の及び得るところではございません。したがいまして、敢えて承諾のご返事を致すわけには参りません。是非とも早急に他の適任者にお声をかけていただきたくお願い申し上げます。

　　　　　　　　　　　　　　　　　　　　　　　　　　　　　　　　敬具
　　　　　　　　　　　　　　　　　　　　　　　　　　　日本□□□□□株式会社
　　　　　　　　　　　　　　　　　　　　　　　　　　代表取締役社長□□□□
　　　　　　　　　　　　　　　　　　　　　　　　　　　　　　　年　月　日

例文4　　　　　　　　エプロン見本作成依頼

中国□□□□□公司
総経理□□□様
前略　ここに同封致しましたエプロンの見本は、現在日本の別会社が中国のメーカーに生産を委託しているものです。当方でもこのサンプルのスペックで、同封にて送付した♯①～♯5の5種類の生地使いでエプロンを製作すべく考えております。貴公司にて♯①～♯5の生地を使用して生産した場合、価格がいくらになるかお知らせください。
　また、急ぎ♯③類似の貴方生地にてサンプルを2枚作っていただくようお願いいたします。なお、柄は貴方手持ちのもので結構です。

草々
日本□□□□□株式会社
代表取締役社長□□□□
年　月　日

例文5　　　　　　　　新製品拡販依頼

日本□□□□□株式会社
代表取締役社長□□□□様
拝啓　毎々格別の御引立を賜りありがとうございます。
　さて、弊社ではこのたび新型ヘア・ドライヤーを開発、既に新発売いたしております。当製品は大・中都市における理・美容院の業界におきまして大変ご好評をいただき、売上高も徐徐に上昇しております。
　しかしながら、貴国の小都市におきまして残念ながら当社の販売がもう一つ思うに任せません。そこで、貴社の小都市の理・美容院に対する豊富な経験を生かし、弊社の小都市のマーケット開拓に是非ともご協力を賜りたく貴社関係理・美容院への弊社製品のご推薦をいただきますよう宜しくお願い申し上げます。
　なお、貴社のご協力により拡販されました部分につきましては、お礼といたしまして10%のリベートを差し上げたく存じておりますので、どうぞ積極販売にご協力賜りますよう重ねてお願い申し上げます。

敬具
中国□□□□□公司
総経理□□□
年　月　日

| 例文6 | 延長申請手続きの代行依頼 |

日本□□□□□株式会社
代表取締役社長□□□□様

拝啓　貴社ますますご隆昌の段お慶び申し上げます。平素は貴社上下一致してのご協力に厚くお礼申し上げます。

　さて、貴国政府の関連法規に基づき、外国企業の日本駐在員事務所の許可期間は□□年です。この規定に照らしますと、当社日本駐在員事務所の認可期間は来る□□年□□月□□日に期限切れと相なります。しかし、当社では引き続き東京に駐在員事務所を置き、業務を発展させたく考えますので、延長手続きが必要です。

　つきましては、同封にて法務省宛の申請書並びに関係資料をご送付申し上げますので、お手数ながら手続きにつきまして宜しくお願いする次第であります。

敬具

中国□□□□□公司
総経理□□□
年　月　日

四、通訳の練習

カタログ・サンプル等の請求

C（会社名）＿＿＿＿＿＿＿＿＿＿＿＿（役職）＿＿＿＿＿＿＿＿＿＿＿＿
J（会社名）＿＿＿＿＿＿＿＿＿＿＿＿（役職）＿＿＿＿＿＿＿＿＿＿＿＿
　（営業部に電話をする）

J　＿＿＿＿＿＿でございます。
C　中国の＿＿＿＿＿＿ですが、営業部の＿＿＿＿＿＿さんをお願いします。
J　はい、＿＿＿＿＿＿ですが、いつもお世話になりまして、どうもありがとうございます。
C　こちらこそ、いつもお世話になっております。今日お電話させていただいたのは、＿＿の輸入につきまして検討を始めたんですが、資料がちょっと足りませんので、新製品カタログやサンプルなどがございましたら、お送りいただけないかと思いまして。
J　それではさっそく準備させていただきますが、お送りするのもなんですから、お持ちして、一度商品について説明させていただければと思いますがいかがでしょうか。
C　そうしていただけば、助かります。
J　それでは、いつお伺いすればよろしいでしょうか。
C　明日の10時頃はどうですか。
J　はい、結構ですよ。それでは、明日、＿＿＿＿＿＿の新製品のカタログやサンプルなどをも持ちして、午前10時頃お伺いするということでよろしいでしょうか。
C　はい、結構です。
J　では又明日。失礼します。
C　失礼します。
　（翌日）
J　お邪魔します。日本の＿＿＿＿＿＿ですが、＿＿＿＿＿＿さんお出ででしょうか。
C　あ、＿＿＿＿＿＿さんお待ちしていました。どうぞこちらへ。ちょっと私どもの資料を取ってきますので、コーヒーでも飲んでお待ちください。
J　どうぞお構いなく。
C　お待たせいたしました。今日はお忙しいところをわざわざお越しいただいてすいません。
J　いいえ、本日は資料のご請求をいただきまして誠にありがとうございます。では、さっそくですが、これが本日お持ちさせていただいた資料です。どうぞ、ご覧ください。
　（資料を見ながら）
C　この商品の売れ行きはどうですか。
J　その商品は、今年の新製品の中でも特に売れ行きが好調です。ここにサンプルも

持参しておりますので、どうぞご覧になってください。
C 他社に類似商品はないのですか。
J 他社にも類似商品を作っているところがありますが、品質やデザインの面から見れば、この製品は一番ではないかと思いますが。
C でも、一社だけでは心許ないですね。他社の資料も比較材料としていただければあり難いのですが。
J あまり細かい資料までは無理かとは思いますが、いくつか手持ちの資料がございますので、会社に帰り次第ファックスで送らせて頂きます。
C それでは、このサンプルとお送りいただく資料を参考にして十分検討させていただき、注文書を作成させていただきます。
J 何か問題点がございましたら、いつでもお電話ください。
C ええ。又いろいろ電話させていただくかとは思いますが、今週中にとにかく検討の結果をまとめるつもりですので、来週の初めまでに必ず連絡させていただきます。

新しい単語

マーケティング・リサーチ（marketing research）④＋②（名）	市場調査
根まわし（ね～）②（名）	事先疏通、事先招呼
勧誘（かんゆう）⓪（名）	劝诱、邀请
かきたてる④（動）	激发、激起
得失（とくしつ）⓪（名）	利弊
箇条書き（かじょうがき）⓪（名）	分条写
虚偽（きょぎ）①（名）	虚伪
既存（きそん）⓪（名）	现成、已有
運賃（うんちん）①（名）	运费
高騰（こうとう）⓪（名）	暴涨
ヘア・ドライヤー（hair dryer）④（名）	吹风机
リベート（rebate）②（名）	回扣
拡販（かくはん）⓪（名）	扩大销售
構文（こうぶん）⓪（名）	文章结构
柄（がら）⓪（名）	花色、花样
メーカー（maker）①（名）	厂家
スペック（spec）③（名）	规格、名细表
ユーザー（user）①（名）	用户
売り上げ高（うりあげだか）⓪（名）	销售额

五、練習問題

1. 本文の内容に基づいて、次の質問に答えなさい。
   (1) 日本人の残業は中国人のそれと比べると、どう違っているのか。
   (2) 本文中のアメリカ記者は、何故日本式の残業を不思議に思っていたのか。
   (3) 新規投資をする前に、一般にどのようなことをするのか。何故であろうか。
   (4) 日本の会社では新規投資をする前に行われるマーケティング・リサーチの主な項目は何であろうか。

2. 本文の内容に基づいて、次の（　　　）に選択肢から正しいもの選んで入れなさい。
   (1) カタログとは何を指すものであろうか。
      ①商品のカット　　　　②商品の紹介
      ③商品の価格リスト　　④商品の目録
   (2) サンプルとは何を指すものであろうか。
      ①商品の価格リスト　　②商品の紹介
      ③商品の見本　　　　　④商品の目録
   (3) 商業上の「根回し」の意味は次のどちらであろうか。
      ①基本資料の調べ　　　②根本的に調べる
      ③関係者との事前相談　④木の根を落とす
   (4) マーケティング・リサーチの主な目的は次のどちらであろうか。
      ①商品の値段定め　　　②経営の将来性
      ③消費者の考え　　　　④原料源
   (5) 人に何かを依頼する場合に、先ず相手の（　　　）を考えるのが大切である。
      ①経済力　　　　　　　②信用性
      ③都合　　　　　　　　④誠意
   (6) 依頼文章を書く時、先ず、相手にもたらす（　　　）を明確にする必要がある。
      ①利益　　　　　　　　②依頼内容
      ③得失　　　　　　　　④相手との関係

3. 本文の例文に基づいて、お互いに依頼状と依頼への回答文章を書きなさい。

4. 例文の一つを中国語に訳しなさい。

第六課　引き合い

```
一、コラム：他山の石
二、引合要旨と照会文書作成要領
三、例文：1. 手袋初引き合い
　　　　　2. 手袋初引き合い回答
　　　　　3. 商況照会
　　　　　4. 信用状態調査依頼
　　　　　5. 取引条件引き合い(1)
　　　　　6. 取引条件引き合い(2)
　　　　　7. 着荷品不足照会
四、通訳の練習：輸入商談
```

一、コラム

他山の石

　日本に行った人の多くが日本人の衣・食・住の生活に対して国際色豊かだという印象を抱くようです。例えば、日常の食事にはもちろん日本独特の寿司、天ぷら等の日本料理がありますが、世界各国の代表的料理もいろいろあります。インド料理のカレーライス、中華料理のラーメンや餃子などは食生活には欠かせません。他にもアメリカのビーフステーキ、イタリアのスパゲッティやピザ、韓国の焼肉やキムチなども家庭の食卓に上ります。

　日本の大都市を回れば、どこでもマクドナルド、ケンタッキーなどのファストフードの店から、フランス料理・スペイン料理・イタリア料理・ロシア料理・韓国料理・中華料理・タイ料理などさまざまな料理店の看板を見かけます。

　住まいも同様で一軒の家の中に洋室と和室を設けることが多く、服装も出かけるときはスーツでも、帰宅すると着物に着替えるという人もいます。

　いずれにしても、一つの仕事にこだわらず、いろいろなものにトライして学ぼうという考えが、日本人の特徴の一つと言えるでしょう。

　日本では「他山の石」と言う諺があります。これは他人の言葉や行いがたとえ完璧なものではなくても、自分の才能や人格を高める助けとなるものだと言う意味です。

　この諺は日本人の特徴をよく反映しており、しかも、日本人はこの諺を産業の技術開発などに生かしています。

　日本は島国であり、資源の乏しい国ですから、昔から自然資源の開発より、人間の知

力を開発することが何より重要であると誰もが考えています。そして他国の長所を学ぶことが知力を開発する上で、最も重要な手段と考えられています。

日本の殆どの企業に技術開発部「R&D」が設けられています。これは企業を動かす「心臓」と言っても過言ではありません。これらの技術開発部は自社の長所を生かし、他社の長所を利用して自社の短所を補いながら、多くの新しい特許やノウハウを作り出し、大きな成果を遂げて日本を世界経済の先頭に立たせたのです。

二、引合要旨と照会文書作成要領

引合要旨

引き合いとは商売をする前の問い合わせのことである。国際貿易は国と国の間で行う貿易活動なので、国内貿易と異なり、下記のような特徴がある。

（1）相手国の対外貿易政策・措置・法律及び外貨管理規則に規制されることがあるので、それらを熟知しておくことが必要である。

（2）取り引きの量と金額が大きく、契約履行期間や運搬距離が長い上に、運搬道具や積み替えも多い。従って危険性も大きい。

（3）双方の国の政治・経済特に市場競争や貿易摩擦、又、為替レートの変動などに影響されるので、国内貿易より不安定な要素が多い。

（4）売買双方の協力が国内貿易よりも必要で、運輸会社・保険会社などの協力や税関や商品検疫などの監督を受ける必要もある。もし、これらの関係が少しでも円滑に行かないと損失やトラブルが生じる可能性がある。

外国企業と取り引きをする前には予期せぬ損失を避けるために、取引照会をする時、上記のことに十分注意する必要がある。

取引照会をする時、まず、必ず大使館やその国の駐在事務所・商工会議所などを通して商況を調べる。又、取引相手の資産状況・経営状況・取引状況を取引照会等を通して確かめる。その上で取引相手に文書もしくは口頭で取引条件を照会する。照会の内容は品質・数量・価格・包装・納期・決済方式などである。

引き合いは、取り引きの最初の段階ではあるが、その後の取り引きを順調に進められるかどうかに関わる大切な段階なので、真剣に対処することが重要である。そして、引合書を同時に幾つかの取引先に出し、参考価格の回答をもらい、比較検討してから取引相手を決める。これは成約の時に欠かせない仕事である。しかし、引合書を出し過ぎると、かえって価格を引き上げかねないので引合書を出す相手は厳選すべきである。又、引合書に対する返事はなるべく早くすることが礼儀上もこれからの取引上も大事なことである。

照会文書作成要領

照会文書は商業活動において不明な点があったり疑義が生じたりした場合に、それら

を調べるためのものであり、取引相手の業績などの信用調査・送金・出荷商品の着否などに関するものがある。その問題点はさまざまであり、問題点に応じて問い合わせ・要望・調査依頼などの形式がある。

　問い合わせは不明点について尋ねるものである。要望は相手に協力を求めるもので、問い合わせたり、他社に対する自社の立場を表明したりすることもある。このような区別があるので、作成に当たっては言葉の選択に注意しなければならない。例えば要望は柔らかな調子で、問い合わせ・調査依頼は丁寧な調子で、自社の立場を表明する照会は正確ではっきりした調子であることが望ましい。

　作成のポイントとして、次の点に注意してほしい。
（1）照会の理由を明記する。
（2）照会内容を明確にし、丁寧な表現をする。
（3）時間的余裕を見て回答期限を設定する。

三、例文

例文1　　　　　　　　手袋初引き合い

中国□□□□□公司

総経理□□□

拝啓　貴社ますますご隆盛の段大慶至極に存じます。

　中国食品公司より貴社が各種手袋を輸出されている旨を伺いました。つきましては、各種製品のサイズ・カラー・価格などの詳細な資料をお送りくださるとともに、各種材質で作ったサンプルをお送りください。当社は当地における大手百貨店の一つであり、価格が手頃であれば、当地でも有望な販路が得られると確信しております。

　ご返事の際、支払条件と各アイテム50グロス以上買い入れた場合の値引率をご提示いただければ幸いです。

敬具
日本□□□□□株式会社
代表取締役社長□□□□

例文2　　　　　　　　手袋初引き合い回答

日本□□□□□株式会社

代表取締役社長□□□□様

拝復　□□月□日付貴信のお引合いを歓迎し、謹んで感謝の意を表明いたします。ここに絵入カタログと価格表を同封いたします。この外にも見本を取り揃え、別便にて郵送させていただきました。

　当公司として、貴社にてこれらの見本類をご確認いただければ、品質が優れ、価格も妥当であることをご理解いただけるものと確信しております。

第六課　引き合い

　　各品目についての注文数量が100グロスを上回る場合、当公司は2割引とさせていただきます。サンプルが遅滞無く貴社に到着し、早急に注文書をいただけますよう願っております。

敬具
中国□□□□公司
□□□
年　月　日

例文3　　　　　　　　　　　　　商況照会

日本□□□□株式会社
□□□□様
拝啓　貴社ますますご発展のこととお喜び申し上げます。
　平素は格別の御引立を賜り厚くお礼申し上げます。
　さて、当社では常に自社製品の品質向上と信用の保持を心がけております。そこで、最近生産納入させていただきました当新製品□□□の使用状況は如何なものか追跡調査をする事に致しました。当社の古くからのお得意様である貴社のご評価は我々にとって誠に重要であります。是非とも貴重なご意見をお聞かせ願いたく存じます。
　ご多用中誠に恐縮ではございますが、ご意見を承りたく別紙アンケート調査表の各項目に御記入の上、□□月□□日までにご返送いただければ幸いに存じます。
　まずは書中をもってお伺いを申し上げます。

敬具
中国□□□□公司
□□□
年　月　日

例文4　　　　　　　　　　　　　信用状態調査依頼

日本□□□□□株式会社
代表取締役社長□□□□様
　　拝啓　貴社にはますますご発展のこととお喜び申し上げます。
　　さて、この度□□□会社から当社宛に新規お取引のお申し入れがございました。□□□会社について当社は不案内で、営業内容などにつきまして詳細を承知しておりません。同社の信用状態の下記条項につき御教示賜りたくお願い申しあげます。
　　なお、本件につきましてはあくまでも秘密を厳守してくださるよう、宜しくお願い申し上げます。

敬具
中国□□□□公司
□□□
年　月　日

記

□□□□会社について：
取扱品目及び最近2～3年間の売上げ推移
取引に伴う支払条件及び状況
業界ランク及び業界の評価
代表者の経歴及びお人柄

以上

例文5　　　　取引条件引き合い（1）

日本□□□□株式会社
代表取締役社長□□□□様
拝啓　時下ますますご清栄のこととお喜び申し上げます。
　先日縫製工場訪問時に貴社に製品を拝見させていただきました。弊社と致しましてはこれら貴社製品を購入致したく本状を差し上げる次第であります。つきましては貴社のお取引の条件及び価格、製品性能等につきましてお手数ながらお知らせ下さい。なお、弊社と致しましてはこれをご縁に長期的なご協力関係を樹立させていただきたく存じます。したがいまして当社の概要についてご参考までに関連資料を同封いたしましたので、ご一読くださいますようお願い申し上げます。
　まずはお取り引き並びに取引条件ご照会まで。

敬具
中国□□□□公司
□□□
年　月　日

例文6　　　　取引条件引き合い（2）

日本□□□□株式会社
□□□□様
拝啓　貴社いよいよご清栄のこととお喜び申し上げます。
　さて、この度は貴社製品のカタログをご送付いただき、ありがとうございます。この製品については申し分なく、ご発注申し上げたいと存じます。なお、下記の点を確認いたしたく、誠に恐縮ではございますが下記各項にご回答のほどお願い申し上げます。

敬具
中国□□□□公司
□□□
年　月　日

記

価格：納入時現金支払の場合と分割払いの場合の価格は同一か。
支払方法：金額が大きいため、銀行振替でよいか。
納入日：当方はいつ頃貨物を受け取れるか。
なお、当社の信用状態に関しましては、□□□銀行にご照会ください。

以上

例文7　　　　　　　　着荷品不足照会
日本□□□□株式会社
□□□□様
前略　本日貴社よりご送付のコンピューターのサンプルを荷受け致しました。早速納品書と照合いたしましたところ、一部部品に品不足のあることが判明致しました。このことは貴社手配運送会社の担当職員も立ち会い確認しておりますので、既に貴社にも詳細につきまして連絡があったと存じますが、至急ご調査の上、不足分の部品を追加ご送付くださいますようお願いします。

草々
中国□□□□公司
□□□
年　月　日

四、通訳の練習

輸入商談

C（会社名）＿＿＿＿＿＿＿＿＿＿（役職）＿＿＿＿＿＿＿＿＿＿
J（会社名）＿＿＿＿＿＿＿＿＿＿（役職）＿＿＿＿＿＿＿＿＿＿
（営業部会議室）

C　先日は資料をたくさんご持参いただいて、どうもありがとうございました。

J いいえ、とんでもありません。
C 又今日もお忙しいところをお呼び立てして申し訳ありません。
J いいえ。必要な時いつでも参らせていただきますので、いつでもお申し付けください。
C 恐縮です。実は、本日ご足労願ったのは、先日ご持参いただきました資料を検討させていただいたところ、例の売れ行き好調だとおっしゃった新製品につきまして、いろいろお教え願いたいことが出てきまして。
J はい。承知いたしました。それでどのような点がご問題になっているのでしょうか。
C この分野の商品につきましてはあまり取り扱った経験がありませんので、素人同然なのですが。
J いえいえ、そんなにご謙遜なさることはないでしょう。かなり他社の商品などをご研究なさっているようにお見受けいたしますが。
C いいえ、そんなことはありませんよ。
J まあ、とにかくお手柔らかにお願いいたします。
C まず、数量の問題ですが、私どもはかなりまとまった数を輸入したいと考えているんですが、いかがですか。
J 残念ながら、現在のところ、月に２千個程度しか生産しておりませんし、全部お宅の会社に回すのもちょっと難しいんですが。どのくらいご入用でしょうか。
C まず、２千個程度購入させていただいて、売れ行きが順調に伸びれば、年間２万個から３万個の購入を予定しております。工場の方で増産の予定でもあればいいのですが。
J 将来のことはさておき、まず、当初の２千個が確保できるかどうかが問題ですね。
C 今までにもいろいろお世話になっておりますので、何とか最初の２千個は確保させていただきたいと思いますが、次回以降の購入は工場の方とも相談させていただいて、来月にでも再度ご相談させていただければと思いますが、いかがでしょうか。
J お値段は、デザイン・原料・サイズによって異なりますから、一概には言えませんが、先日お渡ししたサンプルのようなものでしたら、一つ＿＿＿＿円から　　円までとかなり幅があります。
C それはCIF価格ですか、FOB価格ですか。
J CIF価格です。
C それにしても高いですね。もう少々値引きしていただかないと、これではとても売れませんよ。もう一度、他社の製品を検討し直す必要がありますね。
J そんなことおっしゃらないでください。お取り引きの具体的内容をご提示いただきましたら、もう少々は検討させていただけるかとは存知ますが、ただし、最近円高になってきておりますので、急に円安にでもならない限り、このあた

第六課　引き合い

りが適正価格ではないかと思いますが。
C　まあ、いろいろ難しいことはあると思いますが、ここに引き合いの詳細が明記してありますので、もう一度十分にご検討いただいて、来週の初めまでにお返事をください。
J　はい。承知しました。じゃあ、来週の月曜日にお電話させていただいてからお邪魔します。では、今日はこれで失礼させていただきます。
C　失礼します。

新しい単語

他山の石（たざんのいし）①（名）	他山之石（吸取他人长处）
ビーフステーキ（beefsteak）⑤（名）	铁板牛排
ピザ（pizza）①（名）	意大利馅饼
R＆D（research and development）④	研究开发
トライする（try～）②（動）	挑战、尝试
問い合わせ（といあ～）⓪（名）	询问
規制する（きせい～）⓪（動）	限制
契約履行（けいやくりこう）⓪（名）	履行合同
積み換え（つ～か～）⓪（名）	倒装、换装
貿易摩擦（ぼうえきまさつ）⑤（名）	贸易纠纷
為替レート（かわせ rate）④（名）	汇率
商況（しょうきょう）⓪（名）	商业情况
妥当（だとう）⓪（名）	妥当
追跡調査（ついせきちょうさ）⑤（名）	跟踪调查
教示（きょうじ）⓪（名）	师范、具体教授
業界ランク（ぎょうかい rank）⓪＋①（名）	企业排名
トラブル（trouble）②（名）	纠纷
売上推移（うりあげすいい）⑤（名）	销售变化
人柄（ひとがら）⓪（名）	人缘
分割払い（ぶんかつばら～）⑤（名）	分期付款
銀行振替（ぎんこうふりかえ）⓪（名）	银行转账
照合する（しょうごう～）⓪（動）	对照、核对
立ち会う（た～あ～）③④（動）	（作为证人）在场、到场

五、練習問題

1. 本文の内容に基づいて、次の質問に答えなさい。
   (1) 日本人の衣・食・住に共通する特徴について述べなさい。
   (2) 日本の会社に設けられた「R&D」は何の役割を果す組織であろうか。
   (3) 中国に於ける合弁企業に「R&D」という機構が殆ど設けられないのは何故であろうか。
   (4) 国際貿易は国内貿易とどのような違いがあるのか。
   (5) 外国の取引相手を詳しく知るためにはどのようにすればいいのか。
   (6) 引合書の作成ポイントは何であろうか。

2. 本文の内容に基づいて、次の（　　）に選択肢から正しいもの選んで入れなさい。
   (1) 「他山の石」とはどんな意味であろうか。
      ①他人の長所を借用する　　　　　②他人の長所を真似する
      ③他人の長所で自分を強める　　　④他人の長所を使う
   (2) 「R&D」とは何を指すものであろうのか。
      ①商品調査機構　　　　　　　　　②技術開発機構
      ③商品販売部　　　　　　　　　　④企業リーダグループ
   (3) （　　　）とは商売する前の問い合わせのことである。
      ①商業商談　　②リサーチ　　③事前相談　　④引合
   (4) 双方の国の政治、経済など、また（　　　）の変動などに影響されるので、（　　　）貿易は不安定な要素が多い。
      ①為替レート、国内　　　　　　　②貿易摩擦、国際
      ③市場競争、国際　　　　　　　　④為替レート、国際
   (5) 外国企業と取引をする前には予期せぬ損失を避けるために、必ず取引照会をする。そして、必ず取引相手の（　　）、（　　）、（　　）を確かめる。
      ①資産状況、経済力、信用性　　　②経営状況、信用性、取引状況
      ③取引状況、誠意、信用性　　　　④資産状況、経営状況、取引状況、
   (6) 照会文章の形式には（　　）（　　）（　　）というものがある。
      ①レート、カード、ファクス　　　②問合せ、案内書、パンフレンド
      ③問合せ、要望、調査依頼　　　　④リサーチ、サンプル、カタログ

3. 本文の例文に基づいて、お互いに照会状と照会への回答文章を書きなさい。

4. 例文の一つを中国語に訳しなさい。

第七課　ファーム・オファー

一、コラム：沈黙は金
二、オファー要旨と回答文書作成要領
三、例文：1. 大豆オファー
　　　　　2. 漢方薬オファー
　　　　　3. ベスト・オファー依頼
　　　　　4. オファー同意回答
　　　　　5. オファー修正要請回答（拒絶）
四、通訳の練習：ファーム・オファー

一、コラム

沈黙は金

　日本人が初対面の外国人に対して、どのような態度を取ることが多いかを知り、日本人と初対面の時適切な態度を取ることができれば、その後もお互いにうまく付き合っていけるでしょう。

　外国人の目から見れば日本人の多くは恥ずかしがり屋に見えます。なぜならば、外国人との付き合いに慣れた日本人は、初対面の時から自然な会話ができるのですが、多くの日本人が、外国人に対して遠慮勝ちな態度を取ります。

　外国人から握手を求められてもおずおずとして手が出せない人が多いのが現実です。又、中には恥かしいからか、英語で流暢に話されても分からないからか、外国人と話す時、相手の目を見ずに下向いて話す人もいます。でも、決して外国人が嫌いな訳ではありません。なお、日本人は挨拶の時、握手せずにお辞儀をするのが普通です。これを知らずに突然日本人の手を握り締めたら、返って相手に嫌がられることがありますから注意が必要です。

　かつて、「沈黙は金」と言う意識が日本人にしっかり染み込んでおり、日本文化は沈黙によって支配されていると言われたくらいでした。そのため、日本では口数が少なく、黙々と働くことが高く評価され、美徳とされていたことは、「物言う術」を身につけていない人の多くなった最大の原因でしょう。

　もし、こんな日本人に出会った時は、ちょっと日本語で「今日はいい天気ですね。」とでも話し掛ければ心が打ち解けて笑顔が返ってくるかもしれません。

一方、日本人は大切な方や年長者が「お早よう。」と声を掛けたとき、丁寧に「お早ようございます。」と答えます。どの国の言葉にも丁寧語があるでしょうが、日本語の敬語の使い方は特に複雑です。しかし、外国人だから敬語はどうでもいいと言うことは決してありません。丁寧な言葉遣いをすれば、必ずみんなから好感を持たれるでしょう。ビジネスなどで長く付き合って親しくなったとしても、丁寧な言葉遣いを忘れずにいた方が良いでしょう。

二、オファー要旨と回答文書作成要領

オファー要旨

　貿易をする際、取引相手に取引条件を提示し、それに基づく取り引きができるという意志を相手に示すことをオファーという。オファーをする時は一般に口頭でも書面でもでき、その内容は商品の品質・規格・数量・納期・決済方式などである。

　オファーにはファーム・オファーとフリー・オファーがある。

　ファーム・オファーは一旦出すと法的効力を持つオファーであり、任意に取り消しや変更ができない。だから、ファーム・オファーを取引相手に出すということは商活動でもあり法的行為でもある。又ファーム・オファー書には必ず有効期限が明記される。相手からの引き合いを受け、それに基づいてオファーするのであるが、引き合いを受けてからといってすぐにオファーを出さずに、必ず有効期間内に十分検討した上で出すべきである。

　フリー・オファーは不確定オファーで法的効力がなく、変更できる上に有効期限も記入されない。一般に売り手が先に出すことをセリング・オファーと言い、買い手が先に出すことをバイイング・オファーと言う。

　一方、買い手が自分に有利なようにしようとする時、売り手に先にオファーしてもらうことが多い。しかし、売り手は簡単に自ら成約できる価格を提示しない。買い手の引き合いに応じて出すのは殆どフリー・オファーである。そして、最後に「こちらの最終確認を条件とする」と言う一文をオファー書に書き入れて自分の最終決定権をアピールすることが多い。

　法律上有効的なファーム・オファーは次の四つの条件を備えなければならない。
（1）特定の相手に出していること
（2）取引相手に成約の意志を明確に示していること
（3）取引条件を完備していること
（4）オファー・リストが必ず相手に届いたこと

回答文書作成要領

　回答文書はその回答の種類によって、一般的な質問に対する回答文書・承諾や同意の文書・断りや弁解釈明の回答文書等に分かれる。

承諾や同意の回答文書は契約書と同等の意味を持つと見なすべきで、この種の文書の場合・承諾や同意の程度に気を配るべきである。例えば、全て無条件の同意であるのか、それとも一部だけの同意であるのか、条件付きの同意であるのかなどである。もし、無条件の同意であるなら、簡単明瞭な文書形式が採られるべきであり、条件付き一部承諾であるなら、その条件と理由を明確に述べるべきであろう。

　拒絶・断りの回答文書は依頼・勧誘・申請・案内・交渉事項などに対して同意しない旨を示す文書である。断りの文であるからにはその拒絶の理由をはっきりさせる必要があり、受信相手の気持や不要な誤解を避けるよう注意する必要がある。

　弁解釈明の回答文書は相手の誤解を解くためのものである。そこで、この種の文書は相手が納得できる理由・根拠を述べ、相手を傷付けないよう心がけることが重要である。又、反論する場合も、できるだけ強い表現を避けることが望ましい。

三、例文

例文1　　　　　　　　　　大豆オファー

日本□□□□株式会社

□□□□様

拝啓　毎度貴社の格別のご協力を賜り、厚くお礼申し上げます。

　さて、□□月□□日付ご書状拝見いたしました。中国大豆の販路開拓における貴方のご協力に対し、深甚なる謝意を表すものであります。

　一等品にトンあたりＦＯＢ青島600米ドルの最低価格を決め、ＦＡＸにて3月末までの回答入手を有効とするファーム・オファーを出しました。この単価はアセアン諸国のものと比べて、競争力のある価格であり、必ずご希望に副い得るものと信じております。至急ご返事くださいますよう宜しくお願い申し上げます。

　敬具

　中国□□□□公司

　□□□

　年　月　日

例文2　　　　　　　　　　漢方薬オファー

日本□□□□株式会社

□□□□様

前略　貴社では漢方薬「柴胡」をお取扱になっていると伺いました。もし貴社と取引関係が締結できれば非常に喜ばしく存じます。つきましては、以下の通り「柴胡」のオファーを差し上げます。

　品名：柴胡

　単価：Ｃ＆Ｆ日本 20 ドル／ＫＧ

　包装：20ＫＧ／カートン

納期：1998年3月～4月
　供給可能数量：3～4トン
　もし、本品にご興味がございましたら、サンプルをご送付申し上げますので、急ぎご連絡ください。

草々
中国□□□□公司
□□□
年　月　日

例文3　　　　　　　　　ベスト・オファー依頼

中国□□□□公司
□□□様

前略　中国江蘇対外貿易公司東京駐在事務所の紹介により、貴公司を知りました。そこで、突然ではございますが、貴公司と取引させていただきたく、本状を差し上げる次第でございます。
　なお、当社は当地の大手軽工業扱い商社と好関係にあり、もし、貴公司よりベスト・オファーをいただければ、大量に中国製品を販売いたすことが可能です。
　つきましては貴社輸出商品につきましての必要かつ詳細な情報をお知らせ願います。

草々
日本□□□□株式会社
□□□□
年　月　日

例文4　　　　　　　　　オファー同意回答

中国□□□□公司
□□□□

拝復　貴社□月□日付書信ありがたく拝見いたしました。
　貴信に述べられておりますオファー条件は、弊社と致しましては何らの異議を差し挟むものではございません。弊社は貴社のご意見に同意いたします。
　ここに追加注文書を同封いたしますので、ご査収下さい。

敬具
日本□□□□株式会社
□□□
年　月　日

第七課　ファーム・オファー

例文5　　　　　　　　オファー修正要請回答（拒絶）

日本□□□□株式会社
□□□□様
前略　貴社は□□月□□日付の書面で、当方□□月□□日付オファーの最低注文量に対し、改定を要請されました。
　これにつきましては、貴社の購入量がもし当方の規定する標準量よりも少ない場合は、誠に申し訳ございませんが当方としては貴社の条件をお受けし難いとお答えせざるを得ません。
　まずは取り急ぎご連絡させていただきます。

　　　　　　　　　　　　　　　　　　　　　　　　　　　　　　草々
　　　　　　　　　　　　　　　　　　　　　　　　　　　　中国□□□□公司
　　　　　　　　　　　　　　　　　　　　　　　　　　　　　　□□□
　　　　　　　　　　　　　　　　　　　　　　　　　　　　年　月　日

四、通訳の練習

ファーム・オファー

C（会社名）＿＿＿＿＿＿＿＿＿＿（役職）＿＿＿＿＿＿＿＿＿＿
J（会社名）＿＿＿＿＿＿＿＿＿＿（役職）＿＿＿＿＿＿＿＿＿＿

C　お忙しいところを、又お出でいただき申しわけありません。
J　いいえ、とんでもありません。

C で、オファーの方はいかがですか。

J はい、先日いただきました取り引きの詳細に基づいて計算させていただきましたファーム・オファーは(商品名)□□□２千個。価格は総額FOB 大阪□□□円。支払い条件 L/C アット・サイト。１１月末積。コンテナー詰ということになりましたが、いかがでしょうか。

C □□□円ですか。

J ええ、メーカーを再三説得いたしまして、先日申し上げました価格から５パーセントほど値引きさせていただくことが出来ましたので、当社のオファー価格は他社に負けないベスト・プライスだと思いますが、いかがでしょうか。

C でも、私どもの予定価格よりまだかなり高いですね。

J これは現在の国際相場から見ましても最低の価格ですので、これ以上お安くするのはちょっと。

C そうですか。しかし、この数字ではまだまだ満足できるものじゃないですよ。今日は私どもの方も部長が不在ですので、もう一度検討させていただいて、明日又ご連絡させていただくと言うことでよろしいでしょうか。

J 結構です。なお、明後日以降オファーは無効となりますので、十分ご検討の上、明日中にどうぞお返事くださるように。

C こちらこそ、よろしくお願いします。

新しい単語

ファーム・オファー（firm offer）④（名）	实盘、报实价
フリー・オファー（free offer）③（名）	虚盘、报虚价
おずおず①（副）	怯生生地、提心吊胆
ぎゅっと①（副）	紧紧地
染み込む（しみこむ）③（動）	渗入；深入、铭记
物言う術（ものいうじゅつ）②（名）	谈话技巧
出会う（であう）②（動）	相遇
打ち解ける（うちとける）④（動）	融洽
無難（ぶなん）①（形動）	平安；无可非议
発効する（はっこう～）⓪（動）	生效
取り消し（とりけし）⓪（名）	取消
商活動（しょうかつどう）③（名）	商业活动
セリング・オファー（selling offer）⑦（名）	卖价
バイイング・オファー（buying offer）⑥（名）	买价
アピール（appeal）②（名）	强调

完備する（かんびする）⓪（動）	完全具备
弁解釈明（べんかいしゃくめい）⓪（名）	解释清楚
心がける（こころがける）⑤（動）	留心
旨（むね）⓪（名）	主旨
大慶至極（たいけいしごく）⓪（名）	可喜可贺
アセアン諸国（ASEANしょこく）⑤（名）	东南亚各国
副い得る（そいえる）⓪（動）	能符合
C＆F（cost＆freight）＝コスト運賃込み	成本运费价格
L／Cアットサイト（～at sight）⓪+①（名）	即期信用证
ベスト・プライス（best price）①+②（名）	最优惠价
国際相場（こくさいそうば）⑤（名）	国际市场、外汇市场

五、練習問題

1. 本文の内容に基づいて、次の質問に答えなさい。
   (1)「沈黙は金」とはどういう意味なのか。
   (2) なぜ日本人の多くは「ものをいう術」を余り身に付けていないのか。
   (3) ビジネス関係を長く保つためには何に注意すべきなのか。
   (4) なぜ日本人と握手する時、握り締めて握手すると反って嫌われる恐れがあるのか。
2. 本文の内容に基づいて、次の（　　　）に正しいものを入れなさい。
   (1) オファーには普通（　　）（　　）がある。
   (2) ファーム・オファーは一旦出すと（　　　）を持つオファーであり、任意に取り消しや変更ができない。
   (3) ファーム・オファーを取引相手に出すということは（　　）でもあり、（　　）行為でもある。
   (4) ファーム・オファー書には必ず（　　　）が明記される。
   (5) 引き合いを受けてからといってすぐにオファーを（　　　）、必ずその有効期間内十分検討した上で出すべきである。
3. 本文の内容に基づいて、次の（　　　）に選択肢から正しいもの選んで入れなさい。
   (1) 一般に売り手が先出すことを（　　　）と言い、買い手が先に出すことをバイイング・オファーと言う。
   ①オファー　　　　　　　②フリー・オファー
   ③ファーム・オファー　　④セリング・オファー
   (2) 買い手が自分に有利なようにしようとする時、（　　）に先にオファーしてもらうことが多い。
   ①紹介人　　②商社　　③売り手　　④ユーザー
   (3) 売り手は簡単に自ら成約できる価格を提示（　　　）。
   ①しておく　　②しない　　③している　　④してみる

（4）買い手が引き合いに応じて出すのは殆ど（　　　）である。
　　①フリー・オファー　　　　　②バイイング・オファー
　　③セリング・オファー　　　　④ビッド
（5）フリー・オファーは不確定オファーで法的効力がなく、変更（　　　）上に有効期限も記入されない。
　　①する　　　　②しない　　　　③できる　　　　④できない

4. 本文の例文に基づいて、それぞれオファーとオファーへの回答文章を書きなさい。

5. 例文の一つを中国語に訳しなさい。

第八課　カウンター・オファーとファーム・ビッド

一、コラム：短気は損気
二、取引交渉要旨と交渉文書作成要領
三、例文：1. 値上げ依頼
　　　　　2. 値下げ依頼
　　　　　3. 値上げ依頼回答
　　　　　4. 値下げ依頼
　　　　　5. 委託商品値引き処分同意依頼
　　　　　6. 値引き要請承諾
　　　　　7. ファーム・ビッド要請
四、通訳の練習：値下げ要請

一、コラム

短気は損気

　欧米人は日本人と付き合う時、時々失敗することがありますが、その原因は殆ど急ぎ過ぎにあります。日本人にとっては率直で、余計な言葉がなく、感情に左右されない欧米人の話し方はちょっと無礼で乱暴に感じられることがあるのです。

　日本人と商談をする場合、いつも礼儀正しく穏やかな雰囲気の中で順を追って行われますが、商談中に時々沈黙に陥ることがあります。これは日本人が相手の気持や意図を読み取ろうとしている時だと言われています。又、商談の最中に話を暫く中断し、別の部屋へ行って相談したりすることがあります。これは自分達の意見を統一しながら商談を進めていく日本人特有の方法だそうです。

　そして、日本人は相手の話を聞く場合に「うん。」、「そう。」、「ほんと。」等の相槌を挟みますが、これらの言葉には同意や疑いの意味はありません。又、日本人の受け答えは曖昧だと言われますが、特に断り方が苦手なようです。「それはちょっと……」と言った後、ニコニコ笑っているだけの時は、実はそれは「だめです。」という答えをしていることが多いのです。又、「考えておきます。」と言う言い方は本当に考えておくと言う訳ではなく、あまり気乗りがしない時によく使われますから、こう言われた場合にはあまり期待しない方がいいでしょう。

　日本人との付き合いに慣れていない外国人は、日本人のこのような曖昧な態度に我慢

できず、ついに大きな声を出したり、いらいらしたりしてしまいます。これでは日本人に嫌われてしまいます。日本では、すぐ怒ったりして自分の感情がコントロールできない人は弱い人間だと思われています。ですから、商談の時に、焦ったりしては成約できそうな話も失敗に終わりかねません。日本人と有効な取引関係を結ぼうと思えば、時間のかかるのを覚悟して日本人のやり方を理解した上で、根気強く付き合っていかねばならないでしょう。

二、取引交渉要旨と交渉文書作成要領

取引交渉要旨

　取り引きの交渉は普通、書面や口頭でする。口頭の場合は商談ともいう。交渉内容は商品の品質・数量・包装・価格・納品期日・決済条件などが主なもので、更に検査・クレーム・仲裁などを含める場合もある。取り引きの交渉の中で価格の交渉が最も多く行われる。カウンター・オファーは価格交渉中の一つの方法で、「値切る」とも呼ばれる行為で、オファーを受けた方が相手から出された条件に基づいてアメンドを要求することである。

　カウンター・オファーはオファーを受けた人の出したものでなければ無効になる。そして、カウンター・オファーが一旦出されると、元のオファーは直ちに効力がなくなり、最初にオファーを出した人は立場を換えてオファーを受ける立場になる。

　更にファーム・ビッドと呼ばれるものがある。ファーム・ビッドとは、一般に取引相手に対し、成約できるオファーを求め、その求めに応じて取引相手が提示した価格のことである。

　価格交渉は取り引きにおいて、最も重要なものであるが、問題も最も多く発生しやすいので注意が必要である。したがって、交渉担当者は熟練した語学力が必要であることはもちろん、法律に堪能で、しかも双方の貿易政策をよく理解し、説得力を備えた人でなければならない。

　価格交渉をする際には、丁寧な言葉遣いをしなければならない。例えば、相手の条件を断る場合には柔らかい口調で、まず「ちょっと考えさせていただけますか。」、「私の一存では決められませんから。」など答えた方が良いであろう。又、価格の引き下げを要求する場合も丁寧な口調で依頼する必要がある。しかし、もちろん価格を吊り上げるような相手にははっきりと断ればよい。

　価格の交渉をする際には、いろいろなことが起こりかねないが、それぞれの場合に応じて適切に対応しなければならない。特に国際マーケットに注意して、買い手に有利か、売り手に有利かを判断しながら適切な措置を講ずる必要がある。

　「承諾」は契約条件を認めて引き受けることである。法律上では取引相手からのオファ

一を無条件に受け入れると「承諾」となり、成約ということになる。
　有効な成約は必ず次の条件を備えていなければならない。
　(1) 承諾通知は、特定のオファー受取人から出されたものであること(公開オファーは例外)
　(2) 承諾した内容はオファーの内容と一致したものであること
　(3) 承諾通知はオファーの有効期間内にオファーした人に送り届けたものであること
　(4) 承知の意を必ず明確に相手に示したものであること

交渉文書作成要領

　交渉文書は取引双方がまだ意見の一致を見せない問題点に関して意見を交わすものであり、特定の問題に対する相手の考え方を探ったり、自らの考え方を述べたりするものである。従って、この種の文書では以下の点に注意すべきである。
　(1) 相手と交渉すべき事柄を事前に整理してから記述すること
　(2) 慌てて結論を下ろさずに順序を踏んで交渉すること
　(3) 問題点を明確し、くどくどした記述や曖昧な表現を避けること
　(4) 相手の立場やこの文書を相手に出した時の反応にも十分配慮して記述すること
　(5) 相手の返事が早く欲しい時には「折り返しご返事」、「どうぞご指示を」等と添えておくこと

三、例文

例文1　　　　　　　　　　　値上げ依頼

日本□□□□□株式会社
□□□□様
拝啓　毎度格別のお引立てに預かり、厚くお礼申し上げます。
　早速ながらご相談でありますが、弊社製品は□□□□年以来一貫して、価格据置きにて納めさせていただいておりますが、最近は、原料・人件費ともに高騰著しく、弊社では到底賄い切れず苦慮しています。
　つきましては、操業維持及びサービス向上のためにも、来年一月から単価を 15％増に改定させていただきたく、お願い申し上げる次第でございます。
　弊社ではこの値上げ幅は最低のものであると考えますが、貴社のご意見を承ることができれば甚だ幸せに存じます。
　また、今後とも末長くお取引させていただきますよう宜しくお願い申し上げます。

敬具
中国□□□□公司

第八課　カウンター・オファーとファーム・ビッド

例文2　　　　　　　　　値下げ依頼

　　　　　　　　　　　　　　　　　　　　　　　第　　　番
　　　　　　　　　　　　　　　　　　　　　　　年　月　日

中国□□□□公司
　□□□様
　　　　　　　　　　　　　　　　　　　日本□□□□□商事
　　　　　　　　　　　　　　　　　　　　　　　□□□□

　前略　貴社のオファー拝受致しました。早速ユーザーと相談いたしましたが、現在高級服に対する需要はますます旺盛で、ユーザーとしては、購入を検討中です。
　しかしながら、貴社のオファーは他社に比べて非常に高くなっております。当方のユーザーの一つである「高島屋」はもし、貴方の無地染めの綿カナキン生地のオファー価格、ヤード当りＵＳドル□□以下であれば、かなりの数量を買い付けてもよいと申しております。
　「高島屋」は、日本の最大の服装品メーカーの一つで、貴方がもし、値下げして、ユーザーのご希望に応えていただければ、まさに成約の絶好のチャンスであります。
　したがいまして、どうか無地染め綿カナキン生地について最大限の値下げをしてくださるよう切望しております。早々にご回答くださるようお願い申し上げます。
　　　　　　　　　　　　　　　　　　　　　　　　　　　　草々

例文3　　　　　　　　　値上げ依頼回答

日本□□□□株式会社
　□□□□様
　前略　貴社□□月□□日ご送付の書簡拝見いたしました。確かに貴信にもありますように、現在の原材料で高騰には異常なものがあり、材料費および加工費についても値上がりしております。従いまして、原材料と人件費の10％アップは小社としても妥当なものであると考え、了解できるところであります。しかしながら、予定されている営業経費の引き上げにつきましては10％の値上がりが妥当ではないかと考えます。この範囲内であれば、当方も受け入れ可能です。
　何卒、事情御賢察の上ご了承下さいますようお願い申し上げます。
　　　　　　　　　　　　　　　　　　　　　　　　　　　　草々
　　　　　　　　　　　　　　　　　　　　　　中国□□□□公司
　　　　　　　　　　　　　　　　　　　　　　　　　　　□□□
　　　　　　　　　　　　　　　　　　　　　　　年　月　日

第八課　カウンター・オファーとファーム・ビッド

例文4　　　　　　　　　　　値下げ依頼

日本□□□□株式会社
□□□□様

拝啓　時下ますますご清栄のこととお喜び申し上げます。

　最近弊社の競合先で□□□□服装株式会社の商品の売れ行きが目立って拡大致しておりますが、それに引き替え当社の商品売れ行き停滞が目立っております。この実情を検討致しましたところ。□□□□社の生産コスト引き下げより、当社よりも廉価にて供給されております。品質的にそれほど差のない状況下にあって、□□□□社の製品は卸値・小売り値ともに当社よりも優位に立っております。

　つきましては、誠に心苦しいお願いではございますが、貴社にても生産コストを削減願い、貴社の原材料価格を現行価格より5%引きの単価で納入していただきたく、ご努力下さいますようお願い申し上げます。

　これが実現の暁には、弊社販売価格の引き下げを行い、再度拡販に努める所存です。これにより、長期的には貴社ともどもその果実を享受可能かと考えます。

　何卒この件御協力下さいますようお願い申し上げます。

　　　　　　　　　　　　　　　　　　　　　　　　　　　　　　　　　　敬具
　　　　　　　　　　　　　　　　　　　　　　　　　　　　　中国□□□□公司
　　　　　　　　　　　　　　　　　　　　　　　　　　　　　　　　　　□□□
　　　　　　　　　　　　　　　　　　　　　　　　　　　　年　　月　　日

例文5　　　　　　　　委託商品値引き処分同意依頼

日本□□□□株式会社
□□□□様

前略　貴社よりお預かりいたしました貴社製品は、本日現在で約8割方販売いたしました。しかし、お約束の委託販売期間も残り15日間しかなく、はたしてこの2週間内に完売できるかどうか自信がございません。また本商品は夏を過ぎますと変質の可能性もございます。つきましては、価格を30%引きにて販売いたしたく存じます。つきましてはこのことにご同意いただきたく特にご依頼申し上げます。

　これにより委託販売期間内に完売できる可能性が高く、値引きによる貴社の損失も軽微であろうかと考えます。

　日数がございませんので、至急ご検討の上ご返答賜りますようお願い申し上げます。

　　　　　　　　　　　　　　　　　　　　　　　　　　　　　　　　　　草々
　　　　　　　　　　　　　　　　　　　　　　　　　　　　　中国□□□□公司
　　　　　　　　　　　　　　　　　　　　　　　　　　　　　　　　　　□□□
　　　　　　　　　　　　　　　　　　　　　　　　　　　　年　　月　　日

第八課　カウンター・オファーとファーム・ビッド

例文 6　　　　　　　　　値引き要請承諾

中国□□□□公司
　□□□□様
拝復　□□月□□日ご要請の当社製品の値引き販売の件、拝承いたしました。当社といたしましてはお申し出を真剣に検討いたしました結果、商品価格を元の□□元から□□元への値下げ同意させていただきます。そして値下げ部分のロスは弊社の負担と致します。

　ただ、当該商品の原材料価格及び加工費は全て既に値上がりいたしておりますので、今回の値直し販売の期限は弊社と致しましては本年年末までしか値引き致しません。その後の値下げ分のロスにつきましては、弊社にての負担は不可能でございますので、どうぞその点を十分ご理解いただきますようお願い申し上げます。

　まずはご返事方々お願いまで。

　　　　　　　　　　　　　　　　　　　　　　　　　　　　　　　　敬具
　　　　　　　　　　　　　　　　　　　　　　　　　　　日本□□□□株式会社
　　　　　　　　　　　　　　　　　　　　　　　　　　　　　　　　□□□□
　　　　　　　　　　　　　　　　　　　　　　　　　　　　　　年　月　日

例文 7　　　　　　　　　ファーム・ビッド要請

日本□□□□株式会社
　□□□□様
前略　貴社が□□□月□□□日付 FAX で、クルミのファーム・オファーをするようにとのご指示がありましたことを確認しますとともに、当公司の数少ないロットは既に別の客先にオファー済みでありますことをお知らせします。しかしながら、もし、貴方のビッドが当方として受け入れられるものであれば一定量を確保することは可能であります。

　最近、クルミにつきましては大量の需要があり、しかも、この需要は日増しに増大し、値上がりが必至でありますことはご承知のことと存じます。このような状況ではありますが、もし、貴社が即刻ご回答くださるならば、また成約の可能性はございますので、宜しくお願いいたします。

　　　　　　　　　　　　　　　　　　　　　　　　　　　　　　　　草々
　　　　　　　　　　　　　　　　　　　　　　　　　　　　中国□□□□公司
　　　　　　　　　　　　　　　　　　　　　　　　　　　　　　　　□□□
　　　　　　　　　　　　　　　　　　　　　　　　　　　　　　年　月　日

第八課　カウンター・オファーとファーム・ビッド

四、通訳の練習

値下げ要請

C（会社名）＿＿＿＿＿＿＿＿＿＿＿（役職）＿＿＿＿＿＿＿＿＿＿＿
J（会社名）＿＿＿＿＿＿＿＿＿＿＿（役職）＿＿＿＿＿＿＿＿＿＿＿
（営業部会議室で）

J　お待たせいたしました。

C　いいえ、私どもも今会議から戻ってきたところですので、お気遣いなく。

J　私どものオファーにつきまして、部長さんのご意見は如何でしたでしょうか。

C　やはり価格の方がね。当方の希望価格よりかなり高いですから、いくら品質がいいとおっしゃっても、他社より１０％以上高いのでは……。

J　少々高いのは承知しておりますが、１０％以上と言うことはないじゃないんですか。

C　実を言いますと、お宅の社以外に欧米の数社からもオファーを採り付けておりまして、その比較結果を申し上げているだけなんですよ。只品質面でお宅の製品が優秀であることは認めざるを得ませんがね。

J　品質面での優秀さを認めていただけるのであれば、この価格もお認めいただきたいのですが。

C　そうおっしゃられましても、この価格のままではどうしようもありません。大幅値下げを検討していただかないことには、今回の取り引きをなかったことにさ

第八課　カウンター・オファーとファーム・ビッド

せていただくほかありません。
J　それでは、具体的な希望価格をおっしゃってください。
C　そうですね。具体的な価格は申し上げにくいんですが。国際的な相場に合ったものにしていただければいいんですが。貴社との取り引きも長いですから、価格的に他社と同じレベルであれば貴社から購入したいと考えておりますので、十分考慮いただいて、精一杯の価格を出していただくようお願いします。
J　はい。分かりました。ご要望をメーカーにも伝えまして、後ほど返答させて頂きたいと思いますので、よろしくお願いいたします。
C　私どもの都合ばかり申し上げて悪いのですが、今週までに決定したいと考えておりますので、結果いかんに関わらず、明日の午前中に電話で結構ですので、ご連絡ください。
J　はい、承知しました。では、失礼いたします。
C　いろいろお手数をおかけいたしますが。お返事をお待ちしていますので、よろしくお願いします。
（翌日の午前電話で）
J　もしもし、おはようございます。＿＿＿＿会社の＿＿＿＿と申しますが、さんお出でででしょうか
C　はい。＿＿＿＿です。昨日はどうもありがとうございました。
J　いいえ。昨日さっそくメーカーとも相談いたしまして、価格面の検討をさせていただきました。
C　メーカーの反応はいかがでしたか。
J　最近円高になっておりますが、国際競争力の点で、かなり不利になっておりますので、オファー時点では成約のためにかなり努力して出した価格とのことです。このことをご理解いただきたいんですが。
C　それじゃあ、もうこれ以上値引きできないのですか。
J　いえいえ、今後のお取引のこともありますので、さらに5%の値引をさせていただくということで、ご了承いただきたいのすが。
C　まだ、当方のカウンター・オファーとは少々隔たりがあるようですね。
J　これ以上安くいたしますと、品質の問題にも関わりますので、何とかこの価格をお飲みいただきたいんですが。
C　仕方ありませんね。もう時間の余裕もありませんし、原則的にはこれで合意いたしましょう。

第八課　カウンター・オファーとファーム・ビッド

新しい単語

ファーム・ビッド（firmbid）① （名）	递实盘；投标
値上げ（ねあ～）⓪ （名）	涨价、提价
値下げ（ねさ～）⓪ （名）	降价
値引き（ねび～）⓪ （名）	降价、减价
処分（しょぶん）① （名）	处理
相槌（あいづち）⓪ （名）	随声附和
気乗り（きの～）⓪ （名）	感兴趣
いらいら① （副）	焦躁、坐立不安
根気（こんき）⓪ （名）	毅力
仲裁（ちゅうさい）⓪ （名）	仲裁
直ちに（ただち～）① （副）	当即、立即
一存（いちぞん）⓪ （名）	个人意见
国際マーケット相場（こくさいmarketそうば）⑪ （名）	国际交易市场、国际外汇市场
くどくど① （副）	絮絮叨叨、啰嗦
折り返し（お～かえ～）⓪ （名）	返回、折回
据置き（すえお～）⓪ （名）	稳据不动
賄い切れない（まかな～き～）⑤	供给不上、不能维持
甚だ（はなは～）⓪ （副）	甚、非常
旺盛（おうせい）⓪ （名）	旺盛
無地染め綿カナキン生地（むじぞめめんcanequinきじ）④+⑤ （名）	细棉白布
ヤード（yard）① （名）	英尺
買い付ける（か～つ～）④ （動）	收购、采购
切望する（せつぼう～）⓪ （動）	切望、深切希望
アップする（up～）① （動）	提高
賢察（けんさつ）⓪ （名）	明察
引き替え（引きか～）⓪ （名）	交换、兑换
停滞（ていたい）⓪ （名）	停滞
実情（じつじょう）⓪ （名）	实际情况
廉価（れんか）① （名）	价廉
卸値（おろしね）③ （名）	批发价
小売り値（こうりね）⓪ （名）	零售价
削減（さくげん）⓪ （名）	削减
享受する（きょうじゅ～）① （動）	享受
軽微（けいび）① （名）	微小、微不足道
拝承する（はいしょう～）⓪ （動）	拜读
ロス（loss）① （名）	损失、损耗
値直し（ねなお～）⓪ （名）	重新定价
当該（とうがい）⓪ （名）	应该
勘弁（かんべん）① （名）	宽恕、原谅

第八課　カウンター・オファーとファーム・ビッド

五、練習問題

1. 本文の内容について次の質問に答えなさい。
   (1) 商談に於ける「短気は損気」という言葉は何を意味するのか。
   (2) 商談中に日本人は、何故時々話し合いを中断して別の部屋へいくのか。
   (3) 「相槌を打つ」とは何のことであろうか。
   (4) 取引交渉は普通どのような内容をめぐって行われるのか。
   (5) 商談をする際には、どのような原則に基づいて行うのか。
   (6) 有効な契約はどのような条件を備えていなければならないのか。

2. 本文の内容に基づいて、次の（　　）に正しいものを入れなさい。
   (1) 取引交渉は普通（　　）（　　）で行われる。
   (2) 取引交渉は商品の（　）（　）（　）（　　）（　　）（　　）等をめぐって話し合う。

3. 次の文の（　　）に適するものを選択肢から選んで入れなさい。
   (1) （　　）は価格交渉の一つの方法で、「値切る」とも呼ばれる行為である。
      ①ファーム・ビット　　　　②オファー
      ③オーダー　　　　　　　　④カウンター・オファー
   (2) オファーを受けた方が相手から出された条件に基づいて（　　　）を要求することである。
      ①照合　　　②オファー　　③アメンド　　④問合せ
   (3) カウンター・オファーはオファーを（　）人の出したものでなければ無効になる。
      ①出した　　②照会した　　③ビットした　　④受けた
   (4) カウンター・オファーが一旦出されると、（　　　）のオファーは直ちに効力がなくなり、最初にオファーを（　　）人は立場を換えてオファーを受ける立場になる。
      ①今、受けた　　②元、出した　　③今、出した　　④元、受けた
   (5) 一般に取引相手に対し、成約できるオファーを求め、その求めに応じて取引相手が価格を提示したことは（　　　）である。
      ①ファーム・ビット　　　　②オファー
      ③カウンター・オファー　　④アメンド
   (6) 取引交渉を担当者は熟練した語学力が必要であることは勿論（　　　）に堪能で双方の（　　　）をよく理解し説得力を備えた人でなければならない。
      ①価格、貿易政策　　　　②貿易政策、法律
      ③法律、貿易政策　　　　④交渉、政策
   (7) 価格の交渉をする際、特に（　　）に注意すべきで、買い手に有利か売り手に有利かを判断すべきである。
      ①資産状況　　②経営状況　　③取引状況　　④国際マーケット

第八課　カウンター・オファーとファーム・ビッド

(8) (　　　　) は契約条件を認めて引き受けることである。
　　①回答　　　　②承諾　　　　③交渉　　　　④ファーム・ビット

4. 本文の例文に基づいて、それぞれカウンター・オファーと回答を書きなさい。

5. 例文の一つを中国語に訳しなさい。

第九課　オーダー(注文)

　一、コラム：商いは牛のよだれ
　二、オーダー要旨とオーダー文書作成要領
　三、例文：1．一般的な注文依頼
　　　　　　2．追加注文依頼
　　　　　　3．見本による注文依頼
　　　　　　4．注文取消し依頼
　　　　　　5．指値注文依頼
　　　　　　6．注文承諾
　四、通訳の練習：委託加工貿易

商いは牛のよだれ

　日本はビジネス分野で昔からビジネスマンを戒める諺があります。これは「商いは牛のよだれ」という諺です。即ち：ビジネスは牛のよだれが垂れるように細く長く、根気よく努力しなければ好いビジネス成績が取れないという戒めです。ですから、オーダーをする場合に、経済力や実力に応じてしたほうが安全です。大きな夢が大きな実を結ぶと言われますが、一晩にして成金になろうという考えを持つことは危ないです。

　生活も同じでしょう。お給料をもらってから一月の生活ができるようによく計画してまかなうべきです。

　日本の給料の計算方法には時給・日給・週給・月給・年俸などいろいろな方法があります。普通、アルバイトは時給・日給・週給などで計算しますが、サラリーマンは月給で計算し、スポーツマンや芸能人は、毎年雇用契約をとるので、年俸で計算することが多いようです。

　一般にサラリーマンの給料は月給制が多く、地位や勤続年数によって金額は異なります。一般に、初任給(大学卒業後入社して一年目の給料)は１５万‐２０万くらいで、その他にも、年に二回（夏と冬）のボーナスがあります。

　しかし、給料から所得税や国民健康保険料などが差し引かれるので、たとえ月給の支給額が２０万あっても、実際、手にする手取り額は１５万‐１７万しかありません。

　ですから、日本人に給料の金額を尋ねる時は「支給額」か「手取り額」かを確かめなけれ

ばなりません。

　アルバイトの給料の額は、一般に地域と仕事の内容によって異なります。家庭の主婦や学生のアルバイトの賃金にも一定の金額を超えると所得税がかかります。例えば：年間アルバイト給料は１００万を超えると２０％ぐらいの所得税が課せられることもあります。

　更に、買い物をした時にも、消費税を支払わなければなりません。世界にはこのような消費税制度を実施している国が４０数ヶ国あります。

　日本でも商品の販売やサービスの提供などの金額に対して５％の消費税が課せられています。企業や商店の消費税は年商によって決められ、一定量を超えたら課せられます。

　　ですから、同じ品物でも、大きな店で買うと消費税がかかるのに、小さい店ではかからないといったことが起こります。商品によっては小銭のやり取りが煩わしいためか、全ての商品を消費税込みの価格で販売していることもあります。ですから、買い物をする時、その値段は税込み値段か、または、税抜き値段かを確かめて買う方が良いのではないでしょうか。

　今はほとんど税込み値段でしょう。

二、オーダー要旨とオーダー文書作成要領

オーダー要旨

　オーダーは取り引きする双方が取り引きについての引き合いや価格などの交渉をした後、双方同意の上で成約した製品などを注文することである。オーダーを出すことを発注と言い、オーダーを受けることを受注と言う。この際、サンプルにもとづいてオーダーを出すこともあるし、カタログや説明書に基づいてオーダーを出すこともある。いずれにしても、注文書は契約書に属する書類であり、法的効力をもっているので、発注者も受注者も注意して対応することが必要である。

　オーダーには次のような種類がある。
(1) 一般注文
(2) 指値注文
(3) 見本(カタログ)注文
(4) 条件設定注文

オーダー文書作成要領

オーダー文書の作成に当たっては以下の点に留意しなければならない。
(1) 品名・品質・規格・数量・価格・納期・納入場所を明記すること
(2) 各社で決めた定型的な書式を用いること
(3) チェック用に二部、またはコピーを作成しておくこと

三、例文

例文1　　　　　　　　　　一般的な注文依頼

□□□□□電気公司配送ステーション
　□□□□様
拝啓　時下ますますご清栄のこととお喜び申し上げます。
　さて、早速ながら下記の品について注文いたしますので、条件ご同意の上、至急ご手配下さいますようお願い申し上げます。

敬具
中国□□□□□電気商店公司
総経理□□□
年　月　日

記

1）品名・規格・数量：
　　　長虹　　34インチ　　　　　リモコンカラーテレビ　　50セット
　　　　　　　64インチ　　　　　リモコンカラーテレビ　　30セット
2）単価：200ドル/台
3）納期及び納品場所：□□月□□日までに□□□□へ納品
4）支払：品物到着後1ケ月以内に銀行振込にて支払
5）運賃諸掛：貴社負担

以上

例文2　　　　　　　　　　追加注文依頼

中国□□□□電気公司配送ステーション
　□□□□様
前略　先日貴社長虹34インチのリモコン・カラーテレビを50セットご注文いたしましたが、更に同条件にて同製品10セットを追加注文いたします。なお、できればこの二回の発注分を一括ご納入いただきたくお願い申し上げます。
　まずは取り急ぎ追加注文申し上げます。

草々
□□□□電気商店公司
□□□
年　月　日

第九課　オーダー(注文)

例文3　　　　　　　　　見本による注文依頼

中国□□□□公司
□□□様

拝啓　貴公司におかれましてはますますご繁栄のこととお喜び申し上げます。
　さて、□□月□□日当方は広州交易会において貴公司製造のテジタルテレビを拝見いたしました。関係製品のカタログを詳しく検討いたしましたが、高画質・高音質という性能・品質において貴公司製品が最も優れていると考えます。つきましては下記の通り発注いたしますので、宜しくお願いいたします。

敬具
日本□□□□株式会社
□□□□
年　月　日

記

製品名：パンダデジタルカラーテレビ
数量：50台
納入先：弊社
納期：□□年□□月□□日　　当方必着
価格：□□□□元／台
支払方式と期日：銀行振込、納入後20日以内
運賃諸掛：貴公司負担

以上

例文4　　　　　　　　　注文取消し依頼

中国□□□□公司
□□□□様

急啓　昨日貴社新製品□□50台を注文予約いたしましたが、その後、技術担当者による調査の結果、当該製品と当社の現有設備とは組み合わせのできないことが判明いたしました。
　当方の不手際により、誠にご迷惑とは存じますが、実情をお察しくださり、上記注文を取り消しさせていただきたくお願い申し上げます。
　まずは取り急ぎ注文取消しのお願いまで。

草々
□□□□株式会社
□□□□
年　月　日

例文5　　　　　　　　　指値注文依頼

中国□□□□公司

□□□□様

前略　貴公司お取扱の製品カタログをお送付いただきありがとうございました。カタログ第10番及び第20番の商品は当社のニーズに適合いたしておりますが、価格が当社の予算を超過しており、購入の最終決定には至りませんでした。

　価格表では当該商品は各一台3千元となっておりますが、各100台の注文になることをご勘案いただいて、一台の単価を10%下げていただけないものでしょうか。

　もし、ご快諾いただけるようでございましたら、購入を決定いたしたく存じます。弊社の申し入れに、ご同意いただけるかどうか、ご面倒ながら早急にご一報下さるようお願い申し上げます。

草々

□□□□株式会社

□□□□

年　月　日

例文6　　　　　　　　　注文承諾

日本□□□□株式会社

□□□□様

拝復　□月□日付けの貴社注文書第120号を確かに拝受致しました。

　ご注文の商品は、早急にお届けいたすよう発注書の通り出荷の手配を致しましたので、ご安心下さい。なお、今後ともご用命を賜りますようお願い申し上げます。

敬具

中国□□□□公司

□□□□

年　月　日

四、通訳の練習

委託加工貿易

C（会社名）＿＿＿＿＿＿＿＿＿＿（役職）＿＿＿＿＿＿＿＿＿＿
J（会社名）＿＿＿＿＿＿＿＿＿＿（役職）＿＿＿＿＿＿＿＿＿＿
（工場見学後、会議室で）

C 今日はわざわざ工場までお越しいただき、ありがとうございます。

J いいえ、私も一度工場を見学させていただきたいと思っていましたから。それにしても、生産設備は最新のものばかりですね。

C ええ。当社は新しい生産技術を積極的に導入しております。先日拝見させていただいた見本の＿＿＿＿＿を生産するのにも、この設備は欠かせませんから。これが、先日いただいた見本を基に、あの新型の機械で製造したものです。

J なるほど、かなりよくできていますね。原見本と殆ど同じですね。

C お気にめしましたか。

J はい、気に入りました。実は、この製品の生産をこちらの工場でお願いしたいと思っているんですが、いかがでしょうか。

C 新しい機械も導入したところですので、生産力には十分余裕があると思うんですが、どのくらいの数をご注文の予定ですか。

J 最初は＿＿＿＿個ぐらいお願いしたいと思っていますが。

C そうですか。それは、原料持込による加工をお考えですか。

J ええ。私どもといたしましては、設計図など生産に必要な技術と原材料を提供い

第九課　オーダー(注文)

　　　たしますので、仕様書通りに当方のブランドの_____を生産していただきたい
　　　と考えております。
C　ご提供させていただくもののリストを用意しておりますので、どうぞご覧くだ
　　　さい。
J　この原材料の使用量には余裕を見ています。つまり、原材料に3%以上の損失が
　　　生じた場合はそちらの負担になります。
C　材料は見本を作らせていただいた時と同じものですか。
J　そうです。当社といたしましては、貴社の技術を十分発揮していただき、良い製
　　　品を作っていただくお願いしたいと考えております。
C　品質の維持につきましては、当社は万全の体制で望む所存ですので、ご安心くだ
　　　さい。ただし、原材料に伴う品質の問題には責任を負いかねますので、ご了承く
　　　ださい。
J　原材料につきましては特に注意を払っておりますので、ご心配には及びません。
C　そうですか。運賃の方はそちらの負担でしたね。
J　ええ。製品の引渡しはFOB上海でお願いします。
C　では、荷役料や倉庫代は当方の負担になるのですか。
J　そのようにお願いしたいと思っております。
C　保険はどのようにさせていただきましょうか。
J　委託加工貿易の保険は、資材の海上保険、加工期間中の保険、製品の海上保険の
　　　三つに分かれるわけですね。
C　そうですね。こちらの_____保険公司では、委託加工貿易の一括保険を引き受
　　　けております。ここで付保すれば割安になりますので、もしよろしければ、こち
　　　らの方で代行させていただきますが。
J　そうですか。それでは保険のことはそちらにお任せします。
C　はい。分かりました。保険料は加工賃に入れておきますか、別納にしますか。
J　別納でお願いします。
C　それでは保険料別納で加工賃を計算させていただきます。
J　お願いします。いつ頃見積もりをいただけますか。
C　明日の午後で如何でしょうか。
J　はい、結構です。よろしくお願いします。

新しい単語

芸能人（げいのうじん）③（名）	艺人
年俸（ねんぽう）⓪（名）	年薪
初任給（しょにんきゅう）②（名）	初次任职薪金

第九課　オーダー（注文）

手取り（てど～）⓪（名）	到手所得
煩わしい（わずら～）⑤（形）	麻烦的
指値（さしね）⓪（名）	指定价格
納入場所（のうにゅうばしょ）⓪（名）	交货场所
チェック（check）①（名）	核对、支票
配送ステーション（はいそう station）⑥（名）	（货物）发送站
リモーコン・カラーテレビ（remote control color TV）⓪④	（名）遥控彩电
振込（ふりこみ）⓪（名）	存入、转户头
運賃諸掛け（うんちんしょが～）①（名）	各种运输费用
デジタル（digital）①（名）	数码式
高画質（こうがしつ）④（名）	高清晰度
高音質（こうおんしつ）⓪（名）	纯音色
不手際（ふてぎわ）②（名）	不高明、手笨
ニーズ（neesd）①（名）	需求、要求
勘案（かんあん）⓪（名）	考虑、酌情
快諾（かいだく）⓪（名）	慷慨应诺
シリーズ（series）②（名）	系列、连续
品切れ（しなぎ～）⓪（名）	售完、缺货
在庫（ざいこ）⓪（名）	库存
入荷（にゅうか）⓪（名）	进货、到货

五、練習問題

1. 本文の内容に基づいて次の質問に答えなさい。
   (1) 日本人に給料の金額を聞く時に、なぜ「支給額」か「手取額」かと確かめたほうがいいのか。
   (2) 日本で買い物をする時、その値段を聞く時に、なぜ税込み値段か、または、税抜き値段かを確かめて買う方が良いのか。
   (3) 日本でアルバイトの賃金が一定の金額を超えるとどのようなことが起こるか。
   (4) オーダーをする時に、どのようなことに注意すべきなのか。
   (5) オーダー文書を書く時にどのようなことをアピールすべきなのか。

2. 本文の内容に基づいて次の文の（　　）に適当な言葉を入れなさい。
   (1) （　　　　）に基づいてオーダーを出すこともある。
   (2) （　　　　）や説明書によってオーダーを出すこともある。
   (3) 注文書は契約書に属する書類であり、（　　　　）を持っているので、（　　　　）も（　　）も注意して対応すべきである。

3. 本文の内容について次の文の（　　　　）にもっとも適当な言葉を選択肢から選んで入れなさい。

第九課　オーダー(注文)

(1) 日本で商品の販売やサービスの提供などの金額に対して（　　　）の消費税が課せられている。
　　①3％　　　　②5％　　　　③6％　　　　④20％

(2) オーダーは取引双方が引合や価格などの交渉をした後、双方同意の上で（　　　）した製品などを（　　　）すること。
　　①成約、注文　　②交渉、成約　　③引合、成約　　④成約、取引

(3) オーダーを出すことを（　　　）という。
　　①注文　　　　②成約　　　　③発注　　　　④受注

(4) オーダーを受けることを何といいますか。（　　　）という。
　　①注文　　　　②受注　　　　③発注　　　　④成約

4. 本文の例文に基づいて、それぞれオーダーとオーダーへの回答文章を書きなさい。

5. 例文の一つを中国語に訳しなさい。

第十課　契約

> 一、コラム：約束は遅く履行は速くなせ
> 二、契約要旨と契約書作成要領
> 三、例文：1. 設備導入協議
> 　　　　　2. 契約書送付通知
> 　　　　　3. 日中長期貿易取り決め
> 　　　　　4. 契約履行督促
> 　　　　　5. 契約取り消し
> 四、通訳の練習：契約内容の検討

一、コラム

約束は遅く履行は速くなせ

　日本では「約束は遅く履行は速くなせ」というビジネスに関する諺があります。つまり、契約する時は多少時間がかかっても慎重にし、それを実際に行う時には速く確実にする事が大切だと言うことです。日本人は商談後も食事に誘うなどの形で付き合いを続けることが良くあります。もし、こういう付き合いがなければ、商談は円満にまとまりません。外国人ビジネスマンも商談が終わった後、日本人から一緒に食事に行こうと言う誘いがなければ、日本人との商談が完全にうまくいったとは言えないでしょう。

　日本に行くビジネスマンたちは日本人との仕事以外の時間の付き合いも考慮しなければなりません。日本人の中には自分の誘いを断った相手に対して不快感を抱く人もいるので、日本人から食事などに招かれたらなるべく断らないで行くようにした方が良いでしょう。

　日本人は相互理解、相互信頼の上に成約の基礎があると考えています。法律や紙一枚の契約書を信じるより、信頼できるパートナーとの関係を重んじる傾向があります。一旦取引相手との間に信頼関係ができれば、成約率はずっと高くなるでしょう。相手を信じることができれば、あまり契約書について、時間を掛けて一々細かく検討する必要がないと考えるからでしょう。

　商談後も続けて付き合いをすれば互いに相手のことをより良く知ることができ、その後の取り引きの順調な発展にとってかなりプラスになるでしょう。

　しかし、現代のビジネスは契約書を重視するようになり、ビジネスライクな交渉スタ

イルが多くなっています。過度な接待で契約をとることはできなくなっていますので接待は適切にする必要があります。

二、契約要旨と契約書作成要領

契約要旨

　取引双方が商談をし、取引条件について合意すると成約ということになる。つまり、成約とは品物の売買では一方のオファーが相手に受け入れられる（即ち承諾される）ことである。双方のオファー書や承諾通知書は契約の証明になるが、国際商習慣においては、書面による契約書か確認書を作って双方の権利と義務を確認する必要がある。「国連国際貨物販売契約公約」では、書面契約と口頭契約が法律上認められているが国によって法律規定は異なり、口頭契約を認めている国もあれば、書面契約しか認めていない国もある。

　わが国の「対外貿易契約」（＜渉外経済合同＞）は国連の規定と異なり、「経済契約」では「其の場で清算するもの（即納や即売など）を除き、他のものは書面形式を採らなければならない」と規定している。つまり、対外貿易をする場合、書面形式で契約を結ぶことを成約の有効条件としている。これは中国企業が必ず守らなければならない法的規定である。

　契約書にサインすると契約を履行する根拠となり、契約書が有効なものとなる。もし、契約通りに履行しなかったり、約款と異なることをすると直ちに契約違反として相手に損害賠償を要求されかねない。従って、双方にとって契約書作成とそれにサインすることは重要な意味を持つことであり、慎重に対処しなければならない。

　ただし、商業界においてはそれぞれの国それぞれの会社において守るべき規定がある。日本では商談を行う際には以下の点を厳守しなければ違法行為となるので、特に注意が必要がある。

　（1）取引相手の機嫌をとるため等に、正規の手続きを経ずに勝手に約款を訂正してはならない（分割払いの回数などを勝手に増やしたり、又D/P手形のユーザンス期限などを勝手に延長したりしたら、会社の資金繰りに影響が生じたりするので、決して行なってはいけない行為である）。

　（2）ユーザーから利益供与などの誘惑があっても、それを受けてはいけない。又、勝手に便宜を図り商品の値引きなどをしてはならない。

　（3）勝手にユーザーに不当な割戻しや贈答品を送ることは違法行為になるし、会社に損失を齎すので、絶対避けること。

　（4）早く契約を調印するために自分のお金などで立替て支払ってはならない。

　（5）勝手に手形を譲渡して他人に渡してはならない。

　（6）勝手にユーザーからの代金を他人に貸してはならない。

　（7）取引委相手の前で他の会社の悪口をしてはならない。

　（8）勝手にユーザーに自分の会社の商品を紹介する際、たとえユーザー

から商品について批判されることがあっても否定せずに根気強く商品の良さを説明する。ただし、相手の意見が正当であれば、素直に認めた方が良かろう。

取引商談においては、契約書作成段階に至っても、以上のことに注意しなければならない。更に一言でも相手の気に障るようなことを言えば、今までの努力が水の泡になってしまうので、商談時には失礼な言葉遣いなどをしないように心がけることが必要である。

契約書作成要領

国際貿易の貨物売買契約書には特定の形式がない。契約書・確認書・協議書をはじめ、覚書・意向書・取り決め書・発注書・委託注文書などの形式が利用されている。貨物売買契約書は一般に三つの部分からなる。

(1) 契約書冒頭：契約書名・契約書番号・契約日時と場所・契約双方の名称と住所。

(2) 本文：取引条件についての具体的な規定（商品の品質・数量・価格・納品期限・運送方式・支払い方式。時にはクレーム、仲裁方法なども含まれる）。

(3) 契約書結び文：契約書が使用する言語、契約書有効使用範囲と有効期限・契約部数・付属文と双方代表者のサイン。

取引双方がサインした契約書は、これからの契約履行と問題発生時の判断の根拠になるものであるから、契約書の内容は必ず貿易政策に従ったものであり、内容に誤りがあってはいけない。しかし、契約番号・契約書名などの項目には、類似のものが多いため、間違いやトラブルが生じかねないので、双方とも確認の上、慎重にサインしなければならない。

三、例文

例文1　　　　　　　　　　　設備導入協議

中国江蘇省□□□□公司と日本大阪□□□□株式会社は、□□□□年□□月□日より□□日にかけ、江蘇省ゴム工場にて、ゴム雨靴の材料加工プロジェクトについて、商談の結果、下記の通り合意した。

1）中国江蘇省□□□□公司は日本大阪□□□□株式会社が委託する雨靴製品の加工生産に対応するため、圧延設備を導入することに同意する。

当該設備導入後、大阪□□□□株式会社に技術指導の下に、中日双方共同にて技術改善を行う。

2）中日双方は以上を前提として、できるだけ速やかに雨靴の材料委託加工につき基本契約を締結する。

甲方：中国江蘇省□□□□公司
代表：
乙方：日本大阪□□□□株式会社
代表：

年　月　日

例文2　　　　　　　　　契約書送付通知

日本□□□□□株式会社
代表取締役社長□□□□様
拝啓　貴社益々ご清祥のこととお慶び申し上げます。
　ここに下記契約書一式を2部同封致します。
　契約番号：□□□□
　貴方にてご確認、ご捺印の上、一部ご返送ください。なお、船積み期限にご留意願い、早目に積み出していただきますようお願い申し上げます。また船積み後速やかに書類一式をご送付くださるようお願い申し上げます。
　以上契約書ご送付のご案内まで。

敬具
中国□□□□□公司
□□□
年　月　日

記
　　　　　　　　　□□□□契約書　　　2部

例文3　　　　　　　　　日中長期貿易取決め

　日本日中長期貿易協議委員会と中国中日長期貿易協議委員会は、『日中両国政府の共同声明』、『日中平和友好条約』、『日中関係四原則』及び『日中貿易協定』の精神に基づき、両国の経済・貿易関係を更に長期的かつ安定的に発展させるため、1978年双方が調印した『日中長期貿易取決め』の成果の基礎の上に、友好的に協議を行い、それぞれの政府の支持を受けて、日本から中国に技術・プラント設備及び建設資機材を輸出し、中国から日本に原油と石炭を輸出する長期貿易の取決めを、日中両国間貿易の一部として、以下の通り締結する。

　第1条　本取決めの有効期間は、1991年から1995年までの5年間とする。本取決めの有効期間内における双方の輸出総金額は、それぞれ80億米ドル前後とする。

　第2条　本取決めの第1年度(1991年)から第5年度(1995年)までに、中国側から日本側に毎年、原油を880万ないし930万トン、原料炭を140万ないし180万トン、一般炭を250万ないし350万トン輸出する。

　前項の原油、原料炭及び一般炭の対日輸出については、中国側に関係公司に対し、契約通り荷渡し期日を遵守し、品質を保証するようにさせるものとする。

　第3条　本取決めの第1年度(1991年)から第5年度(1995年)までに、日本側が中国側に輸出する技術・プラント設備及び建設資機材(主な品目リスト別添のとおり)の金額を80億米ドル前後とする。

　技術・プラント設備及び建設資機材の対中輸出については、日本側は日本政府に対し、輸出承認手続き、貿易保険の付保等が円滑に進むよう働きかけるものとする。

第４条　本取決めに基づく取引は、日本の関係輸出入企業と中国の関係輸出入公司との個別契約を締結することによって行なうものとする。

双方は合理的な国際価格と国際貿易の慣例に基づいて取引を行うことに同意する。

第５条　双方は本取決めを実行し、日中両国の経済交流を拡大するため、必要な科学技術分野において技術協力を行うことに同意する。

第６条　双方は本取決めに基づく取引上の決済の進捗状況を把握するため、それぞれ外国為替銀行一行を選定し、必要な統計作業を担当させることに同意する。

日本側は東京銀行とし、中国側は中国銀行とする。両行は必要な統計措置を取り、相互に連絡を行うものとする。

第７条　本取決めに基づく取引の契約、信用状、為替手形及び保証には全て次項の符号を付することとする。

第１年度分に対しては、ＬＴ－Ⅱ－１、第２年度分に対しては、ＬＴ－Ⅱ－２(以下同様)とする。

第８条　双方は本取決めを実行するため、日本側は日中長期貿易協議委員会事務局、中国側は中日長期貿易協議委員会弁事処を通じ、連絡及び関連業務を行うものとする。

第９条　本取決めの実行及び本取決めに関する問題を協議するため、双方の代表は、毎年一回交互に東京と北京で会談を行う。

第10条　本取決めは、双方協議し、同意の上、これを修正又は延長することができるものとする。本取決めに基づき締結した契約は、双方の契約当事者の同意なしに破棄することができないものとする。

第11条　本取決め書は、1990年12月18日東京において調印し、日中両国語により各二通を作成し、双方それぞれ一通を保有する。両国語の取決め文書は同等の効力を持つ。

日本日中長期貿易拡大協議委員会
委員長：□□□□
中国中日長期貿易協議委員会
主任：□□□□
附属文書
日中長期貿易取決めによる日本より中国宛輸出の主要技術・プラント及び建設材料一覧表（略）。

例文4　　　　　　　　契約履行督促

日本□□□□□株式会社
代表取締役社長□□□□様
前略　本年月貴社との間に交わしたガス管補修契約によれば、毎月定期的にガス管の点検補修に来ることになっていますが、実際にされたのは、僅か一回だけで、そのため最近ではガス管にしばしば小さなトラブルが発生しております。幸いこれまでのところは大事に至っておりませんが、「千丈の堤も蟻穴より崩る」と申します。従って貴社が今後弊社と取引協力関係を維持する面からも、確実に契約条項を履行していただきますようお

願い申し上げます。契約通りの点検補修がなされず、重大事故が発生いたしました際には、全責任が貴社にあることを申し添えます。

敬具
中国□□□□□公司
総経理□□□
年　月　日

例文5　　　　　　　　　契約取り消し

中国□□□□□公司
総経理□□□様
拝啓　時下益々ご清栄のこととお慶び申し上げます。
　さて、過日貴社ご所有地を当社がお借りすべく契約させていただきましたが、その後現在に至るもなお、当社は借用した貴社所有地を使用できてはおりません。
　従いまして、当社では慎重に検討させていただきましたが、契約期限も超過しており、貴社との約束もご履行願えなきことに鑑みました、残念ながら本契約を解消させていただきたく存じます。なお、これに伴い、発生した問題につきましては、改めて協議させていただく所存でございますので、宜しくご高配賜りますようお願い申し上げます。

敬具
日本□□□□□株式会社
代表取締役社長□□□□
年　月　日

四、通訳の練習

契約内容の検討

C（会社名）＿＿＿＿＿＿＿＿＿＿＿＿＿（役職）＿＿＿＿＿＿＿＿＿＿＿＿＿
J（会社名）＿＿＿＿＿＿＿＿＿＿＿＿＿（役職）＿＿＿＿＿＿＿＿＿＿＿＿＿
（営業部会議室で）

C 一応話がまとまりましたが、ここで契約書作成の前に再度合意事項について確認をさせていただきたいと思いますが、如何でしょうか。

J はい、結構です。

C まず、品名は＿＿＿＿、品質規格＿＿＿＿数量＿＿＿＿、価格＿＿あたり＿＿米ドル CIF 神戸、総額＿＿＿＿ドル。以上でよろしいでしょうか。

J はい、間違いありません。納期は＿＿月＿＿日までに一回で全量積みとなっていますので、絶対に遅れることのないようにお願いします。もし、一日でも遅れた場合は違約金いただきます。

C それはご心配なく。私ども違約金は払いたくありませんから。それと、支払いは取消不能 L/C で、船積前 15 日から 20 日までの期間に、貴社で開設することになっています。

J はい、そうです。

C 包装は、内装紙箱で、24 箱を一つの段ボールケースに詰めます。保険はこちらでオール・リスクを掛けますが、それでよろしいでしょうか。

J はい、結構です。

C その他の詳細につきましては契約書用紙裏面の約款をお読みください。問題がないようでしたら、この通りさせていただきたいと思いますが。

J では、拝見させていただきます。（契約書を見てから）品質保証についてはあまり詳しく書いてありませんね。

C それにつきましては、ここに「クレーム及び賠償請求」の項に「買い手は貨物が港に到着後、貨物の品質などに疑義が生じた場合、日本の商品検査機関の検査報告書を添えて 30 日以内に売り手にクレームを出すことができる。」と書いてありますので、ご安心ください。

J 今回は当社がお渡しした見本による注文ですので、「品質は見本通りとする」と一項書き加えていただきたいのですがいかがですか。

C 見本と全く同じ物というのは難しいと思うのですが。つまり、「見本と同等の物とする」と言うことで如何でしょう。

J そうですね……それでもかまいませんよ。それと、これは仲裁条項ですね。

C えーと。「売買当事者間に紛争が生じた場合は、両者で協議する。云々。」という条項ですね。

J はい。

C ええ、ここは仲裁条項ですが、何か問題がございますか。

J　いいえ、確認させていただいただけです。これで結構です。
C　他に問題はございますか。
J　ないと思います。
C　それではこの内容で契約書を作成させていただきます．出来上がり次第FAXで送らせて頂きますので、すぐにご確認の上明日の午前中に折り返しご連絡ください。もし、問題のないようでしたら、明日の午後サインするということで如何でしょうか。
J　結構ですが、何時頃サインにお伺いすればよろしいでしょうか。
C　午後3時ということで如何でしょうか。
J　はい、結構です．では明日の3時頃お邪魔しますので、よろしくお願いします。
C　では、また明日。

新しい単語

取決め（とりき～）⓪（名）	协议
即納（そくのう）⓪（名）	当场交付、立即交纳
即売（そくばい）⓪（名）	当场卖出
資金繰り（しきんぐ～）⓪（名）	资金周转
機嫌をとる（きげん～）⓪+①（連語）	讨好、取悦
ユーザンス（usance）①（名）	允许使用汇票支付期限
割戻し（わりもど～）⓪（名）	回扣
譲渡（じょうと）①（名）	转让
立替える（たてか～）⓪（動）	垫付
気に障る（き～さわる）⓪+⓪（連語）	得罪、令人生气
水の泡になる（みずのあわ～）⓪+②（連語）	成泡影、泡汤
覚書（おぼえがき）⓪（名）	备忘录
原料炭（げんりょうたん）⓪（名）	炼焦煤
一般炭（いっぱんたん）⓪（名）	动力煤
圧延（あつえん）⓪（名）	压制、轧压
捺印（なついん）⓪（名）	捺印
ガス管（gasかん）⓪（名）	天然气（煤气）管道
点検補修（てんけんほしゅう）⓪（名）	检修
千丈の堤も蟻穴より崩る（せんじょう～つつみ～ぎけつ～くず～）	（熟語）千里长堤毁于一穴
鑑み（かんが～）④（名）	借鉴
円滑（えんかつ）⓪（形動）	顺利

五、練習問題

1. 本文の内容に基づいて、次の質問に答えなさい。
   (1)「契約は遅く履行ははやくなせ」とはどういう意味なのか。
   (2) 日本人と取引をするとき、どのような態度を取ればよいのか。
   (3) どうして書面による契約書をつくらなければならないのか。
   (4) 中国ではどのような場合に書面契約証作成しなくてもいいのか。

2. 本文の内容に基づいて、次の文の（　）に正しいものを入れなさい。
   (1) 日本人は（　　　　　）の上に成約の基礎があると考えている。
   (2) 法律や紙一枚の契約書を信じるより、（　　　　）できるパートナーとの関係を重んじる傾向がある。
   (3) 一旦、取引相手との間に（　　　）関係ができれば、成約率はずっと高くなる。
   (4) 商談後も続けて（　　　）をすれば互いに相手のことをより良く知ることができ、その後の取り引きの順調な発展にとってかなり（　　　）になる。
   (5) しかし、現代のビジネスは契約書を重視するようになり、（　　　　）な交渉スタイルが多くなっている。過度な（　　　）で契約を採ることはできなくなっているので接待は適切にする必要がある。

3. 本文の内容に基づいて、次の文の（　）に選択肢から正しいもの選んで入れなさい。
   (1) 成約とは取引双方が商談をし、取引条件について（　　　）するということである。
   　①契約　　　　②引合　　　　③交渉　　　　④合意
   (2) 成約とは品物の売買では一方の（　　　）が相手に受け入れられることである。
   　①問合せ　　　②照合　　　　③オファー　　　④合意
   (3) 双方のオファー書や承諾通知書は（　　）の証明になる。
   　①契約　　　　②交渉　　　　③取引　　　　④引合
   (4) 国際商習慣においては、書面による契約書か確認書を作って双方の（　　　）と（　　　）を確認する必要がある。
   　①責任、義務　　②権利、責任　　③権利、義務　　④任務、義務
   (5)「国連国際貨物販売契約公約」では、書面契約と口頭契約が法律上認められているが、国によって（　　　）は異なる。
   　①契約書　　　②権利と義務　　③法律規定　　　④口頭契約
   (6) 口頭契約を認めている国もあれば、（　　　　）しか認めていない国もある。
   　①口頭契約　　②書面契約　　③貿易契約　　　④経済契約
   (7) わが国の「対外貿易契約」（〈渉外経済合同〉）は国連の規定と（　　　　）。
   　①同じ　　　　②異なる　　　③合意　　　　④約束
   (8) 中国では「経済契約」で「其の場で清算するもの（即納や即売など）を除き、他のものは書面形式を（　　　）と規定している。
   　①とっていい　②とるとよい　③どっちでもいい　④採らなければならない

(9) 中国の「対外貿易契約」は中国企業が必ず守らなければならない（　　）である。
　　①権利と義務　　②書面契約　　　　③権利、責任　　　　④法的規定
(10) もし、契約通りに履行しなかったり、約款と異なることをすると直ちに（　　）として相手に損害賠償を要求されかねない。
　　①契約履行　　　②契約違反　　　　③賠償　　　　　　　④法的規定
(11) 取引相手の機嫌をとるため等に、正規の手続きを経ずに勝手に約款を訂正（　　）。
　　①してよい　　　②するとよい　　　③どっちでもいい　　④してはならない
(12) ユーザーから利益供与などの誘惑があっても、それを（　　）。
　　①受けてはいけない　②受けてよい　③受けて困る　　　　④どっちでもいい
(13) ユーザーに不当な割戻しや贈答品を送ることは（　　）になるし、会社に損失を齎すので、絶対避けること。
　　①違法行為　　　②法的規定　　　　③契約履行　　　　　④権利と責任
(14) 早く契約を調印するために自分のお金などで（　　）て支払ってはならない。
　　①立替　　　　　②先にし　　　　　③後にし　　　　　　④約束し
(15) 勝手に（　　）を譲渡して他人に渡してはならない。
　　①契約書　　　　②リスク　　　　　③手形　　　　　　　④注文書

4. 本文の例文に基づいて、いっしょに契約書を書きなさい。

5. 例文の一つを中国語に訳しなさい。

第十一課　決　済

```
一、コラム：借りる時の地蔵顔
二、決済要旨と決済方式
三、例文：1．D/A 条件支払要請依頼
         2．支払遅延お詫び
         3．支払猶予承諾
         4．支払方法変更協議
         5．立替金督促
         6．後払い依頼回答
四、通訳の練習：支払方法について
```

借りる時の地蔵顔

　　日本のビジネスマンは、よく会社の帰りに仲間と一緒にお酒を飲んだり、カラオケで歌ったりして、仕事のストレスを解消すると言われています。中にはお酒が苦手で、早く家へ帰りたい人もいますが、仲間や上司に誘われると嫌でも、付き合わざるを得ないことがあります。時には「行くのは面倒だけど、行かないと同僚から悪口を言われたり、会社内部のことが分からなくなったりして、仲間外れにされる恐れがあるから。」という話を聞いたことがあります。

　　皆さんが、もし、日本人から「一杯飲みに行こう。」と誘われたら、この機会を利用して、日本人と友たちになってみてはいかがでしょうか。

　　ただし、中国ではこのような場合、殆ど誘った方がお金支払いますが、日本では割り勘で支払うことが多いようです。もちろん誘った人がみんなの分を払うこともありますが、自分の分を支払う用意をしておいた方がよいでしょう。

　　日本では「借りる時の地蔵顔、返すときの閻魔顔」という諺があります。つまり、借金する人は借りる時、とても穏かな顔しているが、返済する時にはひどく不愉快な顔をしているということです。仕事においても、個人的な関係においても金銭に関する問題は、はっきりしておいた方が気持よく付き合うことができるという考え方です。そこで、たとえ仲間同士でお酒を飲む時でも割り勘にした方が後にしこりが残らず長い付き合いができると考えるのです。

二、決済要旨と決済方式

決済要旨

　国際貿易の決済条件の中で、価格条件は最も重要な条件であるが、決済方式も、又重要なものである。決済方式が異なると信用程度も違うので、決済方式の選択は取引双方の利益と安全性に関わる問題であり、代金を支払う時期と場所にも関わる問題でもある。従って、決済通貨と決済方式を正しく選択することは非常に重要である。

　一旦、売買契約が成立すると、売り手には代金を受け取る権利が生じ、買い手には代金を支払う義務が生じる。代金を確実に納入するため、売買双方は代金を支払う時期・場所と支払う方式、又、どの通貨を使用するかを契約条件として、売買契約書に具体的にしかも明確に書き入れなければならない。

　支払手段としてよく利用されるものに貨幣と支払証書などがある。

　貨幣には自国の貨幣、相手国の貨幣、第三国の貨幣がある。普通、為替レート変動のリスクを避けるために、自国の貨幣を使うことが多い。又、輸出する時、外貨を使わざるを得ない場合に、なるべく国際相場でレートの堅調な貨幣を使う。輸入する時、レートが安定していない場合にはなるべく軟調な貨幣を使う。即ち「収硬付軟」(堅調な貨幣を受け取り、軟調な貨幣で支払う)が原則である。

　更に、自分に不利な貨幣を使わざるを得ない場合には、なるべく貨幣の為替交換レートが安くなった時の損失を避ける方法を約款にして契約書に書き入れると、レート変動による損失を減少することができる。

　支払証書(小切手、為替手形など)とはある人が指定された人に出した一定の金額を無条件にある時期までに支払うことを保証する書面である。

　小切手とは貯金者が銀行を支払人として一定金額の金銭を受取人や持参人に支払うことを銀行に依頼する有価証券のことである。言い換えれば銀行を支払人とする一覧払い為替手形である。

　為替手形とは債権者(輸入者)が債務者(銀行)に一定の金額を指定期日に支払うように依頼する書面命令手形のことである。即ち：振出人(輸入者)が受取人(輸出者)に出した、無条件に一定の金額をある時期までに支払うよう(銀行に)命じた書面である。金銭の受取人は指定された人でも良いし、手形持参人でも良い。

　為替手形には三種の分類方法に分かれる。

　（1）振出人の違いによって分ければ、銀行為替手形と企業・個人の商業為替手形に分かれる。

　（2）書類添付の有無によって分ければ、単純手形(書類無添付手形でクリーン手形とも言う)と荷為替手形(書類添付手形)に分かれる。

　（3）支払期間によって分ければ、一覧払為替手形と一覧後定期払為替手形に分かれる。

第十一課　決　済

決済方式

　決済方式には送金支払い方式・取立てベース決済方式・信用状方式・分割払い方式・延払い方式の五つがある。

　(1)送金方式は、支払人が約款通りに銀行などを利用して代金を相手に送付する方式であり、M/T(郵便振替)、T/T(電報為替)、D/D（参着為替）に分けられる。これらは「順為替」とも言う。送金する期日には先払いと後払いがある。

　先払いは注文書を出すと同時に支払うか、又は支払ってから、荷渡しされるという方式なので、国際貿易の場合は輸出側に有利で輸入側に不利である。一般に品薄商品や取り引き数量が少ない場合に使用される。後払いは輸入側に有利だが、輸出側には不利である。一般に信頼できるユーザーにしか使用しない。

　(2)取立てベース方式は、輸出者が手形を開設して銀行に代金請求を依頼する方式である。輸出者が輸入者に手形を出して代金を請求する手形は「逆為替」という。それに対して、輸入者から輸出者へ代金を支払うために出した手形は「順為替」という。取り立てベースに使用される手段は「荷為替手形取立」と「単純手形取立」の二つがある。更に、「荷為替手形取立」には次の二つの条件がある。

　D/P（手形金支払い書類渡し条件）：一覧払い手形（と一覧後定期払い手形）を使う。
　D/A（手形引受け書類渡し条件）：一覧後定期払手形を使う。

　一覧後定期払手形のユーザンスは30日・60日・90日・120日がよく使われている。

　取り立て方式は輸出者が荷渡しをしてから、輸入者が支払う方式であるので、貿易信用に基づく支払い方式である。これは輸出側にとってリスクがあるが、輸入側にとっては輸出側の資金が利用できるし、信用状開設手数料などを払わずに済むので、とても有利な方式である。そのため、輸出促進の手段としてよく使用される。

　(3)信用状支払い方式には七種の方式がある（第十二課で紹介する）。

　(4)分割払いは一般に契約後決まった期日内に頭金を支払い、残る金額は何回かに分割して支払う。プラントや大型設備、バルク貨物を輸入する場合によく利用される。

　(5)延払いは買い手が頭金を先払いし、その後商品の生産時、或いは荷渡し時に、一部の支払いをするが、大部分は納品完了後支払うものである。これは売り手が買い手にこの取り引きのために商業信用貸付金を貸すことと同様である。

　一般に決済は通常取り消し不能の一覧払い信用状ベースで行われている。これは輸出者にとって最も安全な決済方式とされているが、D/A・D/Pでも行なわれている。

　決済貨幣としてどの貨幣を使用するかは売買双方の協議で決める。今までは円・元・米ドルが主として使われてきたが、今はユーロも良く使われるようになった。

例文1　　　　　　　　D／A条件支払要請依頼

中国□□□□□公司
総経理□□□様

拝復　□□月□□日付の貴信本日受領いたしました。当方注文の貨物は順調に船積みされたとのこと、安心いたしました。ただし、貴方が依然として支払渡し条件（D／P）を要求されていることには非常に驚いております。貴方とは長年関係にありますので、当然、支払条件の緩和を要求させていただきたいものと存じます。

　当方は現在全ての仕入先と60日期日のD／A決済にて取引しております。貴方におきましても、どうか、この条件を受け入れてくださるようお願いいたします。

敬具

日本□□□□□株式会社
代表取締役社長□□□□

年　月　日

例文2　　　　　　　　支払遅延お詫び

日本□□□□□株式会社
代表取締役社長□□□□様

拝啓　貴社益々ご隆盛のこととお喜び申し上げます。

　さて、弊社が先日貴社より購入いたしました商品の買掛金につき、お約束の支払期日に金額決済できず、誠に申し訳なく存じております。

　品物代金につきましては、弊社と致しましても常時気にかけており、また我々としての取引上の信用もあり、十分重視は致しておりましたものの、先日当社出資の関連会社が突然倒産し、そのために当社も巨額の被害を被り資金繰りが大幅に狂い、不本意ながらも支払いが遅延いたしております。

　つきましては、誠に勝手な申し出で恐縮に存じますが、もうしばらくの猶予をお願いいたしたく、何卒曲げてご承諾くださいますようお願い申し上げます。

　まずはとりあえずお詫び方方お願いまで。

敬具

中国□□□□□公司
総経理□□□

年　月　日

第十一課　決　済

例文3　　　　　　　　　　支払猶予承諾

日本□□□□株式会社
代表取締役社長□□□□様

拝復　本月□□日付のご書状、既に落掌、事情十分承知させて頂きました。

　期限到来のご融資につきましては規定により延期はできないことになっております。ただ、今回貴社におかれましては特別の事情による多額の損失が生じ、回復への道も誠に大変なことと拝察申し上げます。

　従いまして、内部にて検討を重ねました結果、貴社のご要望に添わせて頂くこととし、□□月□□日期日到来の当行融資の返済期限を□□月□□日と致します。

　なお、返済繰り延べの三ヶ月について別途と同一利率にて金利を頂戴いたします。まずはご返事まで。

敬具
□□□□□銀行
□□□
年　月　日

例文4　　　　　　　　　　支払方法変更協議

日本□□□□株式会社
代表取締役社長□□□□様

前略　用件のみ申し上げます。

　先日当公司では貴社よりの□□□ビル工事費ついての支払方式変更の書簡を受け取りました。それによりますと、貴社のお考えでは、今後毎月 10%前後の比率にて月月の工事代金をお支払いただくとのことでありました。

　しかしながら、当方の承知致しております限りでは、上記支払方式は□□□ビル建設の請け負企業であります□□□建築公司のご賛同が得られておらぬ方式であります。つまり当該企業の現在の経営状態は必ずしも良好とは言えず、当面の建設資金を必要としているからであります。従いまして。当該企業からは我々に対して元の取決め通りに、工事代金の一括支払いを求めて参る公算が大であります。

　このため、我々と致しましては貴社とともにこの問題について□□建築公司と折衝を致しまして、各公司ともに受け入れ可能な方式を求め、もって不都合を起さぬよう致したく考えます。

　上記の通り考えておりますが、如何でございましょうか。ご意見頂戴できれば幸甚に存じます。

草々
中国□□□□□公司
総経理□□□
年　月　日

例文5　　　　　　　　　　　立替金督促

中国□□□□□公司

総経理□□□様

前略　□□月□□日より実施いたしました街路灯設置工事につきましては、既に全て竣工いたしました。設置費用については、各所在部門単位にてご負担いただくことになっておりましたが、当該工事の取りまとめを当委員会が致しておりましたことから、既に工事費用を当委員会にてお立替払いしております。

　つきましては、工事費用帳簿の清算を致したく、当書状をお受け取り次第、できるだけは早く当委員会の立替相当額をご送金賜りますようお願い申し上げます。

　なお念のため、具体的計算書を同封いたします。

草々
日本□□□□□土木工事委員会
代表取締役社長□□□□
年　月　日

例文6　　　　　　　　　　　後払い依頼回答

中国□□□□□公司

総経理□□□様

前略　□□月□□日、貴社副社長様が自らご来社になり、総額□□万元のご注文をいただき、誠に有り難く厚くお礼申し上げます。

　ところが、□□月□□日拝受致しました貴書簡によりますと、当社予想外の後払いをご要望でございます。当社は従来より、全て納品時に全額現金でご決済いただくことにしておりまして、掛売りの前例はございません。従いまして、ご希望の貴意には添いがたく存じる次第でございます。

　誠に申し訳ございませんが、今回ご注文いただきました商品は着荷と同時に代金をお支払いいただきますようお願い申し上げます。

　どうぞあしからず御了承下さいますようお願い申し上げます。

草々
日本□□□□□株式会社
代表取締役社長□□□□
年　月　日

第十一課　決　済

四、通訳の練習

支払方法について

C（会社名）＿＿＿＿＿＿＿＿＿＿（役職）＿＿＿＿＿＿＿＿＿＿
J（会社名）＿＿＿＿＿＿＿＿＿＿（役職）＿＿＿＿＿＿＿＿＿＿
（営業部会議室で）

C　やっと上司との打ち合わせが終わりました。
J　そうですか。それでいかがでしたか。
C　もし、そちらの条件がこちらの新規計画に適応するものであれば、取り引きに応じることができると思います。
J　それでは、できる限りそちらのご要望に沿えるようにしたいと思います。
C　それでは基本的な条件について合意した上で、具体的な商談に入りたいと思いますが如何でしょうか。
J　はい、それで、結構です。
C　まず、最初に設備ですが＿＿＿＿＿の生産ラインをご提供いただけるんですね。
J　はい、最新型の設備ですから、ご安心ください。
C　次に、設備代金の償還ですが、どのようにお考えですか。
J　設備代金及び利息は、このラインで生産した製品の輸出代金で3年以内に償還して頂きたいんです。もちろん日本での販売は当社がお引き受けします。
C　1年にどのくらいの数を供給させていただければよろしいのでしょうか。
J　見積もりでは最低＿＿＿＿＿個です。
C　ラインの生産能力はどのくらいでしょうか。

第十一課　決　済

J　ご心配には及びません。私どもの準備しておりますラインは日産＿＿＿＿＿＿＿個です。

C　それなら問題ありません。それから、償還比率ですが、どのようにいたしましょうか。

J　償還期間 2 年で、設備の到着検査後、3 ヶ月ごとの償還で、8 回に均等分割ということで如何でしょうか。

C　それでは、設備のテスト期間がありませんね。できれば生産が軌道に乗るまで 2、3 ヶ月の余裕を見ていただきたいのですが。

J　それもそうですね。では、生産が軌道に乗ってから 2 年で償還していただくことにしましょう。

C　それから、金利はどれくらいですか。

J　今の国際金融市場では 2 年の償還では 7％です。

C　7％は高いですね。

J　専門家の予想ではこれから利率は上昇傾向にあると言っていますから、決して高くない数字だと思いますが。

C　それでも高すぎますよ。当社では 6％でないと、無理ですよ。

J　それでは、お互いに譲歩し合うと言うことで 6.5％ということでいかがでしょうか。

C　それでは、6.5％と言うことにいたしましょう。

J　次に支払い方式ですが、＿＿＿＿＿＿＿の買い付けに当たりましては、決済取り消し不能巡回払い信用状で、船積の 1 ヶ月前に開設します。貴社は 2 年以内に 8 回で設備代金と金利を決済し、＿＿＿＿＿＿の売り渡しによって保証することとします。

C　具体的な方法はどのようになるのですか。

J　生産が軌道に乗ってから 3 ヶ月ごとに荷渡ししていただき、その代金から 12.5％ずつ均等に設備代金を差し引かせていただきます。従って、貴社の発行するインボイスではその償還金額を前受け代金として記載していただきます。

C　残りはやはり L/C で決済ですね。

J　そうです。それと、中国側の銀行から当社を受益者とする取り消し不能の無条件保証状を発行する必要があります。

C　はい。当方は中国銀行に保証状の発行を依頼します。

J　よろしくお願いします。他に問題がありませんか。

C　基本的な条件については以上で全部だと思います。

J　では、今回の商談は基本的に合意と言うことでよろしいですね。

C　はい、結構です。協議書を締結いたしましたら、具体的な条件の打ち合わせをさせていただくと言うことになりますね。

J　では、さっそく帰りまして協議書の作成をさせていただきますので、今日はこれで失礼させていただきます。

C　ではよろしくお願いいたします。

第十一課　決　済

新しい単語

猶予（ゆうよ）①（名）	延期、缓期
立替金（たてかえきん）⓪（名）	垫付款
ストレス（stress）②（名）	身心压力
しこり⓪（名）	症结、瘤
代金（だいきん）⓪（名）	货款
支払証書（しはらいしょうしょ）⑤（名）	支付票据
堅調（けんちょう）⓪（名）	坚挺、走势强
軟調（なんちょう）⓪（名）	疲软、走势弱
小切手（こぎって）②（名）	支票
手形（てがた）⓪（名）	汇票
受取人（うけとりにん）⓪（名）	领收人
持参人（じさんにん）⓪（名）	持票人
一覧払為替手形（いちらんばらいかわせてがた）⓪（名）	即期汇票
振出人（ふりだしにん）⓪（名）	出票人
クリーン手形（clean てがた）⓪⑤（名）	
＝単純手形（たんじゅんてがた）⓪⑤（名）	光票
荷為替手形（にがわせてがた）⓪⑤（名）	跟单汇票
書類添付手形（しょるいてんぷてがた）⓪⑦（名）	跟单汇票
一覧後定期払い為替手形	
（いちらんごていきばらいかわせてがた）⓪（名）	远期汇票
M／T（Mail Transfer）＝郵便振替（ゆうびんふりかえ）⑤（名）	信汇
取立てベース（とりたて base）⓪⑤（名）	托收方式
T／T（Telegraphic Transfer）＝電報為替（でんぽうがわせ）⑤（名）	电汇
D／D（Remittance by Bank's Demand Draft）	
＝参着為替（さんちゃくがわせ）⓪（名）	票汇
逆為替（ぎゃくかわせ）⓪③（名）	逆汇
荷為替手形取り立て（にがわせてがたとりたて）⓪⑧（名）	跟单托收
単純手形取り立て（たんじゅんてがたとりたて）⓪⑧（名）	光单托收
D／P（Documents against Payment）＝手形金支払い書類渡し条件	
（てがたきんしはらいしょるいわたしじょうけん）⑬⑩（名）	付款交单
D／A（Documents against Acceptance）＝手形引受け書類渡し条件	
（てがたひきうけしょるいわたしじょうけん）⑭（名）	承兑交单
取引額（とりひきがく）⓪（名）	交易额
頭金（あたまきん）⓪（名）	定金
プラント（plant）⓪（名）	成套设备
バルク（bulk）①（名）	散货

第十一課　決　済

一覧払信用状（いちらんばらいしんようじょう）⓪（名）	即期信用证
商業信用貸し付け金（しょうぎょうしんようかしづけきん）⓪（名）	商业信贷
ユーロ（Euro）①（名）	欧元
船積み（ふなづみ）⓪（名）	装船
陳謝（ちんしゃ）⓪（名）	道歉
買掛金（かいかけきん）⓪（名）	赊货款
期日（きじつ）①（名）	日期
返済繰り延べ（へんさいくりのべ）⓪（名）	延期还账
曲げる（まげる）⓪（動）	屈尊
とりあえず③（副）	暂且先、匆忙
拝察（はいさつ）⓪（名）	敬察、推测
請負（うけおい）⓪（名）	承包
一括払い（いっかつばらい）⑤（名）	一次付清
公算が大（こうさんがだい）（連語）	概率高、可能性大
幸甚（こうじん）⓪（名）	非常荣幸
帳簿（ちょうぼ）⓪（名）	账本
計算書（けいさんしょ）⓪（名）	账单
あしからず③（副）	别见怪

五、練習問題

1. 本文の内容に基づいて、次の質問に答えなさい。
   (1) 日本ではお酒の苦手な人でも酒に誘われたらなぜ一緒に行かざるを得ないのか。
   (2) なぜ仲間同士でお酒を飲みに行く時に割り勘にしたほうが長い付き合いができるのか。
   (3)「借りる時の地蔵顔、返すときの閻魔顔」のようなことを体験したことがあるのか。
   (4) なぜ決済方式を慎重に選ぶことが重要なのですか。

2. 本文の内容に基づいて、次の文の（　　）に正しいものを入れなさい。
   (1) 売買契約が成立すると、売り手には（　　）を受け取る権利が生じ、買い手には代金を支払う（　　）が生じる。
   (2) 代金を確実に納入するため、売買双方は代金を支払う（　　）・（　　）と（　　）、又、どの（　　）を使用するかを契約条件として、売買契約書に具体的にしかも明確に書き入れなければならない。
   (3) 支払手段としてよく利用されるものに（　　）と（　　）などがある。
   (4) 貨幣には自国の貨幣、相手国の貨幣、（　　）の貨幣がある。
   (5) 普通、為替レート変動の（　　）を避けるために、（　　）の貨幣を使うことが多い。

第十一課　決　済

(6)輸出する時、外貨を使わざるを得ない場合に、なるべく国際相場でレートの（　　）な貨幣を使う。
(7)輸入する時、レートが安定していない場合にはなるべく（　　）な貨幣を使う。
(8)支払期間によって分ければ、（　　）手形と（　　）手形に分かれる。
(9)決済方式には（　　）方式・（　　）方式・（　　）方式・（　　）方式・（　　）方式の五つがある。

3. 本文の内容に基づいて、次の文の（　）に選択肢から正しいもの選んで入れなさい。
(1)国際貿易で（　　）が原則である
　①堅調な貨幣を受け取る　　　　②軟調な貨幣で支払う
　③貨幣を使う　　　　　　　　　④収硬付軟
(2)自分に不利な貨幣を使わざるを得ない場合には、なるべく貨幣の（　　）が安くなった時の損失を避ける方法を約款にして契約書に書き入れる。
　①為替交換レート　　　　　　②収硬付軟
　③堅調な貨幣　　　　　　　　④軟調な貨幣
(3)支払証書（小切手、為替手形など）とはある人が（　　）された人に出した一定の金額を（　　）にある時期までに支払うことを保証する書面である。
　①指定せず、条件つき　　　　②指定せず、無条件
　③指定、無条件　　　　　　　④指定、条件つき
(4)小切手とは貯金者が銀行を支払人として一定金額の金銭を（　　）や持参人に支払うことを銀行に依頼する有価証券のことである。言い換えれば銀行を（　　）とする一覧払い為替手形である。
　①受取人、支払人　　　　　　②受取人、指定人
　③手渡し人、支払人　　　　　④受取人、命令者
(5)為替手形とは債権者が（　　）に一定の金額を指定期日に支払うように依頼する書面命令手形のことである。
　①支払人　　②受取人　　③債務者　　④振出人
(6)為替手形には（　　）の分類方法に分かれる。
　①二種　　②四種　　③三種　　④五種
(7)（　　）の違いによって分ければ銀行為替手形と企業・個人の商業為替手形に分かれる。
　①受取人　　②支払人　　③振出人　　④持参人
(8)書類添付の（　　）によって分ければ、単純手形(書類無添付手形でクリーン手形とも言う)と荷為替手形(書類添付手形)に分かれる。
　①有る　　②無い　　③作成　　④有無
(9)支払人が約款通りに銀行などを利用して代金を相手に送付する方式は（　　）という方式である。
　①取り立てベース　②信用状方式　　③分割払い　　④送金方式。

(10) M/T（輸便振替）、T/T（電報為替）・D/D（参着為替）などは（　　）とも言う。
　　①レート　　　　②「逆為替」　　　　③「順為替」　　　　④国際相場
(11) 注文書を出すと同時に支払うか、又は支払ってから、荷渡しされるという方式（　　）という方式である。
　　①分割払い　　　②取り立てベース　　③送金　　　　　　　④先払い
(12) 国際貿易の場合は輸出側に有利で輸入側に不利である時には（　　）を使用する。
　　①分割払い　　　②先払い　　　　　　③後払い　　　　　　④取り立てベース
(13) 輸入側に有利だが、輸出側には不利である。一般に信頼できるユーザーにしか使用しないものは（　　）である。
　　①後払い　　　　②先払い　　　　　　③分割払い　　　　　④取り立てベース
(14) 輸出者が手形を開設して銀行に代金請求を依頼する方式は（　　）である。
　　①一覧払い　　　②取り立てベース　　③分割払い　　　　　④先払い
(15) 輸出者が輸入者に手形を出して代金を請求する手形は（　　）という。
　　①逆為替　　　　②順為替　　　　　　③小切手　　　　　　④クリーン手形
(16) D/P（　　）：一覧払い手形（時には一覧後定期払手形）を使う。
　　①手形金支払い書類渡し条件　　　　　②一覧払い
　　③分割払い　　　　　　　　　　　　　④手形引受け書類渡し条件
(17) 一覧後定期払手形の（　　）は30日・60日・90日・120日がよく使われている。
　　①期日　　　　　②ユーザンス　　　　③期限　　　　　　　④手形
(18) （　　）としてどの貨幣を使用するかは売買双方の協議で決める。今までは円・元・米ドルが主として使われてきたが、今はユーロもよく使われるようになった。
　　①ユーロ　　　　②米ドル　　　　　　③人民元立て　　　　④決済貨幣

4．本文の例文に基づいて、お互いに決済条件について書類を作成しなさい。

5．例文の一つを中国語に訳しなさい。

第十二課　L/C（信用状）

> 一、コラム：何事も縁
> 二、L/C要旨とL/C決済要領
> 三、例文：1. L/C開設依頼
> 　　　　　2. L/C開設依頼
> 　　　　　3. 米ドル建てL/C開設依頼
> 　　　　　4. L/Cの開設遅延お詫び及開設通知
> 　　　　　5. L/C未着通知
> 四、通訳の練習：信用状決済・分割払い

一、コラム

何事も縁

　もし、あなたが仕事や勉強のために日本で長く生活したら、日本人と信頼し合える関係を作るためにいろいろなお付き合いをしなければなりません。

　日本では「何事も縁」と言う諺があります。つまり、物事は全て縁によって繋がり、縁によって互いの関係が生じると考えるのです。縁がなければ、たとえ親しい者同士でも結ばれることはありません。つまり日本人の一人一人との出会いの縁を大切にすれば、日本人との付き合いもよりスムーズにできるのです。日本人は一旦打ち解けると、とても親切にしてくれたり、あなたの国のことをいろいろ知りたがったりするでしょう。あなたも積極的に日本を知ろうと心かければ、お互いに信頼し合える関係ができるでしょう。

　日本人と良い関係を作る機会がいろいろあります。例えば、日本人の家庭と親しくなれば、週末を利用して1泊から2泊のホームステイが経験できるかもしれません。

　ホームステイは、日本人家庭の一員として一緒に生活するもので、日本人の日常生活を知るのにとてもよいチャンスです。又、お互いの国の文化や習慣について話し合えば、相手の国について理解を深めることができるでしょう。この時、政治や宗教の議論は避け、普段の生活の話題を中心に、お互いの理解を深めた方が良いでしょう。

　ホームステイをしている時はあなたも家族の一員ですから、食事の支度や、掃除・洗濯などの手伝いをしましょう。こうして日本人の日常生活を知ることによっても日本の本当の姿を知ることができるでしょう。

　又、日本のビジネスマンはよく会社の帰りに仲間を誘ってお酒を飲みに行きます。もし、あなたが誘われたら、日本人と良い関係を作るチャンスかもしれません。それに外国人

にとって日本語上達のチャンスにもなるでしょう。

更に、日本の多くの会社では年に一回くらい社員旅行があります。旅行の時、みんなと一緒に温泉に入ったり、お酒を飲んだり、歌を歌ったりすれば、お互いの関係は一層深まるでしょう。

その他にも日本人と付き合う機会がいろいろあります。例えば、引越しした際にちょっとしたお土産を持って隣の家へ挨拶に行ったり、近所の神社のお祭りなどに参加したりすることは隣人たちと良い関係を作るチャンスになるでしょう。

二、L/C要旨とL/C決済要領

L/C要旨

L/Cは信用状のことである。国際貿易の発展に従って今まで利用されてきた送金方式や取立方式だけでは貿易の発展に対応し切れなくなった。先払いの場合に輸入者は輸出者の納品や契約規定通りの納品を、後払いの場合に輸出者は輸入者の支払いや期限通りの支払いを心配しなければならない。そこで、信用状決済方式が使われるようになったのである。これに伴って、国際貿易において銀行が信用保証や融資などのビジネスもするようになり、現在は信用状決済が最も重要な決済手段となっている。

信用状とは買い手(輸入先)側の銀行が取引先(輸入先)の依頼によって、売り手側の銀行に対して発行する、約款通りに代金を支払うことを保証した証書である。つまり、国際貿易上、信用状開設銀行が輸入者の要求と指示によって、輸出者に対して、規定の書類により、一定の期間内に、一定金額を指定した銀行に請求する権利を授け、又、支払うことを保証するものである。これはその銀行が取引先の依頼によって発行する信用保証の証書であり、主に海外での支払いに使われる。

又、輸入者にとっては信用状開設の手数料と保証金だけ払えば荷受けでき、殆どの代金は後払いで済むので資金の有効利用ができるものである。

信用状は書類の有無によって荷為替信用状と単純信用状に分けられ、更に次の八つの分類方法がある。

(1)取消可能と取消不能信用状:取消可能信用状とは、開設された後、使用されない限り、修正、または、撤回することのできる信用状である。この種の信用状には必ず「取り消し可能」と明記しなければならない。この種の信用状は輸出の場合あまり使わないほうが良い。それに対して、取消不能信用状は有効期限内に相手方の許可を得ずに、修正と撤回ができない信用状である。

ただし、国際商業会議所の「荷為替信用状統一規則」は、信用状は「取消可能」か、「取消不能」か明記されていないものは、「取消不能」と見なすべきであると規定している。

(2)確認済みと未確認信用状:確認済み信用状とは開設銀行が開設して他の銀行に保証された信用状のことである。これは、受益者が開設銀行の資産信用に未知か、或いは金額の大きい場合に使われるものである。

未確認信用状は開設銀行が開設後他の銀行に保証されていない信用状である。

(3)一覧払いと一覧後定期払い信用状：開設銀行や支払銀行が信用状条件に適する書類を確認の上、審査後すぐに支払うものが一覧払い信用状である。書類を受け取ってもすぐに支払わずに、ユーザンス期限になってから支払うものが一覧後定期払い信用状である。

(4)先払い信用状：これは Red Clause L/C とも言う。輸出者がこれを受け取ってから、船積や関係書類を渡す前に単純手形で指定した銀行から信用状金額の全部または一部を振り出すことができるものである。これは原材料加工貿易とノックダウン貿易に使われている。

(5)譲渡可能と譲渡不能の信用状：信用状受益者は開設された信用状の全部または一部を第二受益者に譲ることのできるものが譲渡可能信用状である。この種の信用状の利用者の殆どが仲介商社である。中国の対外貿易総公司が外国の輸入者にこれを開設してもらうのは、中国の各地にある支社が地元の港から輸出したり、地元買取銀行で手続きしたりするのを便利にするためである。

譲ることのできないものは譲渡不能の信用状である。

(6)エスクロー信用状：エスクローL/C はバーター貿易・補償貿易や加工貿易の場合によって使われるものである。つまり、取り引きの一方が開設した信用状はすぐに発効せず、双方の開設した一定金額の信用状が互いに引き受けられた両状が同時に発効するものである。

(7)バック・ツー・バック信用状：これは三角貿易等に良く使われるもので、輸出者が輸入者からの信用状を受け取ってから、支払銀行に同じ内容の新しい信用状を供給者宛てに開設してもらうものである。

(8)巡回信用状：開設されて一回使った信用状を再び同じ金額で、規定された回数或いは送金額が終わるまで何回も使うものである。これを分割払いの長期貿易に使うと、手続きや信用状開設保証金の支払いが一回で済む。

L/C 決済要領

L/C 決済も完璧な決済方式ではなく、手続きが複雑な上に手数料がかかる。又、L/C を開設する銀行は売買契約と関わりなく、ただ、輸入者の要求と指示に従って、L/C 開設条件に合う書類に基づいて信用状を開設し、第一支払人として支払う責任を持つ。又、輸出者から信用状条件に合った書類さえ提供されれば代金を支払う責任を持つ。

しかし、支払銀行は提供された書類の形式・真偽性・正誤性・記入漏れや不備・法的効力に対する責任は取らない。又供給会社・運輸会社・保険会社の信用性と資産信用にも責任を取らない。

従って輸出の取り引きをする場合に損失が生じないように、輸入者の資産状況・経営態度・能力・信用等についての調査をすることは極めて重要であるし、売買契約書に信用状の種類・使用する貨幣・金額・開設期日などを明記する必要がある。つまり、信用状決済の場合、もし輸入者が規定通り信用状を開設しないと、輸出者は荷渡しをしてから代金を

もらえない危険があるから、関係書類の審査などを慎重にする必要がある。

信用状で決済すると輸出者は代金の受け取りが保証されるので安心できる。そこで、一般に殆どの会社は、まず、信用状の開設を請求し、信用状を受け取ってからはじめて品物の準備をする。

三、例文

例文1　　　　　　　　　　　L/C開設依頼

日本□□□□株式会社
□□□□様
拝啓　貴社□月□日付け注文書第□号による注文の品物は□月□日大阪丸で、発送しますので、本信ご一覧後直ちに当社を受益者とする総額1000万円の確認済み取消不可能のL/Cを開設してくださるようお願いします。なお、L/Cに必要な附属書類は次の通りです。

1) 送り状
2) 保険証券（価格の10%増しの戦争保険込み）
3) 記名裏書なしの「運賃支払済み」明記の金額50万日本円の約束手形一通

敬具
中国□□□□公司
□□□
年　月　日

例文2　　　　　　　　　　　L/C開設依頼

前略　□月□日東京で調印した契約書□□号について、わが社は早急に商品を準備の上、納期通りお納めしたいと存じますので、速やかにL/Cを開設していただきますようお願いいたします。お返事をお待ちしております。

草々
中国□□□□公司
□□□
年　月　日

例文3　　　　　　　　　米ドル建てL/C開設依頼

日本□□□□株式会社
□□□□様
前略　双方の努力と協力により、今年の秋の広州交易会において、ステンレス・スチール５００トンの取引が成立しました。この初めての取引が我々双方の貿易と友好関係を促進することを心から願っております。

支払問題につきましては、商談時に強調した通り、円安の折から、当方としては実収金額を確保するため、L/Cは必ず米ドル建てで開設願うよう主張しました。

　当時、貴方が当方の主張に同意されたからこそ、この契約が調印されたのであります。にもかかわらず□月□日付貴信にて米ドル建てでL/C開設は困難だとおっしゃっておられるのには大いに驚きました。弊社の多くの取引先は当方に米ドル建てのL/Cを開設しており、それにより、何らかの問題が生じたとはございません。

　当方は契約規定に基づいて、既に貴注文品の生産に着手しておりますので、貴方のL/Cを受領次第出荷可能です。速やかに契約書通りL/Cを開設されるようお願いいたします。

草々

中国□□□□公司

□□□

年　月　日

例文4　　　　　L/Cの開設遅延お詫び及び開設通知

中国□□□□公司

□□□様

拝復　毎度格別のご協力を賜り、厚くお礼申し上げます。

　さて、□月□日付けファクシミリを拝見いたしました。L/C開設遅延につきましては先般来誠にご迷惑をお掛けいたしておりました。一日も早く銅材L/Cを開設しなければならないと思っておりますが、外国為替相場の激しい変動のため不本意ながら本日まで遅れてしまい、誠に申し訳なく、心からお詫び申し上げます。

　つきましては本日下記の通り銅材L/Cを開設いたしましたのでご連絡申し上げます。

敬具

日本□□□□株式会社

□□□□

年　月　日

記

商品名：中国江蘇省□□産銅材

数量：15000立方メートル

L/C金額：US＄2500000

船積み期限：□□□□年□月□日

開設銀行：三和銀行

以上なお、このL/C到着次第至急ご出荷くださいますよう切にお願い申し上げます。

まず取り急ぎお詫び方々L/C開設のご報告まで。

例文5　　　　　　　　　L/C未着通知
日本□□□□株式会社
□□□□様
拝啓　L/C開設について度々手紙とファクシミリで督促申し上げましたところ、貴社からの□□号のファクシミリにより開設した旨の返事を頂きましたが、当方は今日に至るまで、まだL/Cを受け取っておりません。双方の取引は従来一貫して契約の履行に最大の努力を払い、非常に友好的なものでしたが、今回のことは全く遺憾至極です。貴方の市場が不景気ということはよく理解しておりますが、将来の長期的貿易発展の見地から極力需要先に対して契約を履行するよう説得いただきたく、至急ご返事を頂きたくお待ちいたしております。

敬具
中国□□□□公司
□□□
年　月　日

四、通訳の練習

信用状決済・分割払い

C（会社名）＿＿＿＿＿＿＿＿＿＿＿＿（役職）＿＿＿＿＿＿＿＿＿＿＿＿
J（会社名）＿＿＿＿＿＿＿＿＿＿＿＿（役職）＿＿＿＿＿＿＿＿＿＿＿＿
（営業部会議室で）
　J　今日は支払い条件の件ですが、よろしくお願いします。

C　こちらこそよろしくお願いします。
J　今回はD/AかD/Pで決済させていただけないでしょうか。
C　それはちょっと難しいですね。代金の支払いは必ずL/Cでお願いしております。
J　実際、時間の面ではそれほど差はないでしょう。
C　当社は一貫して荷為替手形によって決済する取り消し不能の巡回L/Cしか受けておりません。
J　再考していただく余地はございませんでしょうか。例えば取引高の半分はL/Cにして、後はD/Pと言う形にしていただくとか。
C　申し訳ありませんが、これは当社の基本方針ですので、L/C以外では。
J　そうですか。それでは米ドルで支払わせていただくと言うのはどうでしょうか。
C　それは結構です。それから、L/Cは船積の30日前に当社宛てに開設してください。
J　30日前というのはちょっと難しいですね。20日にしてもらえませんか。
C　結構です。しかし、L／Cの有効期限は船積後15日としてください。荷為替書類の作成にかなり時間がかかりますので。
J　それでは仕方ありませんね。そういうことにいたしましょう。

分割払い

（営業部会議室で）
C　さて、今日は支払条件の打ち合わせですが、よろしくお願いします。
J　こちらこそよろしくお願いします。
C　支払条件につきまして、当方は分割払いを希望しておりますが、そちらのご意見は如何でしょうか。
J　今回の引き合いにつきましては当社、メーカーとも非常に重視しております。つきましては、支払いの面でもできるだけご要望に沿うようにいたしたいと考えております。
C　それでは具体的なお考えをお伺いできますか。
J　ご注文の製品は総額_____ドルで、その製造期間や生産資金などを考え合わせますと、4回で代金完済をしていただきたいと思います。
C　支払い比率はどうなりますか。
J　頭金10％、引渡しの1ヶ月前に30％、引き渡し時に50％、保証期間終了時に10％となります。
C　引渡しの1ヶ月前に支払いとおっしゃいましたが、もし引渡しが遅延した場合はどうなるのですか。
J　もし、当方の原因による引渡しの遅延でしたら延びた期間の利息を年率10％でお支払いいたします。
C　分かりました。貴社の分割払い条件に対しては特に異存はありません。

第十二課　L/C（信用状）

新しい単語

アメンド（amend）②⓪（名）	修改
遅延（ちえん）⓪（名）	延误
間柄（あいだがら）⓪（名）	关系
融資（ゆうし）①（名）	融资
荷受け（にう～）⓪（名）	接受货物
取消可能信用状（とりけしかのうしんようじょう）⓪（名）	可撤消信用证
取消不能信用状（とりけしふのうしんようじょう）⓪（名）	不可撤消信用证
確認済み信用状（かくにんずみしんようじょう）⓪（名）	保兑信用证
未確認信用状（みかくにんしんようじょう）⓪（名）	不保兑信用证
譲渡可能の信用状（じょうとかのうのしんようじょう）①（名）	可转让信用证
譲渡不能の信用状（じょうとふのうのしんようじょう）①（名）	不可转让信用证
買い取り銀行（かいとりぎんこう）⑤（名）	议付银行
エスクロー（escrow）③（名）	由第三者保存，待条件完成后即交受让人的契据
エスクロー・信用状（escrow しんようじょう）⑥（名）	对开信用证
バック・ツー・バック・クレジット（back to back credit）⓪+②（名）	对背信用证、转开信用证
巡回信用状（じゅんかいしんようじょう）⑦（名）	循环信用证
完璧（かんぺき）⓪（名）	完美、完善
真偽性（しんぎせい）⓪（名）	真实性
正誤性（せいごせい）⓪（名）	正确性
審査（しんさ）①（名）	审查
第一支払人（だいいちしはらいにん）⓪（名）	第一支付人
裏書無し（うらがきな～）⑤（名）	没有背书
約束手形（やくそくてがた）⑤（名）	期票
くらげ　⓪（名）	海蛰
差し支える（さしつか～）⑤（動）	有碍、妨碍
増額（ぞうがく）⓪（名）	增额
遺憾至極（いかんしごく）②（名）	非常遗憾
見地（けんち）①（名）	见解
極力（きょくりょく）⓪（名）	极力
トランシップメント（transshipment）④（名）	转船
本船（ほんせん）①（名）	该船
スペース（space）②（名）	舱位、空间

新編商務日語綜合教程

五、練習問題

1. 本文の内容に基づいて、次の質問に答えなさい。
   (1)「何事も縁」とはどういう意味なのか。
   (2) どのようにして縁を作り、またその縁を利用してビジネスを展開すればいいのか。
   (3) 日本の人と付き合う時、どのような点に注意すべきなのか。
   (4) 信用状とはどのような時に使われるものなのか。
   (5) 信用状で決済する場合にどのような点に注意しなければならないのか。

2. 本文の内容に基づいて、次の文の（　）に正しいものを入れなさい。
   (1) 開設銀行が信用状条件に適する書類を確認の上審査後すぐに支払うものが（　　　）信用状といいます。書類を取ってもすぐに支払わずに、ユーザンスの期限になってから支払うものが（　　　）信用状といいます。
   (2) 三角貿易でよく使われる信用状は（　　　）信用状です。
   (3) 分割払いの長期貿易によく使われる信用状は（　　　）という信用状です。
   (4) 信用状とは（　）側の銀行が取引先（輸入先）の依頼によって、（　　）側の銀行に対して発行する、約款通りに代金を支払うことを保証した証書である。
   (5) 輸入者にとっては信用状開設の（　　　）と（　　）だけ払えば荷受けでき、殆どの代金は後払いで済むので資金の有効利用ができるものである。

3. 本文の内容に基づいて、次の文の（　）に選択肢から正しいものを選んで入れなさい。
   (1) 信用状は書類の有無によって荷為替信用状と単純信用状に分けられ、更に（　　）の分類方法がある。
      ①五つ　　　　　②四つ　　　　　③六つ　　　　　④八つ
   (2) 開設された後、使用されない限り、修正、または、撤回することのできるのは（　　）信用状である。
      ①取消可能　　②取消不能　　③撤回　　　　④修正
   (3) 取消可能信用状は輸出の場合（　　）ほうが良い。
      ①使った　　　②使わない　　③どっちでもいい　④修正した
   (4) 国際商業会議所の「荷為替信用状統一規則」は、信用状は「取消可能」か、「取消不能」か明記されていないものは、（　　）と見なすべきであると規定している。
      ①修正　　　　②取消不能　　③取消可能　　④撤回
   (5) 開設銀行が開設して他の銀行に保証された信用状は（　　　）のことである。
      ①未確認信用状　　　　　　　　②取消不能
      ③取消可能　　　　　　　　　　④確認済み信用状
   (6) 輸出者が輸入者からの信用状を受け取ってから、支払銀行に同じ内容の新しい信用状を供給者宛てに開設してもらうものは（　　）信用状で、三角貿易等に良く使われるものである。

第十二課　L/C（信用状）

　　①譲渡可能　　　　　　　　　　　②バック・ツー・バック
　　③エスクロー　　　　　　　　　　④譲渡不能
(7) 確認済み信用状は、（　　　）が開設銀行の資産信用に未知か、或いは金額の大きい場合に使われるものである。
　　①支払人　　　　②持参人　　　　③受益者　　　　④確認人
(8) 先払い信用状は原材料加工貿易と（　　　）に使われている。
　　①バーター貿易　　　　　　　　　②三角貿易
　　③長期貿易　　　　　　　　　　　④ノックダウン貿易
(9) 信用状受益者は開設された信用状の全部または一部を第二受益者に譲ることのできるものが（　　　）信用状である。
　　①エスクロー　　　　　　　　　　②バック・ツー・バック
　　③譲渡可能　　　　　　　　　　　④譲渡不能
(10) 中国の対外貿易総公司が外国の輸入者に譲渡可能信用状を開設してもらうのは、中国の各地にある支社が地元の港から輸出したり、地元（　　　）銀行で手続きしたりするのを便利にするためである。
　　①受取人　　　　②支払人　　　　③売り手　　　　④買取
(11) 取り引きの一方が開設した信用状はすぐに発効せず、双方の開設した一定金額の信用状が互いに引き受けられた両状が同時に発効するものは（　　　）信用状である。
　　①譲渡可能　　　②バック・ツー・バック　　　③エスクロー　　　④譲渡不能
(12) エスクローL/Cは（　　　）・補償貿易や加工貿易の場合に使われるものである。
　　①バーター貿易　　　　　　　　　②三角貿易
　　③長期貿易　　　　　　　　　　　④ノックダウン貿易
(13) 開設されて一回使った信用状を再び同じ金額で、規定された回数或いは送金額が終わるまで何回も使うものは（　　　）信用状である。
　　①譲渡可能　　　②バック・ツー・バック　　　③エスクロー　　　④巡回
(14) 信用状決済の場合は支払銀行は提供された書類の形式・真偽性・正誤性・記入漏れや不備・法的効力に対する責任は（　　　）。
　　①取る　　　　　②承諾　　　　　③引き受ける　　　④取らない
(15) 輸出の取り引きをする場合に損失が生じないように、（　　　）の資産状況・経営態度・能力・信用等についての調査をすることは極めて重要である。
　　①輸出者　　　　②仲介者　　　　③輸入者　　　　④供給者

4．本文の例文に基づいて、お互いに信用状のやり取りをしなさい。

5．例文の一つを中国語に訳しなさい。

第十三課　運送と納期

```
一、コラム：三人寄れば文殊の知恵
二、運送・納期要旨と通知・変更文書作成要領
三、例文：1. 船積み通知
          2. 納期履行依頼
          3. 荷渡し督促
          4. 商品送付通知
          5. 入荷通知
          6. 納期変更通知
四、通訳の練習：分割積み出し
```

一、コラム

三人寄れば文殊の知恵

　　日本の会社組織の多くは縦割り組織になっており、製造・販売・開発などの職能ごとに分割されている。各職場の組織はピラミッド型をしており、底辺にあたる一般職から上に向かって、係長・課長・部長などの役職を配して、管理職が部下を掌握しやすくなっています。

　　従って、指示・命令はトップから下に向かって順次伝達され、下部からの提案や起案等は文書の形にまとめて下から上に向かって順次上司の承認を得ながら回され、最後に、トップの決裁を得ると言う稟議制を採用している会社が多いのです。

　　この稟議制は日本の官庁や多くの大企業等で今も行なわれていますが、あまりにも形式的・権威主義的で非能率であるとして廃止した企業もあります。しかし、文書により記録されているため、主旨の徹底が図られやすいことや、下から順次上がってくるため関係者のコンセンサスが得られやすいなどの理由で、今でも採用している企業はたくさんあります。

　　ある意味では重大なことを決断する場合、日米のやり方は正反対だと言われています。アメリカではトップにある権力者は決断命令をして、部下はその命令に従って行動します。

　　日本には「三人寄れば文殊の知恵」と言う諺があります。これは、たとえ特に優れたところのない人間であっても、三人も寄り集まって考えれば、優れた良い知恵が浮かぶと言う意味です。この諺の通りに、日本の多くの会社は、社員からの提案をとても大切

にしています。

　つまり、日本では多くのことが、まず、下から提案され、関係者がそれについて検討します。従って、多くの場合は、決断を誰がしたかと言うより、決断は検討の結果と言った方が相応しいのです。もちろん各会社によってやり方は多少違います。

　近年は縦割り組織に対して、横割り的な分業・分権組織を採用し、経営環境の急速な変化と多様性に対応しようとしている会社も増えています。また、縦横型組織をしている企業もあります。両方の長所を取って仕事をするのにもっと能率が上がるからでしょう。

　取引相手の会社の決断方法を事前に知っておけば、商談をもっと能率的に進めることができるかもしれません。各会社のこのような情報は取引商社や銀行の関係者などから得ることができるでしょう。

　日本式経営における従業員の雇用や昇進についての特色と言えば、まず年功序列が挙げられるでしょう。これは賃金の昇給・昇格に当たって、職務内容・勤務成績のほかに勤続年数、つまり経験も考慮して行う方法です。

　このような年功を重視する考え方は真面目に長年勤続した社員に対する企業側の感謝の意味も含まれており、日本では殆どの企業がその考慮の度合いは違ってもこうした年功序列的な観点も含めて賃金管理や昇進・昇格管理が行なわれています。

　このことから、日本では、頻繁に転職することは個人にとっても会社にとっても好ましくないことと言われていました。

　しかし、近年、年功より実績が重視されるようになり、米式の成果主義雇用制度も実行されるようになってきます。例えば大手会社のソニーは、2003年11月28日から成果主義型の昇進制度を徹底的に実行するようになりました。同じ年の12月からトヨタ会社も年功序列を全廃して「習熟給」と「役割給」という報酬制度を実行するようになりました。これから、転々と転職する若者も出るようになってきますが、サラリーマンの生活はもっと不安定で厳しいものになってくるでしょう。

二、運送・納期要旨と通知・変更文書作成要領

運送要旨

　中国では原則としてL／Cがないと船積手続きができない。品物を備える前に先ずL／C開設を督促しなければならない。輸出者は一旦L／Cをもらうか、又は、L／Cを開設したことを確認した上で、品物の用意と運送に取りかかる。国際貿易における運送方式は多種多様であるが、如何に時間を短縮し、運賃を低くするかが契約履行を順調に運ぶためのキー・ポイントとなる。

　運送方式には海上運送・航空運送・郵便運送・河川運送・パイプ運送・総合運送・コンテナ運送などがある。運送方法の選択に当たっては、輸出入品の特徴や国際政治などの情勢・自然条件・荷揚げ港などに十分考慮すべきである。

　約款としての運送条件は積期と荷渡し期、積み込む港と仕向け港、積み下ろし時間と滞

期早出料、一括渡しと分割渡し、又、トランシップの有無などが含まれる。

納期要旨

　品物の納期は取引双方に極めて重要な意味をもっている。買い手も売り手も納期に従って商活動を行なうが、特に買い手にとって季節商品がその販売シーズンに遅れると重大問題となる。つまり、納期通りに荷渡しできなかったら、双方とも重大な損失を受けかねない。そこで、契約書に納期を必ず明記するのである。

　納期は一般に積む月で表す。例えば、6月積みとか、7月積みである。また、一船で積み切れない場合は、分割積み出しする場合もあるので、分割積みの場合、なるべく時間の余裕を持って設定すべきである。例えば：00月から00月まで分割で積み出し、各ロットはおよそ等量とするなどと書くことができる。

　「納期」と一言に言っても、積期と荷渡期に分かれている。仕向け港で荷渡しする場合、「積期」とは積み込む港〔出港地〕で船に積み込む期日のことを指すが、「荷渡期」は仕向け港で荷渡しする期日を指す。それに対して、もし、積み込む港で荷渡条件で成約すれば、「積期」と「荷渡期」はほぼ同じである。荷渡し場所は積み込む港である場合、実際に買い手は出港地で荷受けしないので、もし契約書に「荷渡期」と記入したら、仕向け港で買い手が荷受けだと誤解されかねないので FOB・CIF・C&F で成約の場合、これを避けるために「積期」と書くことが望ましい。

通知文書作成要領

　通知文書とは通知・案内・布告・啓示・通報・声明・伝言などの文書のことである。ビジネス上最も多く用いられている文書形式である。

　通知文書作成に当たってはできる限り、的確・簡潔・平易を旨とすべきである。的確とは事実・本意を述べ、読んだ人が確実にその意図を理解し得るように表現するということである。簡潔とは文書がだらだらと長く書かれていたり、余分なこと、不明確な表現があって別の意味に受け取られることのないように、簡単で明瞭な表現とすることである。平易とは曖昧な表現や誇張を避け、分かりやすい表現とすることである。

変更文書作成要領

　いろいろな事情により、予定の作業が実施できなくなったり、訂正、中止もしくは取り消しをしなければならないことが生じた場合、相手にこの変更事情を知らせる文書を作成する時、以下の点に注意しなければならない。

　(1) できるだけ早く変更通知を出すこと
　(2) 変更の原因が発信者にあるときは誠意を尽くして謝ること
　(3) 相手に納得し、受け入れてもらえるよう分かりやすく事情を説明すること
　(4) もし相手側の原因から変更が生じた場合は、相手に発生した損失などについて知らせておくこと。

三、例文

例文1　　　　　　　　　　船積み通知

日本□□□□株式会社
　　　　□□□□様

拝啓　貴社益々ご隆盛の段、大慶至極に存じます。

　さて、貴社よりの□月□日付ご書簡、確かに落掌致しました。貴社よりの前回のお手紙拝受以降、当社では関係メーカーに対して早急に注文品の出荷をするよう督促いたしておりましたが、メーカーからの納品がなかなか思うに任せず、このため船積み期日の確定ができませんでした。このために貴社へのご返事もできなかった次第でございます。この点誠に申し訳なくお詫び申し上げます。

　その後、いろいろと努力を重ねました結果、貴社の荷物は「雲龍」号に積み込むことに確定いたしました。来月初めの出航でございます。船積み完了次第貴社宛てご通知申し上げます。

　とりあえず異常納期遅延のお詫びと今後の予定のご報告まで。

　　　　　　　　　　　　　　　　　　　　　　　　　　　　　　　　敬具
　　　　　　　　　　　　　　　　　　　　　　　　　　　　中国□□□□公司
　　　　　　　　　　　　　　　　　　　　　　　　　　　　　　　　□□□
　　　　　　　　　　　　　　　　　　　　　　　　　　　　　　年　月　日

例文2　　　　　　　　　　納期履行依頼

日本□□□□株式会社
□□□□様

拝啓　毎々ご協力を賜りありがとうございます。

　さて、今月3日付で、20日納品条件でご注文申し上げました。ビジネスバッグについて、貴社から25日に納品とのファックスを頂きましたが、当社といたしましては2月1日に入用ですので、何とか20日迄にご納入いただきたく存じます。

　万一、上記期日に間に合わぬ場合には、早急に事情御一覧賜りたく、どうぞよろしくお願い申し上げます。

　　　　　　　　　　　　　　　　　　　　　　　　　　　　　　　　敬具
　　　　　　　　　　　　　　　　　　　　　　　　　　　　中国□□□□公司
　　　　　　　　　　　　　　　　　　　　　　　　　　　　　　　　□□□
　　　　　　　　　　　　　　　　　　　　　　　　　　　　　　年　月　日

例文3　　　　　　　　　荷渡し督促

日本□□□□株式会社
□□□□様

拝啓　12月20日締結した□□号契約の規定により5000トンの銅板を本来3月に荷渡しして頂くことになっております。しかしながら、現在まで貴方からこれについて、何ら連絡がございません。当方はこの品物を至急必要としておりますので、「清雲」号を配船して受け取りたいと考えております。同船は4月末頃、稚内に到着する予定です。もし、以上の配船期日で不都合が生ずる場合は、最も早く荷揃いできる期日をお知らせください。荷渡し遅延により当方は少なからぬ迷惑を被っております。貴社が4月になっても尚荷渡しできない場合、当公司としては貴社に対し損害賠償を請求し、同時に契約取消をするより仕方がありません。悪しからずご了承ください。

敬具
中国□□□□公司
□□□
年　月　日

例文4　　　　　　　　　商品送付通知

日本□□□□株式会社
□□□□様

拝啓　平素は格別の御引立に預かり、有り難く存じます。
　さて、貴社より3月15日付書簡にてご注文いただきました自動車部品につきまして、貴注文書通り取り揃えましたので本日航空便にて発送いたしました。到着の上はご査収下さいますようよろしくお願い申し上げます。
　なお、もしご不明の点などがございましたら、本社までお問い合わせください。
　まずは出荷のご通知まで。

敬具
中国□□□□公司
□□□
年　月　日

例文5　　　　　　　　　入荷通知

□□□□公司
□□□□様

拝啓　平素は格別のご引き立てに預かり、厚くお礼申し上げます。
　さて、先般来再三お問い合わせを頂いておりましたエレクトロニクスの部品が、先日入荷いたしましたのでご通知申し上げますとともに、早めにご注文いただきますようお願い申し上げます。

第十三課　運送と納期

　今回の入荷は数量も多く、高品質のもので、しかも以前のものに比べて小型化しており、価格も安価でございます。
　ご参考までに、商品明細リストを同封させていただきます。
　まずは入荷のお知らせまで。

敬具
中国□□□□公司
□□□
年　月　日

例文6　　　　　　　　　　納期変更通知
日本□□□□株式会社
□□□□様
前略　ファックス二通受け取りました。ファックスでお申し出のありました問題点につきましては、生産管理課と生産現場に通知いたしました。貴方のご意見通りにA製品を改良するよう申し付けましたのでどうかご安心下さい。
　B製品は目下製造中で、予定通りの期日に積込むべく努力中であります。しかしながら、A製品は改良に約一週間の期間が必要ですので、予定通りの期日に積込みはできそうにありません。どうかご了承いただきますようよろしくお願いいたします。

草々
□□□□公司
□□□
年　月　日

四、通訳の練習

分割積み出し

C（会社名）＿＿＿＿＿＿＿＿＿＿＿＿＿＿＿（役職）＿＿＿＿＿＿＿＿＿＿＿＿＿＿＿
J（会社名）＿＿＿＿＿＿＿＿＿＿＿＿＿＿＿（役職）＿＿＿＿＿＿＿＿＿＿＿＿＿＿＿

（営業部会議室で）

J　納期についてですが、いつ頃船積できるでしょうか。

C　2月上旬には船積できると思いますが。

J　2月では遅すぎますよ。春物は2月中には店頭に並べられるようにしなければなりません。これではとても春物シーズンに間に合いませんよ。

C　申し訳ありませんが、現在南京のメーカーはどこもフル操業中で、これ以上船積を早めるのは難しいと思います。特に、今回の製品は手間のかかるものですから、メーカーの方でも普段より生産に時間がかかると言っております。それを、輸出用と言うことで特に早めさせておりますので、その点を何とかご了解いただきたいのですが。

J　困りますね。納期が遅れて販売シーズンに遅れるとなると、ただ損をするだけで全く商売になりませんよ。何とかメーカーと交渉していただいて、1月上旬までに船積してもらうようにしてもらえませんか。お願いしますよ。

C　それでは、1月上旬船積と言うことで、メーカーと再交渉してみますが、1ヶ月も製造期間を短縮すると言うのは、ちょっと難しいと思います。とにかく、少しでも短縮してもらえるようにもう一度メーカーに話して見ましょう。

J　遅くとも1月下旬までに商品が手元に届かないことにはこちらとしても商売になりませんので、なんとかしてもらうようにお願いします。

C　それでは、今すぐメーカーに電話しますので、少々お待ちください。

J　よろしくお願いします。
　（メーカーに電話する）

C　メーカーの方はやはりいくら頑張っても1月末の船積しかできないということです。

J　それは困りましたね。

C　ただし、2回の分割積み出しにすれば、12月中に1回目の船積ができると言うことですが、いかがでしょうか。

J　数量についてはどうなるのですか。

C　1回目に全体の約7割りを船積できるそうです。

J　2回目の船積はいつになるのですか。

C　やはり2回目はいくら頑張っても1月下旬の船積しかできないと言うことですが、これで何とかご了承いただけませんか。

J　そうですか。それなら何とか春のシーズンに合わせて商品を販売できそうですね。では、契約書に「1回目は12月末日までに残り量を船積」と明記していただけます

第十三課　運送と納期

か。
C　結構です。そのようにいたしましょう。
J　いろいろお手数をおかけしました。
C　いいえ、当然のことです。それから、船積の前に必ずL/Cを開設してください。もし遅れるようなことがありましたら、期限通りに引渡しができないことがありますので、よろしくお願いします。
J　はい、L/Cは必ず期限までに開設いたしますので、ご心配に及びません。

新しい単語

三人寄れば文殊の智恵（さんにんよればもんじゅのちえ）	三个臭皮匠，凑个诸葛亮
文殊（もんじゅ）①（名）	文殊菩萨
分割積み出し（ぶんかつつみだ～）⓪（名）	分期分批装运
縦割り（たてわ～）⓪（名）	纵向分布
ピラミッド（pyramid）③（名）	金字塔
役職（やくしょく）⓪（名）	官职
トップ（top）①（名）	首位、最高级
決裁（けっさい）①（名）	裁决、决断、批准
稟議制（りんぎせい）⓪（名）	（主管人员将文件交给有关人员）传阅、审批的制度
コンセンサス（consensus）③（名）	一致意见、同意
横割り（よこわ～）⓪（名）	横向分布
年功序列（ねんこうじょれつ）⑤（名）	论资排辈
パイプ運送（pipeうんそう）④（名）	管道运输
一括渡し（いっかつわた～）⑤（名）	一次运完、一次交清
荷揚げ港（にあげこう）⓪（名）	卸货港
仕向け港（しむけこう）④（名）	目的港
ロット（lot）①（名）	分额、一批；抽签
出港地（しゅっこうち）③（名）	出发港
配船（はいせん）⓪（名）	调度船只
荷揃い（にぞろ～）②（名）	备齐货物
稚内（わっかない）③（名）	稚内市（位于北海道北部）
取り揃える（とりそろ～）⑤（動）	备齐
エレクトロニクス（electronics）⑥（名）	电子产品
入荷（にゅうか）⓪（名）	进货
早出料（そうしゅつりょう）⓪（名）	速遣费

申し付ける（もうしつ～）⑤（動）　　　　　　　　　命令、吩咐
方々（かたがた）②（接続）　　　　　　　　　　　　順致、順便

五、練習問題

1. 本文の内容に基づいて、次の質問に答えなさい。
   (1) 日本の会社組織は一般にどのような仕組みなのか。
   (2) 稟議制はどのような制度なのか。
   (3) 決断方法について日米の相違点は何であろうか。
   (4) なぜ、取引相手の会社の決断方法を事前に知っておけば商談を能率的に進めるのか。

2. 本文の内容に基づいて、次の文の（　　）に正しいものを入れなさい。
   (1) 中国では原則として（　　　　）がないと船積手続きができない。
   (2) 品物を備える前に先ず（　　　　）を督促しなければならない。
   (3) 輸出者は一旦L／Cを（　　　　）か、又は、L／Cを開設したことを（　　　　）した上で、品物の用意と運送に取りかかる。
   (4) 国際貿易における（　　　　）は多種多様であるが、如何に時間を短縮し、運賃を低くするかが（　　　　）を順調に運ぶためのキー・ポイントとなる。
   (5) 運送方式には（　）・（　）・（　）・（　）・（　）（　）・（　）などがある。

3. 本文の内容に基づいて、次の文の（　）に選択肢から正しいもの選んで入れなさい。
   (1) 約款としての運送条件は積期と荷渡し期、積み込む港と仕向け港、積み下ろし時間と滞期早出料、一括渡しと分割渡し、又、（　　　　）の有無などが含まれる。
   　　①コンテナ　　　　②パイプ　　　　③航空運送　　　　④トランシップ
   (2) 一般に輸出する際に殆んどの会社は品物の準備をする前にまず（　　　　）の開設を請求し、それを受け取ってから品物の（　　　　）をします。
   　　①信用状、準備　　②信用状、運送　　③納品表、準備　　④納品表、運送
   (3) 指示や命令等はトップから下に向かって順次伝達され、下部からの提案などは文書の形にまとめて下から上に向かって順次上司の承認を得ながらまわされ、最後に、トップの決裁を得るという組織は（　　　　）という組織である。
   　　①横割り　　　　②縦割り　　　　③横縦　　　　④縦横
   (4) 仕向け港で荷渡しする場合「積期」とは（　　　　）港で船に積み込む期日のことを指すが、「荷渡期」は（　　　　）港で荷渡しする日を指す。
   　　①積み下ろす、仕向け　　　　　　②荷揚げ、仕向け
   　　③積み込む、仕向け　　　　　　　④積み込む、荷揚げ
   (5) 品物の（　　　　）は取引双方に極めて重要な意味をもっている。買い手も売り手も（　　　　）に従って商活動を行う。

①決済　　　　　　②荷渡し　　　　　③積期　　　　　　④納期

(6) 分割積みの場合、なるべく（　　）の余裕を持って設定すべきである。
　　①積み期　　　　②時間　　　　　　③荷渡し　　　　　④納期

(7) 積み込む港で荷渡条件で成約すれば、「積期」と「荷渡期」は（　　）である
　　①ほぼ同じ　　　　　　　　　　　②全然違う
　　③ちょっと違う　　　　　　　　　④関係なし荷渡し場

(8) FOB・CIF・C&F で成約の場合、仕向け港で買い手が荷受けだという誤解
　　を避けるために（　　）と書くことが望ましい。
　　①荷渡し　　　　　②積期　　　　　　③荷揚げ　　　　　④仕向け

4．本文の例文に基づいて、お互いに納期についてのやり取り文書を書きなさい。

5．例文の一つを中国語に訳しなさい。

第十四課　包　装(パッケージ)

```
一、コラム：一事が万事
二、包装要旨と督促状作成要領
三、例文：1. 船積み及び包装依頼
            2. 破損商品再発送通知
            3. 包装方法通知
            4. 包装改善依頼
            5. リファー・ナンバー添付依頼
            6. 支払依頼
四、通訳の練習：包装
```

一事が万事

　　商務訪問に行く時、プレゼントを持っていくのは礼儀ですが、どのようなプレゼントを持っていけばよいかは、簡単なようで実は極めて難しい問題です。

　　ヨーロッパでは、商務訪問の時、値段の高いプレゼントを贈ることは賄賂とか、何か下心があるとかと思われかねません。

　　日本でも相手の協力を求めるためにプレゼントすることは勿論ありますが、商取引を成功させる目的で高価なプレゼントをすることは日本でも賄賂となるのです。従って、商務訪問の際に高価なプレゼントをすることは避けなければなりません。

　　しかし、訪問に行く時、ちょっとしたプレゼントを持っていくのが礼儀です。そして、プレゼントを選ぶのによく気を遣い、プレゼントの包装などにも工夫します。

　　日本には「一事が万事」という諺があります。これは、一つの事柄を見れば（それをもとにして）他の全てを推し量ることができるということのたとえです。即ち、商務訪問という一つのことを通じて、当事者の人柄や能力などがすべて窺うことができるから、「小事も大事」という諺のように、ちょっとした小さなことでも疎かにしてはいけません。たとえそれほど重要でないことであっても、十分注意を払うべきです。

　　従って、商務訪問用のプレゼントを用意する場合に、貴重なプレゼントは言うまでもないが極普通のプレゼントでも、たとえ軽いお土産でも、大切に包装しておくほうがいいです。

　　日本では「粗品」と書かれていても何重に包装されてあります。これこそ日本人のお

客様を大切にするという意識の表れでしょう。きれいで丁寧に包まれたプレゼントは、どのようなお客様にも大切にされていることが分かってもらえるでしょう。

　日本には「高島屋」と言う有名なデパートがあります。その店の包装紙は白地にピンクのバラの模様で、上品でやさしい感じがします。高級なイメージからでしょうか、昔は「高島屋」の商品をプレゼントする人がたくさんいました。柔らかい和紙に包まれ、精緻で上品なケースに丁寧に入れてから、更にきれいなバラ模様の包装紙で包まれた「高島屋」のプレゼントをもらうと、相手から大切にされる嬉しさを感じる人が多いようです。

　最近はどの店でも包装に配慮し、それぞれの店が独特の美しい包装紙を考え出しています。大きな店ではプレゼントコーナーを設けているところもあります。プレゼントする時に利用して見てはいかがですか。同じ品物でも、きれいに包まれると値打ちがぐんと上がるでしょう。

二、包装要旨と督促状作成要領

包装要旨

　取引商談は値段・納期・決済などの交渉が済んでから、次は包装についての商談に入る。包装した商品は次のようなメリットがある。

（1）包装は品物の数量・品質を一定のものとして保証する。

（2）包装によって商品の運搬・積み下ろし・貯蓄・保存がしやすくなり、コストも下がる。

（3）販売効果が上がる。魅力のある外装に分かり易い商品の説明をつければ、売れ行きが良くなり値段を上げることもできる。更に商品の宣伝効果も高まる。

（4）又、法律で契約通りに包装されていない商品を受け取らなくても良いと規定している国もあるので、包装は契約の順調な履行のために効果的なものである。

　従って、国際取引をする場合、包装の方法も交渉の重要な一部分であり、包装方法も必ず約款として契約書に明記する。包装方法には包装方式・内装・外装・容器の材質・荷印・包装費用などが含まれる。包装商談は複雑ではないが、包装関係の専門用語を正しく覚え、その意味をよく理解することが大切である。包装方法に関する用語を間違えると、トラブルが起こるので、しっかり覚えておく必要がある。

　包装には内装・外装・容器の材質・荷印などが含まれる。品物と運送方法によって包装の形や包装の形式が異なる。一般に、裸荷・散貨と包装荷の三種類に分けられるが、更に、具体的なものとして、防水防湿包装・緩衝包装・防錆包装・真空包装・集合包装・コンテナ・パレット・カートン・ボックス・合板箱・すかし箱・梱包・プレス梱包・麻袋詰・クラフト紙袋・ポリエチレン袋・樽詰・ドラム缶・亜鉛引きドラム・大籠・蔓籠びん・バラ積みなどがある。

督促状作成要領

　この種の文書は過去に行なわれた承諾事項などに対し、踏み込んで催促や問い合わせをし、取引相手に対して速やかに約束を果たすように催促する文書である。納品・代金支払いの遅延、交渉・照会に対する返事の遅延に対して用いられる。

　相手側からすれば、既に承諾していることを行なっていない、もしくは遅れているのが自分自身の責任であり、又それは自分自身の信頼失墜の行為でもある。従って、きつい言葉で問い詰めるのは、感情を害することになるので、差し控えたいが、あまりにも漠然とした曖昧な言葉遣いは相手側の背信行為をうやむやにすることになるので注意が必要である。

　この種の文書の言葉遣いは単純で分かり易いものにすべきで、作成のポイントとして、以下のことに注意すべきである。

　（1）伝えたい催促の内容を正確に簡潔に明記すること
　（2）既に承諾約束されたことが実現されていないと言う相手の不誠実と当方の被害の程度を強調すること
　（3）約束を実行しないことは相手自身にとっても不利になることと理解させること
　（4）言葉遣いは相手の感情を傷付けるようなものを避けるべきであるが、相手にこちらの意図が十分伝わるようにすること
　（5）最終履行期限を明記し、その後の対処を書き添えること

三、例文

例文1　　　　　　　　　　船積み及び包装依頼

日本□□□□株式会社
□□□□様

前略　□月□日付ファクシミリで貴方が当方のＫＢ型トラック 30 台の発注をアクセプトして頂いたのを知りました。近日中に貴方へ発注確認書をお送りします。

　この取引は積出港本船渡し条件で、成約したものですから、必ず神戸港で貨物を当方の指定する船に積んで頂かねばなりません。船のスペースをブック出来次第、荷受け本船名を貴方に通知いたします。今後の指示については神戸港所在の当方の運送代理店□□□海運株式会社にご連絡ください。同社は従来から貴方が積み出される貨物のお世話をしており、信頼のおけるものと存じます。

　尚、トラックの一部部品は震動による破損の恐れがあります。必ず海上運送用の木箱で包装してくださるようお願いします。また、光沢のある金属部品には潤滑油を塗り途中で湿気を受けぬようにし、更に、気候が変わりやすい状況のもとで、この種の潤滑油が溶けて、流失することのないように十分ご配慮ください。

　上記の説明で十分おわかりいただけたことと存じますが、どうか引渡し貨物に問題が生じないよう十分ご配慮ください。

　　　　　　　　　　　　　　　　　　　　　　　　　　　　　　　　　　　　草々

第十四課　包装(パッケージ)

```
                                    中国□□□□公司
                                          □□□
                                        年　月　日
```

例文 2　　　　　　　　　破損商品再発送通知

日本□□□□株式会社
□□□□様

拝復　本月□日付でご返送のありました磁器製品を確かに受け取りました。貴社の磁器製品破損に伴う返送理由は、当方の荷作り不良によるものとのことでございました。
　しかし、当社は従来から磁器という壊れやすい商品を取扱っておりますので、発送商品の荷造りについては常に十分な配慮をいたしており、通常たとえ運搬途上において多少粗雑な扱いを受けても、製品そのものが損傷を受けることはございません。過去においても事故の発生は全くございませんでした。しかしながら、原因の遺憾に関わらず、今回の破損分につきましては、早速損傷の品に換わる製品を別途ご送付申し上げます。ご査収ください。

```
                                            敬具
                                    中国□□□□公司
                                          □□□
                                        年　月　日
```

例文 3　　　　　　　　　包装方法通知

日本□□□□株式会社
□□□□様

拝啓　常々格別のお引き立てに預かり厚くお礼申し上げます。
　今回の貨物の包装に就きましては、内装は一箱に十個入りとし、その二箱を一つの段ボール・ケースに詰め、グロス・ウエートは 10 キロと致したいと考えております。外装は段ボール・ケースに致しますのは、軽くて運搬に便利で、運送途中にほかの重い荷物と積み重ねるといった問題もないからです。木箱の場合、包装費・運賃が割高に成るため、十分考慮した上で、このような包装に致したいと考えるものです。もし、ご意見などがございましたら、急いでご指示くださるようお願いいたします。
　以上とりあえずご提案まで。

```
                                            敬具
                                    中国□□□□公司
                                          □□□
                                        年　月　日
```

第十四課　包　装（パッケージ）

例文4　　　　　　　　　包装改善依頼

中国□□□□公司
□□□様
前略　先刻お送りいただいた品物のサンプルを二箱受け取りました。貴公司の商品は品質の点は申し分がなく好評を博しております。しかしながら、貴公司の商品の包装は消費者には魅力に欠けているのではないかと存じます。ご承知のように商品の包装は消費者の購買欲を刺激するものでなければならなりません。今回送っていただいたサンプル品の紙箱は硬さと厚さが不十分で、変形しやすく、高級感に欠けるようです。更にデザインも、図柄、色遣いともに魅力に欠けるところがあるのではないかと存じます。
　当該商品は中国の伝統的文化を象徴する高級な工芸品ですから、包装・外観をもう少し工夫して高級感を出していただければ、大量に輸入したいと考えておりますので、何卒宜しくお願いいたします。
　まずは改善のおねがいまで。

　　　　　　　　　　　　　　　　　　　　　　　　　　　　　　　　　草々
　　　　　　　　　　　　　　　　　　　　　　　　　　　日本□□□□株式会社
　　　　　　　　　　　　　　　　　　　　　　　　　　　　　　　　□□□□
　　　　　　　　　　　　　　　　　　　　　　　　　　　　　年　　月　　日

例文5　　　　　　　　リファー・ナンバー添付依頼

日本□□□□株式会社
□□□□様
拝啓　常々格別のお引き立てに預かり厚くお礼申し上げます。
　最近、貴社よりカタログや資料など多数ご送付いただいておりますが、殆どの商品の番号が無記入でございます。これでは後々の検索に支障を来たします。そこで、提案でございますが、今後ご送付願います際には一連番号をお付け願いたく、この段宜しくお取り計らいくださいますようお願い申し上げます。
　以上とりあえずご提案まで。

　　　　　　　　　　　　　　　　　　　　　　　　　　　　　　　　　敬具
　　　　　　　　　　　　　　　　　　　　　　　　　　　中国□□□□公司
　　　　　　　　　　　　　　　　　　　　　　　　　　　　　　　　□□□
　　　　　　　　　　　　　　　　　　　　　　　　　　　　　年　　月　　日

例文6　　　　　　　　　　支払依頼

日本□□□□株式会社
□□□□様
前略
　さて、□月□日付でご用命（注文書NO. 15）を承りました。AB－50の商品代金□万円につきまして、これまで度々お支払をお願いして参りました。しかし、代金のお支払がないばかりか、何らのご連絡も頂いておりません。

第十四課　包　装(パッケージ)

　　お支払期限から 5 ヶ月以上が経過いたしておりますので、当社といたしましても資金繰りに非常に困難を来しております。
　　就きましては、来る□月□日までに、お支払いただきますようお願いいたします。万一、当日までにお支払がない場合は、しかるべき処置を講じざるを得なくなりますので、その点ご承知いただきますようお願い申し上げます。

草々
中国□□□□公司
□□□
年　月　日

四、通訳の練習

包　装

C（会社名）＿＿＿＿＿＿＿＿＿＿＿＿　（役職）＿＿＿＿＿＿＿＿＿＿＿＿
J（会社名）＿＿＿＿＿＿＿＿＿＿＿＿　（役職）＿＿＿＿＿＿＿＿＿＿＿＿
（営業部会議室で）

J　包装の方はどのようになりますか。

C　内装は紙箱で、1 箱 1 つずつ入れ、12 箱を 1 つの段ボール・ケースに詰めます。グロス・ウェートは 1 ケース 8 キロです。

J　外装は段ボール・ケースですか。

C　そうです。段ボール・ケースは軽くて運搬に便利ですし、重い荷物と一緒に重

第十四課　包　装(パッケージ)

　　　ねることもないので、安全だと思いますが。
J　木箱の方がいいんじゃありませんか。
C　それは勿論木箱の方がより安全だとは思いますが、包装のコストが高くなる上に、重量が重くなりますので、運賃が高くつきます。その上、船積みにも一週間ほど余計に日数がかかります。
J　そうですか。段ボールの箱には問題があるんですか。
C　特にご心配いただかなくてもこの商品は今までずっと段ボール・ケースの外装で出荷していますが、一度も問題を起こした事はありません。
J　今まで問題がなかったことは良く分かりましたが、ただ木箱に比べると段ボールの箱は丈夫ではありませんから、積み下ろしや運搬の時、ぶつかって商品が傷付くことがあるのではないかと思います。
C　それはご心配いただく必要ないと思います。ケースには発泡スチロールを緩衝材として取り付けてありますし、防水用のターボリング紙も内張りしてありますから。
J　そうですか。それならまあ問題はないでしょうね。
C　それに、運送用のマークの他に「取扱注意」のマークも付けようと思っております。包装につきましては以上でよろしいでしょうか。
J　外装につきましてはそれで結構ですが、内装の紙箱はちょっともの足りませんね。
C　何か、ご不満な点がございますか。
J　この内装のままで店頭に並ぶ訳ですから、もう少し消費者を引き付ける魅力のあるものにしていただきたいのですが、率直に申しまして、このままでは店頭に並べた時、他の商品に見劣りすると思います。
C　確かに包装費を節約しておりますので、簡素なものかとは思いますが、品質は他の商品より優れておりますし、決して他の商品に見劣りするとは思えませんが。
J　品質の点は申し分のないと思いますが、包装は平凡なものでなく、消費者の購買欲を刺激するようなものにしていただきたいのですが。
C　包装は購買欲をそそるものと言うことですが、どのような改善をご希望なのか、もう少し具体的にお教えいただきたいのですが。
J　紙箱はもう少し厚い紙を使っていただき、デザインをもう少し新しいものにして、色遣いを中国の伝統的な赤や黄色だけではなく、中間色も使っていただきたいんです。
C　包装のデザインは長年これを使用して参りましたので、急に変更すると言うのは難しいご注文ですね。
J　包装は商品の価値を高めるものですから、ぜひ考えていただきたいですね。私どもの手元に、いろいろな包装デザインのサンプルがありますので、よろしければご参考にしていただけませんか。明日にでもお持ちさせていただきます。
C　いい機会ですので、明日サンプルをいただきましたら、至急検討させていただきます。

第十四課　包　装（パッケージ）

J　今後、諸外国への輸出を増やして行かれるお考えでしたら、包装は重要なポイントになると思いますので、常に輸出相手国の包装事情について研究して、相手国の消費者の好みに合った包装に改善していかれた方がいいと思いますよ。どんな包装デザインが出来上がるか楽しみにしておりますよ。

C　今日は貴重なご意見をどうもありがとうございます。

J　恐れ入ります。では、失礼いたします。

新しい単語

パッケージ（package）③（名）	包装
リファー・ナンバー（refer number）④（名）	商品编号
賄賂（わいろ）①（名）	贿赂
貯蔵（ちょぞう）⓪（名）	储藏
荷印（にじるし）②（名）＝マーク(mark)①（名）	唛头、运输标记
裸荷（らに）⓪（名）	裸装货
散貨（さんか）⓪（名）	散货
緩衝包装（かんしょうほうそう）⑤（名）	防震包装
防錆包装（ぼうせいほうそう）⑤（名）	防锈包装
コンテナ（container）①③（名）	集装箱
パレット(pallet)①（名）	托盘
カートン・ボックス(carton box)⑤（名）	硬纸板箱
合板箱（ごうはんばこ）⑤（名）	三夹板箱
梱包（こんぽう）⓪（名）	捆包、捆行李
プレス梱包（press こんぽう）④（名）	紧压包
麻袋詰（あさぶくろづめ）⓪（名）	麻袋装
クラフト紙袋(kraft かみぶくろ)⑦（名）	牛皮纸袋
ポリエチレン袋（polyethylene ぶくろ）⑦（名）	乙烯袋
亜鉛引きドラム（あえんびき drum）⑥（名）	镀锌罐
樽詰（たるづめ）⓪（名）	桶装
ドラム缶(drum かん)⓪（名）	大型铁桶
大籠（おおかご）④（名）	大盖篮
蔓籠びん（つるかご〜）④（名）	外套柳条筐坛子
バラ積み（〜づみ）⓪（名）	散装
信頼失墜（しんらいしっつい）⓪（名）	失去信誉
背信行為（はいしんこうい）⑤（名）	违约行为
アクセプト(accept)③（名）	接受

第十四課　包　装（パッケージ）

ブック（book）①（名）　　　　　　　　　予定、预订
荷造り（にづく～）②（名）　　　　　　　包装（货物）、包捆
損傷（そんしょう）⓪（名）　　　　　　　损伤
段ボール・ケース（だんboard case）⑥（名）　瓦楞纸箱、硬纸板箱
グロス・ウェート（gross weight）④（名）　　总重、毛重
木箱（きばこ）①（名）　　　　　　　　　木箱
濡れ荷（ぬれに）⓪（名）　　　　　　　　受潮货物
査収する（さしゅう～）⓪（他サ）　　　　査收
代替品（だいたいひん）⓪（名）　　　　　替换品

五、練習問題

1. 本文の内容に基づいて、次の質問に答えなさい。
   (1) 日本へ商務訪問をする時どのようなことに注意すべきなのか。
   (2) 「小事は大事」とはどういう意味なのか。
   (3) 包装した商品にはどんなメリットが含まれるのか。
   (4) 包装の種類にはどんなものがあるのか。
   (5) 督促状はどのような場合に使われるのか。
   (6) 督促状を書く場合に、どのようなことに注意すべきなのか。

2. 本文の内容に基づいて、次の文の（　　）に正しいものを入れなさい。
   (1) 魅力のある（　　）に分かり易い商品の説明をつければ、（　　）が良くなり値段を上げることもできる。更に商品の宣伝効果も高まる。
   (2) 包装は品物の（　　）・（　　）を一定のものとして保証する。
   (3) 取引商談は値段・納期・決済などの交渉が済んでから、次は（　　）についての商談に入る。（　　）した商品は次のようなメリットがある。
   (4) 包装によって商品の運搬・積み下ろし・貯蓄・保存がしやすくなり、（　　）も下がる。

3. 本文の内容に基づいて、次の文の（　）に選択肢から正しいもの選んで入れなさい。
   (1) 包装方法には包装方式・内装・外装・容器の材質・（　　）などが含まれる。
   　　①裸荷　　　　②積荷　　　　　　　③荷揚げ　　　　④荷印
   (2) 一般に、（　　）・散貨と包装荷の三種類に分けられる。
   　　①梱包　　　　②裸荷　　　　　　　③積荷　　　　　④樽詰
   (3) 法律で契約通りに包装されていない商品を（　　）ても良いと規定している国もあるので、包装は契約の順調な履行のために効果的なものである。
   　　①受け取っ　　②受け取らないで　　③受け取ると　　④受け取らなく
   (4) 包装方法も必ず（　　）として契約書に明記する。
   　　①注文書　　　②請求書　　　　　　③要求　　　　　④約款
   (5) 国際取引をする場合、包装方法も交渉の重要一環で、交渉する時、内装、外装、

第十四課　包　装(パッケージ)

　　　容器、材質、包装費、（　　　　　）などについて慎重に商談しなさい。
　　　　① 納期　　　② 約款　　　③ 荷印　　　　　④ 決済
(6) 包装には一般三種類に分かれている、すなわち（　　　　　）、裸荷、散貨である。
　　　　① 集合包装　　② 包装荷　　③ 梱包　　　　④ 樽詰
(7) 督促文書は過去に行われた（　　　　）事項になどに対して、踏み込んで催促、問い合わせをし、取引相手に速やかに約束を果たすように催促する文書である
　　　　①商談　　　　②問い合わせ　　③承諾　　　　④引き合い

4. 本文の例文に基づいて、お互いに包装要求についてやり取りの文書を書きなさい。

5. 例文の一つを中国語に訳しなさい。

第十五課　抗　議

> 一、コラム：仇も情けもわが身より出る
> 二、抗議要旨と抗議文書作成要領
> 三、例文：1. 品質不良抗議
> 　　　　　2. 品質不良返品通知
> 　　　　　3. 代理販売商品乱売抗議
> 　　　　　4. 荷物数量不足分送付依頼
> 　　　　　5. 模造品販売抗議
> 　　　　　6. 支払減額抗議
> 四、通訳の練習：抗議

一、コラム

仇も情けもわが身より出る

　取引相手の行為に不満を感じ苦情を訴えざるを得なくなった場合に、如何に抗議するかについて常に苦慮するところです。中国では損をしたり、酷い目に遭ったりすると、率直に不満を漏らしたり、相手を責めたりする人が多いです。そのため、相手も負けずに言い返しすることも多いのです。口論の後で和解することはありますが、喧嘩になってしまうこともよくあります。

　日本人は「顔」を潰されるのを嫌う人が多いようです。日本では、相手を非難しようとする時、ずばりと言わずに遠まわしに言います。ずばりと相手を責めたりすると、相手の顔を潰し、相手の心を傷付けることになるので、直接的な言い方を避けるのです。従って反対意見を言う時には相手の「顔」を潰さないように遠まわしに自分の意見を相手に伝えた方がよいでしょう。

　日本では「仇も情けもわが身より出る」と言う諺があります。つまり、人から嫌われるのも愛されるのも日ごろの自分の心がけや行いの結果である、だから人に対して軽軽しい行動を控えて、過ちのないようにしなければなりません。ちょっとしたことで、すぐ我慢できなく怒ったり怒鳴ったりする人は、能力のない人と思われ、人に嫌われるから、相手の気持ちを無視してすぐに怒ったりする人は他人の「顔」を潰したと同時に自分の「顔」も潰しかねないのです。

第十五課　抗　議

　日本人の「顔」に対する意識を最も商売に旨く利用した人は誰よりも「花王」と言う石鹸会社を創立した長瀬氏だと言う評論があったそうです。なぜならば「花王」の発音は「顔」とよく似ているので、「花王」を批判することが会社の「顔」を潰すのと同じことなので、誰もこのようなことはしないから、「花王」が創立して以来、批判されることなくどんどん発展してきたのではないかといった考え方だそうです。

　そういうわけで、日本人と取り引きをする時、たとえ直接抗議したいことがあったり、相手の意見に不賛成だったりしても、なるべく相手の「顔」を潰さないような言い回しで、自分の意見を述べた方が、強烈な文句で直接批判するより遥かに効果が上がるでしょう。

二、抗議要旨と抗議文書作成要領

抗議要旨

　取引上の抗議とは取引契約を履行する際に相手の過ちで損失を受けた時、相手に苦情を訴え、相手の過失を指摘することである。ただし、抗議する目的は相手の間違った取引行為を正し、約款通りに履行してもらうことである。抗議は口頭抗議と書面抗議に分かれる。いずれにしても、今後の契約履行を正しく行なわせるためのものであり、相手の立場を考えた上で、こちらのやむを得ない事情を相手に分かってもらうために十分説得する必要がある。あまり強い口調で抗議すると、相手の「顔」を潰し、協力してもらえなくなる可能性もあるので注意を要する。

抗議文書作成要領

　抗議文書は相手の間違った取引行為に対して苦情を述べる文書である。これは相手の手違いによって損害や迷惑を受けた場合に、その善処を求める文書である。品違いや品不足、運送途中の破損などの際に用いられる。抗議文書を作成する目的は相手を責めることではなく、ある行為を促すためであることを忘れてはならない。従って、この種の文書を書く際に、下記の点に注意を払わなければならない。

　(1)十分調査・検討を行った上で苦情を述べ、主張を明確にすること
　(2)できるだけ問い合わせ、もしくは交渉という範囲に留めるべきであるが、やむを得ない事情のある場合は、はっきりと抗議をすること
　(3)相手側の過失であるのか、それとも故意にしたのかを区別すること
　(4)相手が感情的にならぬような言葉遣いに注意し、穏かな表現で事実を述べた上で抗議すること
　(5)抗議ができるだけその問題解決の糸口になるように配慮すること。
　なお、どのような場合においても、事実に基づいて理由を述べ、それによって相手を納得させるという気持が大切である。

例文1　　　　　　　　　　品質不良抗議

中国□□□□公司
□□□様
前略　誠に遺憾ながら、貴公司が今回デリバリーされた貨物の品質は、貴公司のこれまでの標準に及ばないことをご連絡いたします。本ロットは布の織りが荒くて、形が崩れやすくなっております。当社は本ロット及び以前の貨物の中から各カット・サンプルを取り、別便にてお送りしましたので、比べ合わせて両者の品質の違いをご覧いただく存じます。当社は従来貴公司より供給いただいた布の優れた品質に対して、これまでずっと信頼して参りましただけに、今回のロットの品質不良には、大変失望させられております。と申しますのは当社は本品を新しい客先に販売したからであります。当社はこれらを引き取らねばなりませんので、この問題解決に当り貴公司よりどのようなご協力をいただけるのか、大至急ご連絡くださるようお願い申し上げます。

草々
日本□□□□株式会社
□□□□
年　月　日

例文2　　　　　　　　　　品質不良返品通知

日本□□□□株式会社
□□□□様
前略　□月□日付の注文品は分割船積みにて全品受け取りました。しかし、検査の結果、其の品質はオファー・シートに記載された品質と合致しないのみならず、サンプルとも大きな差があり、これでは到底受け取ることができませんので、全て返品せざるを得ません。この商品について貴社が如何に処置されるのか、また、サンプルと同じ品質のものをご送付いただけるかどうか、至急ご返事くださるようお願いします。

草々
中国□□□□公司
□□□
年　月　日

第十五課　抗　議

例文3　　　　　　　　　代理販売商品乱売抗議

日本□□□□株式会社
□□□□様

前略　取り急ぎ用件のみ申し上げます。貴社が申し述べられております通り、当社は貴社の当地における最も古くからの販売代理店として、10年前より営業を致しております。貴社の発展と当地への展開に相当の貢献を致して参ったものと自認いたしており、その後貴社の発展とともに当地の特約店は3社に増えて参りましたが、この点につきまして、我々は理解を示しております。

　ただ、貴社はこの件に関し、もうこれ以上特約店は増やさない、また、他の商社には貴社の商品を販売させないと表明なさっておられ、もし違反したならば当社側にその旨申し立てる権利があり、交渉に応じる用意があると言明なさっておられました。

　然るに、最近当地の多くの商社が貴社商品を販売していることを発見いたしました。しかも価格は他の特約店よりも廉価であります。これでは当方の営業は全く受身となり、立ち行かなくなります。誠に遺憾でございます。

　つきましては、ご調査の上、早急に適切な対策を講じていただき、我々特約販売店の利益確保をお願いする次第であります。

草々
中国□□□□公司
□□□
年　月　日

例文4　　　　　　　　　荷物数量不足分送付依頼

中国□□□□公司
□□□様

前略　昨日日和丸は予定通り到着し、ご送付の手袋を受領いたしました。しかし、積載品を検査した結果、二箱がインボイスと合致せず、合計10ダースが不足しております。梱包ケースは破損しておりませんので、箱詰めの際に数量に誤りがあったものと思われます。従って、不足分を速やかに運賃貴公司負担にてご送付ください。

草々
日本□□□□株式会社
□□□□
年　月　日

第十五課　抗　議

例文5　　　　　　　　　　　模造品販売抗議

日本□□□□株式会社
□□□□様
拝啓　貴社益々ご繁栄のこととお喜び申し上げます。
　さて、最近当社の営業部員の調査によりますと、この度貴社よりご発売された紳士ダスター・コートは当社デザインによる紳士ダスター・コートとスタイルだけではなく、縫製手法におきましても酷似しております。
　当方にて比較いたしましたところ、双方の商品を一緒に並べて 3 メートルの距離から眺めますと、全く区別することはできません。これは明らかに当社ブランド製品の模造品であると考えます。
　この種の商法は当社の信用と利益を甚だしく損なうものであり、貴社が当件について適切に対処され、早急にご誠意ある措置を取られるようお願いします。尚、今後類似の事柄が引き続き発生した場合には、当社いたしましてはしかるべき手段により法的措置を講じる所存でございます。どうか十分ご考慮いただき、善処されますよう宜しくお願いいたします。

　　　　　　　　　　　　　　　　　　　　　　　　　　　　　　　　　敬具
　　　　　　　　　　　　　　　　　　　　　　　　　　　中国□□□□公司
　　　　　　　　　　　　　　　　　　　　　　　　　　　　　　　　□□□
　　　　　　　　　　　　　　　　　　　　　　　　　　　　　年　月　日

例文6　　　　　　　　　　　支払減額抗議

日本□□□□株式会社
□□□□様
拝啓　貴社益々ご清栄のこととお喜び申し上げます。
　さて、本月 20 日付貴社より前回当社とのお取引額□万元の貨物代金のご送金を受領いたしました。ところが、不可解なことにご送金額は□□万□千元しかございません。
　貴社が□千元差し引かれた理由は当社の納品が 2 日遅れたためであるとお伺いました。
　この 2 日遅れの原因は、当社の運送車両が出荷に際して突然故障したものであり、其の責任は当方にございます。しかしながら、本件は貴社の関係者も既にご了解済みであり、貴社との契約書の中にも、日時についての具体的なお取決めはございませんし、納期遅れに関する罰則に類する定めもございません。従いまして、貴社の商品代金差し引きについてはお受けいたしかねます。早急に差し引かれた代金をご送金願いますとともに、再度かかることのなきようお願い申し上げます。

　　　　　　　　　　　　　　　　　　　　　　　　　　　　　　　　　敬具
　　　　　　　　　　　　　　　　　　　　　　　　　　　中国□□□□公司
　　　　　　　　　　　　　　　　　　　　　　　　　　　　　　　　□□□
　　　　　　　　　　　　　　　　　　　　　　　　　　　　　年　月　日

第十五課　抗　議

四、通訳の練習

抗　議

C（会社名）＿＿＿＿＿＿＿＿＿＿（役職）＿＿＿＿＿＿＿＿＿＿
J（会社名）＿＿＿＿＿＿＿＿＿＿（役職）＿＿＿＿＿＿＿＿＿＿
（営業部会議室で）

C　もしもし、＿＿＿の＿＿＿＿ですが、＿＿＿さんはお出ででしょうか。
J　はい、＿＿＿＿ですが、いつもお世話になっております。
C　いいえ、こちらこそ、実は、先日注文いたしました貨物の件ですが、昨日朝日丸が到着し、受け取らせていただきました。
J　そうですか、お急ぎの荷物なので、期日に遅れないかと心配していましたが、予定通りに着いて本当に良かったです。
C　期日に間に合ったのはよかったんですが、積荷を検査いたしましたらインボイスと数が2箱合わず、合計20個不足していました。
J　え、そんなはずはないと思いますが、船積みの際には私も立ち合っておりましたので、数に間違いはないはずですが。
C　梱包ケースは破損していませんでしたので、中箱を詰める際に数え間違えたのではないかと思いますが。
J　中箱の梱包には立ち合っておりませんでしたので、私には良く分かりませんから、大至急担当者と確認いたしまして、折り返しお電話させていただきます。
C　じゃあ、お待ちしておりますので、遅くとも夕方5時までにお返事ください。

第十五課　抗　議

J　分かりました。では、又後ほどご連絡させていただきます。
C　失礼します。
　　（再度電話で）
J　もしもし、＿＿＿の＿＿＿＿ですが、＿＿＿＿さんはお出ででしょうか。
C　はい。＿＿＿＿ですが、いかがでしたか。
J　担当者に調べさせましたところ、どうやらこちらの方で出荷伝票の記載に誤りがあったようです。どうも大変ご迷惑をお掛けしまして誠に申し訳ありません。
C　そうですか。では、その不足分の２０箱は大至急にお送りいただけますか。
J　はい、こちらの手違いですので、費用はすべてこちらの負担で、大至急発送の手配をさせていただきます。来月中にはお手元に届くと思いますが、それでよろしいでしょうか。
C　それではちょっと遅すぎますね。私どもユーザーに約束しております納期は今月中ですので、何とかそれまでに届けていただけませんか。
J　そうですね。数も少ないことですから、航空貨物にして何とか今月中にお届けできるように努力して見ます。とにかく最善の努力はして見ますが。ひょっとすると２～３日来月に食い込むかもしれませんので、ご了承いただけませんか。
C　２～３日の遅れならこちらの方で何とかできますが、それ以上の遅れになりますとどうしようもありません。とにかく今月中に届くように何とか頑張ってもらえませんか。
J　分かりました。それでは今すぐ航空会社に掛け合いまして、そちらになるべくご迷惑のかからないようにさせていただきます。
C　では、商品の到着日が決まりましたら、すぐに連絡してください。空港や税関にも事前に連絡しておかなければなりませんので。
J　はい、承知いたしました。
C　よろしくお願いしますよ。では。
J　はい、失礼いたします。

新しい単語

乱売する（らんばい～）⓪（動）　　　　　　　　　甩卖、大贱卖
模造品（もぞうひん）⓪（名）　　　　　　　　　　仿制品
訴える（うった～）④（動）　　　　　　　　　　　投诉、申诉
長瀬（ながせ）①（名）　　　　　　　　　　　　　长濑
糸口（いとぐち）②（名）　　　　　　　　　　　　线索
留める（とど～）③（動）　　　　　　　　　　　　停留、挽留
カット・サンプル（cut sample）④（名）　　　　　剪样

第十五課　抗　議

比べ合わせる（くらべあわ～）⑥（動）	相比較
大至急（だいしきゅう）③（副）	特急、火速、火急
引き取る（ひきと～）③（動）	領回、拿回、退出
拒否（きょひ）①（名）	拒絶
合致する（がっち～）⓪（動）	一致
申し立てる（もうした～）⑤（動）	提出、主張
然るに（しか～）②（接）	可是
＝しかし	
受領する（じゅりょう～）⓪（動）	收到
罰則（ばっそく）⓪（名）	罰則
定め（さだ～）⓪（名）	規定
紳士ダスター・コート（しんし duster coat）①＋⑤（名）	男士风衣
酷似（こくじ）①（名）	酷似
損なう（そこ～）③（動）	損害、損伤
善処（ぜんしょ）①（名）	妥善処理
掛け合う（かけあ～）③（動）	交渉

五、練習問題

1. 本文の内容に基づいて、次の質問に答えなさい。
   (1)「仇も情けもわが身より出る」と言う諺は何を教えてくれたのか。
   (2)相手に抗議しようとする時、どのようなことに注意しなければならないのか。
   (3)なぜなるべく相手の顔を潰さないようにしたほうがいいのか。
   (4)我慢できない人は、日本でどのような人だと思われかねないのか。
   (5)取引上の抗議は普通、どんな形で行われるのか。
   (6)抗議文書を作成する場合にどんな点に注意すべきなのか。

2. 本文の内容に基づいて、次の文の（　）に正しいものを入れなさい。
   (1)抗議する目的は相手の間違った取引行為を（　）、約款通りに（　）してもらうことである。
   (2)取引上の抗議とは（　）を履行する際に相手の過ちで損失を（　）た時、相手に苦情を訴え、相手の過失を（　）することである。
   (3)抗議は（　）抗議と（　）抗議に分かれる。
   (4)抗議は今後の（　）を正しく行なわせるためのものである。

3. 本文の内容に基づいて、次の文の（　）に選択肢から正しいもの選んで入れなさい。
   (1)抗議文書は相手の間違った取引行為に対して（　）を述べる文書である。
   　①抗議　　　②証拠　　　③苦情　　　④照会

(2)抗議文書は相手の手違いによって損害や迷惑を受けた場合に、その（　　　）を求める文書である。
　①賠償　　　　　②証明　　　　　③承諾　　　　　④善処

(3)品違いや品不足、運送途中の破損などの際に用いられる。抗議文書を作成する目的は相手を（　　　）ことではない。
　①賠償　　　　　②責める　　　　③照会　　　　　④善処

(4)抗議文書を書く目的は相手の間違った（　　　）行為を正し、約款通りにりこうしてもらうことである。
　①取引　　　　　②商談　　　　　③引合　　　　　④契約

4．本文の例文に基づいて、お互いに抗議文書と回答文書を書きなさい。

5．例文の一つを中国語に訳しなさい。

第十六課　クレーム

```
一、コラム：挨拶は時の氏神
二、クレーム要旨とクレーム文書・詫び状作成要領
三、例文：1. 損害賠償請求
        2. クレーム
        3. クレーム受諾通知
        4. クレーム回答（断り）
        5. クレーム回答（お詫び）
        6. 輸入車使用後のクレーム
四、通訳の練習：クレーム
```

一、コラム

挨拶は時の氏神

　日本には「挨拶は時の氏神」という諺があります。ここでいう「挨拶」は仲裁（争っている両者の間に入って仲直りをさせる）の意です。即ち、喧嘩や言い争いの仲裁をしてくれる人があったら、ちょうど好い時に氏神が現れて、救いの手を差し伸べてくれたのはありがたいと考え、感謝の気持を持ってその仲裁に従うのがよいのです。いわば、クレームというような事件が生じた場合に、両者とも仲裁機構の指示に従って行動するほうがいいのです。

　その他に、日本には「石の上にも三年」という諺があります。この諺は親が子供を戒める時、よく使われるそうです。冷え冷えとした石の上でも、三年も続けて座っていれば自然に温かみを感ずるようになるということから、どんなに辛くてもずっと我慢して根気強く続けていれば必ず良いことがあるという意味で使われています。

　日本では人々が「忍耐」することによって集団や社会全体の「和」を保っていると言われています。日本人の「忍耐」に対する考え方を理解して適切な措置を取れば、トラブルやクレームなどの問題の解決は簡単になるかもしれません。

　日本は生存競争の激しい社会ですが、集団意識の強い「和」を強調する社会でもあります。従って、集団に同調する人が好まれ、信頼されます。もし、我侭で、周囲のことに構わず、好き勝手にしていたら、自分の仕事に協力してもらえなくなるどころか、普段の生活さえも難しくなります。

第十六課　クレーム

　中国旅行をする日本人の中に子供へのお土産に「忍」という文字を書いた掛け軸を買って帰る父親達の姿を時々見かけます。これを見た中国人はきっと不思議に思うでしょう。しかし日本では、常に「忍耐」の意味を理解し、周囲との「和」を保ち、自分を丸く収めて生きていけば、厄介なことに出会うことなくスムーズに生活していけるという気持が「忍」という掛け軸に込められているので、父親達はその掛け軸を買って帰るのでしょう。これは子供の幸せへの期待と祈りを込めたお土産と言えるでしょう。

　又、日本では「忍耐」できず、すぐに怒ったりする人は弱い人間であり、頼りにならない人と思われがちですから、少々気に入らないことがあったり、少々同意できないことがあったりしても、日本人はあまり表立っていらいらしたり、怒ったりしません。取り引きの拡大や発展の為に日本人の「忍耐」と言う意識をよく理解し、「和」の裏に潜んでいる本当の意図や動きを把握すれば、クレームなどの問題もうまく解決できるし、取り引きも末永く続けられることでしょう。

二、クレーム要旨とクレーム文書・詫び状作成要領

クレーム要旨

　クレームは貿易取引においてトラブルが発生した時に行なうもので、損害賠償とも言う。国際貿易の場合、契約を履行するまでの時間が長い上に関係部門が多く、ビジネス手続きも複雑なため、商品の生産・買取・運送や資金調達などの面で誤りが生ずると、契約の履行に影響を与える。又、国際相場や国際政治などの情勢の変化により、当事者に不利になった時、当事者が契約の義務を履行しない、又は、その一部を履行しない事も起こり得る。その場合、契約の義務を履行しないということは法律上では違約と言うことになり、相手の権利を侵害することになる。

　違約した当事者は法律の責任を負わなければならず、損害を受けた当事者は相手に損害賠償を請求する場合がある。しかし、国によって違約行為の分類も異なる。従って、わが国の利益と権利を守るために、契約する際にはわが国の法律と国際商習慣に基づいたクレーム条件を契約書に書き入れるべきである。

　一般に、損失を受け、クレームを提起することは「求償」、クレームを処理し損失を補填することは「賠償」という。

　クレームが提起されたら、その処理方法には一般に三つある。一番望ましいのは「和解」、つまり話し合いによって解決する方法である。又、クレームを提起する方が契約通りに履行する。最も難しいのがクレームの処理を拒絶する場合である。両者が共に受け入れられる処理方法がなければ仲裁によって解決することになる。

　相手の落ち度で損害を被ったためクレームを提起する際には、必ず契約書に基づいて相手が違約した問題点を解決すべき事をはっきり指摘し、説得力のある証拠を提供して、相手を傷付けないような口調で賠償を請求すべきである。

　相手方からクレームが提起されたときは内容をよく検討して適切な処置をとるべきである。確実に自分側の誤りによるものであれば、素直に認めて詫びると同時に誠意を持って解決に協力すべきである。もし、こちらの原因でなければ、相手に分かり易く拒絶理由

を述べて、その根拠を見せ、相手が納得するまで根気強く説得すべきである。

クレーム文書作成要領

　クレーム文書の作成における注意点は抗議文と同様である。ただし、国際貿易上におけるクレームは提出する根拠・クレーム期限及びクレーム金額の取り決めが重要である。根拠不足や期限不明或いは期限超過などはクレーム拒絶理由となる。従って、契約の際、クレーム期限をはっきり記入し、損失が生じたらクレーム発生の経緯、損失の金額及び関係部門が提出した鑑定証明などの書類を添えて提出すべきである。損害賠償請求も損失補填もいずれも企業や国家の利益と信用に関わることであるから、法律や国際貿易商習慣に基づいて真剣に対応すべきである。

詫び状作成要領

　詫び状とは督促や抗議状に対して、こちらの過失を認め、相手に対して、お詫びの気持を表すための文書である。自分の過ちにより、相手に迷惑を掛けたのであるから、この種の文書を書く時には先ず誠実に過ちを認める態度が必要となる。作成に当たっては次の点に注意しなければならない。
　（1）　過ちを覆い隠すような言い方をせず、心から必ず率直に自分の過ちを認めて謝ること
　（2）　原因を明らかにし、同様な問題が再度しないように努めること
　（3）　指摘された事への対処を期限とともに明記すること

三、例文

例文1　　　　　　　　　　損害賠償請求

日本□□□□株式会社
□□□□様
前略　当公司は昨年から輸入した「□□」のトラックFC165 五十台は昨年の1月から10月にかけて次々と到着しましたが、使用して半年足らずでブレーキ不良、タイヤのパンク、フロントガラスのひび割れ、ばね鋼板の亀裂発生、運転台天井にひびが入るなどのトラブルが続出しました。
　今年3月には運転中のパンクによる死亡事故も発生しました。
　中国検査部門などと関係の専門家が検査した結果、これらの品質問題の多くは設計不良によるものと判明いたしました。「□□」のトラックに重大な品質問題があったため、当方のユーザーは大きな損害賠償を被りましたので、当公司は□□自動車株式会社に対して損害賠償を請求せざるを得ないと考えております。

第十六課　クレーム

　検査資料を同封させていただきますので、早急に貴社のお考えをお教えくださるようお願いします。

草々

中国□□□□公司

□□□

年　月　日

例文2　　　　　　　　　　　クレーム

日本□□□□株式会社
□□□□様

前略　□月□日上海港に入港した出雲丸にてお送りいただいた□□を当地中国検験局に依頼して検査したところ、不良品が多数出ております。これは契約書第十条の取決めに反するものであります。また、梱包の破損したものが約300袋あり、計2000キロの損失が発生しております。クラフト紙袋を調べると大抵三重か四重しかなく、明らかに包装不良により破損したもので、当方はクレームを提出せざるを得ない次第であります。

　この度の問題についてご善処くださるとともに、今後再びこのような事故が起こらないように改善処置を講じてくださるようお願い申し上げます。

　つきましては、上記のクレームに関して、至急お返事くださるようお願い申し上げます。

　まずは取り急ぎお知らせまで。

草々

中国□□□□公司

□□□

年　月　日

例文3　　　　　　　　　　クレーム受諾通知

日本□□□□株式会社
□□□□様

拝啓　貴社□月□日付のクレーム書簡並びに添付の商品検査証ともに拝受致しました。

　貴社のご提起になった□□号契約の大豆の出荷量不足の件につきましては、当社にて真剣にチェックいたしましたところ、本件は確かに当社側の責任であることが判明致しました。誠に申し訳なく、謹んでお詫び申し上げます。

　当社では不足分については運賃当社負担にて至急出荷させていただきますので、着荷致しました折にはご連絡いただきたくお願申し上げます。

敬具

中国□□□□公司

□□□

年　月　日

例文4　　　　　　　　　クレーム回答（断り）

日本□□□□株式会社
□□□□様
前略　貴社□月□日付文書拝承いたしました。それによりますと、貴社が□□□丸にて受け取られた綿製品にカビが発生し、変質した件について当社に対してクレームを申し立てていらっしゃいますが、当社としては誠に意外なことであります。

　と申しますのは、当社船積み時に、全ての貨物が貴社の技術者立会いの上行われた品質検査に合格しております。従いましては、貴社が引き取られたカビの発生した変質貨物につきましては、実質的に当社とは無関係となって、以後に発生したものと考えられます。従って、本件は明らかに当社が責任を負うべきものではございません。

　本件につきましても、このニュースに接した当方といたしましては誠に残念であり、もし、必要とされるなら貴社の本件調査処置にご協力申し上げる所存であります。

草々
中国□□□□公司
□□□
年　月　日

例文5　　　　　　　　　クレーム回答（お詫び）

日本□□□□株式会社
□□□□様
拝復　毎度、格別のご協力を賜り厚くお礼申し上げます。

　さて、□月□日付ご書状拝見いたしました。この度は大変ご迷惑をお掛けして、誠に申し訳ございませんでした。関係メーカーに対しては、ご書状に基づいて詳細な調査を致しました。さまざまな問題はございますが、本件のクレーム金額を貴公司の要求どおりお支払申し上げますとともに今後再びこのような事故が起こらないよう十分注意してまいる所存ですので、今後ともよろしくお願い申し上げます。

　まずはご連絡まで。

敬具
中国□□□□公司
□□□
年　月　日

第十六課　クレーム

例文6　　　　　　　　輸入車使用後のクレーム

日本□□□株式会社
　□□□□様
前略　昨年第四半期以来、当方が貴社から注文したFP148型トラックは、使用をはじめてから、僅か数ヶ月で、シャーシーに亀裂が入るなどの重大な問題が続々発見され、ユーザーから返品と損害賠償を強く求められています。
　□□運輸会社が購入したFP１４８型トラック三十二台はそれぞれ昨年十二月と今年四月に使用を開始しましたが、ギヤーボックスの歯車の脱落及び電気系統の故障が数多く発生しました。
　同公司ではこれらのトラックが使用不能となったため、重大な損害を受けました。このため、当方が被った損害を補填していただきたく、契約書□□条に基づいて総額の５０％計□□万元を補償金として我が公司にご送付いただくようお願いいたします。
　今後、再びこのようなことが起きないようにしていただきたく存じます。

　　　　　　　　　　　　　　　　　　　　　　　　　　草々
　　　　　　　　　　　　　　　　　　　　　中国□□□□公司
　　　　　　　　　　　　　　　　　　　　　　　　　□□□
　　　　　　　　　　　　　　　　　　　　　　　年　月　日

四、通訳の練習

クレーム

C（会社名）＿＿＿＿＿＿＿＿＿＿＿＿＿＿（役職）＿＿＿＿＿＿＿＿＿＿＿＿＿＿
J（会社名）＿＿＿＿＿＿＿＿＿＿＿＿＿＿（役職）＿＿＿＿＿＿＿＿＿＿＿＿＿＿
（営業部会議室で）

C　さっそく要件に入らせていただいて、よろしいでしょうか。

J　はい。このたびは当方の手違いで、貨物の到着が遅れ、大変ご迷惑をおかけいたしました。誠に申し訳ございません。深くお詫びさせていただきます。

C　起こってしまったことは仕方ありませんので、当方としては、とにかくこの件が円滑に解決できればと思っております。

J　はい。私どももできるだけ円満に解決させていただき、今後も引き続きお取り引きさせていただきたいと思いまして、本日お伺いさせていただいたわけでございます。

C　ご存じの通り、先般契約の際5月中の船積みとなっておりました貨物が1ヶ月も遅れて、6月末になり本当に困りました。

J　誠に申し訳ありません。弁解の余地はございませんが、ただ、今回のことは当方の故意ではなく、やむを得ない理由で起こったことだけはどうぞご理解ください。

C　やむを得ない事と言いますと。

J　実はメーカーの機械が故障しまして、予定通りの出荷ができなくなりました。

C　事情はいろいろおありなのでしょうが、遅れが1ヶ月となりますと影響も大きく、私ども発注者にかなりの迷惑をかけてしまいました。

J　勿論積み遅れは私どもの責任ですが、出荷督促状をいただいてから取り急ぎ6月初めに船積みできるように準備いたしましたが、そちらの配船の都合もありまして予定より1ヶ月も遅れることになってしまったのです。

C　これは、そちらの積み遅れのため、5月末の定期船を外してしまい、その後船会社の方にこちらから無理を言ってやっと6月末の船に積み込めたんですよ。

J　それはよく承知しております。とにかく当方の手落ちから起こった事ですので、深く反省し、今後二度と同じような事が起こらないように注意致します。つきましては、今後の取り引きにおきまして何らかの形で補填させていただきたいと思っております。

C　何らかの形で補填すると言われましても、問題はそんな簡単なことではありません。私どもの発注者は1ヶ月の不足分を補填するため、高値で他社から既に購入しておりまして、その補填につきまして、この書類の通り貴社に要求しております。違約金を支払わなければならない上に、当社の信用も大きく損なわれておりますので、クレームを出さざるを得ません。ご理解いただけましたでしょうか。

J　それでは致し方ありませんね。賠償額はどの程度の金額をお考えなのでしょうか。

C　発注先の補償金・違約金・金利・銀行手数料などの合計になりますが、長年のお

第十六課　クレーム

付き合いがございますので、これを考慮に入れてできる限り最少額に抑えて算定いたしております。これが私どもの算定金額です。どうぞ、ご覧ください。
J　はい、分かりましたがかなりの額ですので、本社の方とも至急協議いたしますので、少々お時間をいただけますか。それと、この発注先の補填金についてですが請求書のコピーを頂けると有り難いのですが。
C　承知しました。暫くお待ちください。
J　こちらが私どもの算定書で、これが発注先の請求書のコピーです。今後のお取り引きのこともありますので、なるべく早くこの問題を解決していただくように、よろしくお願いします。
C　承知いたしました。私どもも、この問題が今後の取り引きに影響しないよう最善を尽くしたいと考えておりますので、どうぞよろしくお願いいたします。

新しい単語

掛け軸（かけじく）② （名）	挂轴画
生存競争（せいぞんきょうそう）⑤ （名）	生存竞争
厄介（やっかい）① （形動）	麻烦的、棘手的
潜む（ひそ～）② （動）	隐藏、潜藏
損害賠償（そんがいばいしょう）⑤ （名）	赔偿损失、理赔
資金調達（しきんちょうたつ）④ （名）	筹措资金
求償（きゅうしょう）⓪ （名）	索赔
補填する（ほてん～）⓪ （名）	填补、弥补
落ち度（おちど）① （名）	失误
覆い隠す（おおいかく～）⑤ （動）	隐藏
ブレーキ（brake）② （名）	制动器、闸
パンク（puncture）① （名）	爆破、爆胎
フロントガラス（frontglass）⑤ （名）	汽车挡风玻璃
ひび⓪ （名）	裂痕、缝隙
亀裂（きれつ）⓪ （名）	龟裂、裂纹
ばね鋼板（～こうばん）③ （名）	弹簧钢板
出雲丸（いずもまる）③ （名）	出云号
三重（さんじゅう）⓪ （名）	三层
四重（よんじゅう）⓪ （名）	四层
目不足（めぶそく）② （名）	量不足
出荷（しゅっか）⓪ （名）	发货
着荷（ちゃくに）⓪ （名）	到达的货

第十六課　クレーム

シャーシー（chassis）①（名）　　　　　　　　汽车底盘
ギヤボックス（gear box）③（名）　　　　　　齿轮箱
歯車（はぐるま）②（名）　　　　　　　　　　齿轮

五、練習問題

1. 本文の内容に基づいて、次の質問に答えなさい。
   (1)「石の上にも三年」という諺から何を勉強したのか。
   (2) 日本のある父親はなぜお土産に「忍」という掛け軸を買って子供に上げたのか。
   (3) クレームはどんなときに行われる行為なのか。
   (4) クレームの解決方法にはいくつの案があるのか。
   (5) 相手にクレームを提出されたらどのように対応すべきなのか。

2. 本文の内容に基づいて、次の文の（　）に正しいものを入れなさい。
   (1) 契約の義務を履行しないということは法律上では（　　）と言うことになり、相手の（　　）を侵害することになる。
   (2) 違約した（　　）は法律の責任を負わなければならならず、損害を受けた（　　）は相手に損害賠償を請求する場合がある。
   (3) 国際相場や国際政治などの情勢の変化により、（　　）に不利になった時、（　　）が契約の義務を履行しない、又は、その一部を履行しない事も起こり得る。
   (4) クレームは貿易取引において（　　）が発生した時に行われるものである。
   (5) 国際貿易の場合、契約を履行するまでの時間が長い上に関係部門が多く、ビジネス手続きも複雑なため、商品の（　　）・（　　）・（　　）や資金調達などの面で誤りが生じ易い。
   (6) 国際貿易上におけるクレームは提出する（　　）クレーム（　　）及びクレーム（　　）の取り決めが重要である。

3. 本文の内容に基づいて、次の文の（　）に選択肢から正しいもの選んで入れなさい。
   (1) 損失を受け、クレームを提起することは（　　）、クレームを処理し損失を補填することは（　　）という。
   　①「被害」「加害」　　　　　　②「賠償」「求償」
   　③「加害」「被害」　　　　　　④「求償」「賠償」
   (2) わが国の利益と権利を守るために、契約する際にはわが国の法律と（　　）に基づいたクレーム条件を契約書に書き入れるべきである。
   　①中国商習慣　　　　　　　　　②アジア商習慣
   　③国際法律　　　　　　　　　　④国際商習慣
   (3) 国によっては違約行為の（　　）も異なる。
   　①性質　　　②被害　　　③賠償　　　④分類

(4) クレームが提起されたら、その処理方法には一般に（　　　）ある。
　　①五つ　　　　　　②二つ　　　　　　③三つ　　　　　　④四つ
(5) 一番望ましいのは（　　　）、つまり話し合いによって解決する方法である。
　　①裁判　　　　　　②求償　　　　　　③「和解」　　　　④賠償
(6) クレームとは損害賠償とも言うが、当事者は契約の（　　　）を履行しない時、また、一部履行しない時、損害を受けた方は相手にクレームを請求する（　　　）がある。
　　①権利、義務　　　②義務、権利　　　③義務、責任　　　④責任、権利
(7) クレーム文書を作成における注意点がいくつあるが、提出する根拠、クレーム期限、及びクレーム金額の（　　　）が重要である。
　　①決裁　　　　　　②義務　　　　　　③時間　　　　　　④取り決め
(8) （　　　）不足や期限不明或いは期限超過などはクレーム拒絶理由となる。
　　①根拠　　　　　　②金額　　　　　　③書類　　　　　　④規制

4．本文の例文に基づいて、お互いにクレーム提出書類とその回答文書を書きなさい。

5．例文の一つを中国語に訳しなさい。

第十七課　保　険

```
一、コラム：旅は道連れ、世は情け
二、保険要旨と保険証券・見舞い状・悔やみ状作成要領
三、例文：1. 保険料率通知
         2. 付保方法回答
         3. 保険問合せ回答
         4. 地震見舞い
         5. 損害賠償請求代行依頼
         6. 社長逝去お悔やみ状
四、通訳の練習：保険条件
```

一、コラム

旅は道連れ、世は情け

　日本には「旅は道連れ、世は情け」と言う諺があります。この諺には日本人の「恩と義理」に対する考え方が含まれていると言われています。世の中で暮らしていくには、互いに思いやりの心を持つことが大切です。日本では、年末やお盆のシーズンになると、デパートや商店はお歳暮やお中元の商品の買い物客で大変賑わっています。お歳暮とお中元は普段お世話になった方へお礼の印に贈るものです。その他にも多くの日本人は毎年欠かさずに恩師・友人・取引先などへお正月の年賀状や夏の暑中見舞い・冬の寒中見舞いなどの手紙や葉書を出します。そのため、このような時期になると郵便局や宅配便会社はとても忙しくなります。

　これらの古くからの習慣が、今でも盛んに行なわれているのは日本人の心に根差した「恩と義理」意識の反映だと言えるでしょう。一種の人事関係保証への投資とも言えましょう。

　又、2月14日のバレンタインデーに女の子たちはみなチョコレートを沢山買います。勿論、彼女たちに沢山ボーイフレンドがいる訳ではありませんし、これらを全部一人の恋人に上げるわけでもありません。実はこれらのチョコレートの殆どは義理チョコと呼ばれているものです。恋人に贈る本当の愛を表すチョコレートはたった1つだけなのです。義理チョコは普段お世話になった男の人に送る、お礼の印に過ぎず、決して本当の愛を表すものではありません。

このように、日本人は少しでも助けてもらったりお土産をもらったりしたら、機会を見つけてお礼やお返しをします。本来、日本は人間関係を重んじる社会ですから、人間関係のネットワークを広げていくことが重要なので、ビジネスマンの世界ではより一層「恩と義理」の意識を大切にしています。
　このような日本人の「恩と義理」に対する意識を理解して、いつも「恩と義理」に基づく習慣を大切にしていけば、取り引きはきっとうまくいくでしょう。

二、保険要旨と保険証券・見舞い状・悔やみ状作成要領

保険要旨

　保険とは付保者が保険契約に基づいて保険人に保険料金を支払い、保険人が約款に規定された事故による付保者の財産などの損失を賠償するものである。保険は保険物によって、主に財産保険・責任保険・信用保険・生命保険の四つに分かれる。中国人民保険公司は、海運・陸運・空運・郵送の貨物に対し保険を引き受けている。
　国際物品取り引きの場合、国際物品運輸保険を必ずかける。これは財産保険に属するもので、品物が売り手の手元から離れ買い手の手元に届くまでの運送や積み下ろし・保管の過程で、損失を受けた場合に賠償してもらうためのものである。
　国際貿易においては、海運貨物保険の利用が多く、現在、主に使われている海上保険条項には中国保険条項〔CIC〕とロンドン保険協会保険条項（ICC）の二種がある。中国で貨物運輸保険に付保する場合、一般に中国保険条項（CIC）に従うが、付保者の希望によってロンドン保険協会の保険条項（ICC）に基づく場合もある。
　中国で海洋運輸貨物保険としてはよく利用されるのはFPA（分損不担保/単独海損不担保）・WPA（単独海損担保/分損担保）とAR（オール・リスク、即：全危険担保）の三種である。その他に、普通の付加保険の上に、六種の特別付加保険と二種の付加保険担保のWR（戦争危険）とSR（ストライキ危険）があり、これらの保険を追加してかける場合には割増し料金が必要である。
　FPAとWPAは次のような危険を担保しない。それは破損・盗難・抜け荷・不着・鼠食い・虫食い・雨濡れ・漏損・曲損・手駒などである。
　AR担保は、保険物の滅失または損害の全ての危険を担保する。即ち、FPAやWPAと１１種の付加保険は全て含まれる。ただし、貨物の固有の瑕疵及び品質・遅延・被保険者の故意・戦争危険とストライキ危険などは補填しない。
　輸出入ビジネスの際の保険に関する仕事は、保険条項の選択、保険金額の取り決め、付保人の取決め（即ち付保の手続きと保険料の支払い）、保険証書の手続きと保険賠償金の受け取りなどが含まれる。
　(1)保険条項の選択：取引双方で決めるが中国で付保する場合、多くはCIC条項に基づいて、貨物の内容・包装・運搬方式などによって保険種類を選ぶ。
　(2)付保者の取り決め：付保者や保険負担の取り決めは貨物売買契約の価格条件によっ

て決める。

　『1990年国際貿易述語通則』によると、一般にEXW・FCA・FSA・FOB・CFRで契約する場合は買手が付保の手続きをする。それに対して、CIF・CPA・CIP・DAF・DES・DEQ・DDU・DDPで契約する場合は売手が付保の手続きをする。

　(3)保険金額：これは保険人が付保者に支払う最高保険金額のことで、保険物の価値によって決まる。ただし、中国の『海商法』に「保険金額は保険人と付保者との契約で決める。保険金額は保険物の価値を越える部分は無効となる」と規定されている。一般にCIFやCIPのインボイス金額の110％ぐらいである。

　(4)保険賠償金請求：その手続きをする際、以下の書類が必要となる。

　　①保険証券　②運搬契約（船荷証券）③インボイス　④パッキング・リスト⑤運輸業者などへの賠償請求書　⑥貨物の破損と不足の証明書（運輸業者が署名したもの）　⑦クレーム・リスト　⑧検査部門の検験報告書　⑨海難報告書（船長が書くもの）。（ブローカが代行する場合には代理委任状も必要である。）

保険証券作成要領

　保険条件を約款として契約書に記入すると、次は保険証券作成作業に入る。保険証券には項目が多数あるので、1つ間違うと、いざと言う時に保険契約が無効となり、規定通りに保険金がもらえない恐れがあるので、以下の点に注意して作成する必要がある。

　(1)正しい保険の種類を選定すること
　(2)1つ1つの項目を確認してから記入すること
　(3)記入漏れのないように書き終わってから、再度確認すること
　(4)日付や金額の数字及び専門用語を間違えないように記入すること
　(5)保険証券はクレーム申請の根拠になるので大切に保管すること

見舞い状作成要領

　見舞い状は突発的に発生した火事・地震・災害や思いがけない病気怪我などに遭遇して取り引き相手を励まし慰めるための文書である。又、時候の挨拶状を見舞い状に含める場合もある。

　この種の文書はできるだけ旧態依然とした形式的な紋切り型文言を使うことは避け、直接的に心情を吐露するようにしたいものである。形式としては主に次の三つの部分からなる。

　(1)災害・疾病・逝去を知ったことについて
　(2)その災害・病気などの様子を気遣う自分の心情表明について
　(3)相手に対する励まし・慰めについて

　注意すべきことは正確な情報に基づいて書くことと、タイミングを逃さないことである。又、見舞い状や挨拶状は謹んでその真摯な心情を示すものであるから、文末に「草草」や「匆匆」等を使用するのは避けるべきである。又、時間的に遅くなってしまったお見舞い状の場合は、文面の最初にその遅くなった理由を率直に弁明しておくことが望ましい。

第十七課　保　険

悔やみ状作成要領

　　悔やみ状は取引先などの関係者がなくなった場合、なくなった方の冥福をお祈り、遺族へのお悔やみと励ましの言葉を述べる文書である。一般に冒頭語は省き、前文の挨拶も省略し、結び語は「合掌」または「敬具」とする。又、忌み言葉は避け、手書きで作成する。この場合の忌み言葉は「返す・またまた・重ねて」等、不幸が続くことを連想させる言葉である。

　　作成要領として次の点に注意しなければならない。
　　(1) 純白の用紙に、薄墨で書くこと
　　(2) 悲しみを率直に述べること
　　(3) 故人を偲ぶ言葉を添えること
　　(4) 遺族・関係者への慰めと励ましの言葉を添えること

三、例文

例文 1　　　　　　　　　保険料率通知
日本□□□□□株式会社
□□□□様
　拝啓　初夏の候、ご健勝のこととお喜び申し上げます。□月□日付ご書状を拝受致しました。貴社が上海で船積みし、横浜に輸送する磁器について当公司の保険を利用されるよう希望されていることを伺い嬉しく存じます。
　このことにつきましては、わが社の海上貨物保険条項と海上貨物戦争保険条項の規定に基づき、戦争保険を含む上記貨物のオール・リスクをお引き受けする場合の現行保険料率は0．5％です。ここに上記約款を添付いたしておきますのでご参照ください。
　貴社がこの料率にご同意の場合は、船積み貨物の詳細な状況をＦＡＸにてお知らせください。それに基づき保険証券を発行いたします。
　早急にご返事くださるようお願い申し上げます。

　　　　　　　　　　　　　　　　　　　　　　　　　　　　　　　　敬具
　　　　　　　　　　　　　　　　　　　　　　　　　　　中国□□□□□公司
　　　　　　　　　　　　　　　　　　　　　　　　　　　　　　　　□□□
　　　　　　　　　　　　　　　　　　　　　　　　　　　　　　年　月　日

例文 2　　　　　　　　　付保方法回答
日本□□□□□株式会社
□□□□様
　拝啓　初夏の候ますますご盛栄のことと慶賀に存じます。
　貴社□月□日付ご紹介文書を拝受致しました。ここに回答申し上げます。我が国の対外貿易公司が輸出貨物のオファー方法を変更いたしましたことお申し出の通りです。我

が国の輸出商品を買い付ける場合、購入契約書を締結すると同時に、相手国の輸入商社は保険について任意に条件を決定することができます。即ち、日本或いは中国のどちらで、貨物保険をかけることも可能です。このような場合、現地の輸出公司が貴方のご要求通り当公司で保険をかけることになります。

　なお、貴方が上記の内容を貴社ご関係の顧客にお伝えいただければ幸いです。

敬具
中国□□□□□公司
□□□
年　月　日

例文3　　　　　　　　　　保険問合せ回答

日本□□□□□株式会社
□□□□様

拝復　紅葉の候　貴社いよいよご隆昌のことと慶賀に存じます。

　さて、貴社□月□日付保険に関するお問合せにつきまして、以下の通り回答申し上げます。

　オール・リスク：客先から明確な要求がない場合、我々は一般に単独海損担保（WPA）とウォー・リスク（WR）をかけます。もし貴社がウォー・リスクをかけたいと希望されるなら、かけることができますが保険料率が少し高くなります。

　ブレーゲージ：これは一種の特別保険であり、割増料金が必要です。現在料率は0．5％です。損害については5％を超過した部分のみを賠償いたします。

　付保貨物価額：我々は貴社がインボイス金額の１１０％の保険金額で、付保したいと希望されていることを承知し、当社で現在手続き中であります。

　以上の説明で、貴社のご理解をいただけたものと存じます。お返事をお待ちしております。

敬具
中国□□□□□公司
総経理□□□
年　月　日

例文4　　　　　　　　　　地震見舞い

日本□□□□□株式会社
□□□□社長並びに社員の皆様

拝啓　先ほどのニュースによりますと貴地は地震に見舞われ、死傷者が多数出て、多くの家屋が倒壊し、交通機関は一部途絶とのこと、心からお案じ申し上げております。

　貴社がご無事であることをお祈りしております。もし、弊社にできることがございましたら何なりとご遠慮なくお申し付けください。できる限りのご協力を申し上げるところでございます。

第十七課　保　険

以上とりあえず書中をもってお見舞い申し上げます。

　　　　　　　　　　　　　　　　　　　　　　　　　　　敬具
　　　　　　　　　　　　　　　　　　　　　　　　中国□□□□□公司
　　　　　　　　　　　　　　　　　　　　　　　　　　総経理□□□
　　　　　　　　　　　　　　　　　　　　　　　　　　　年　月　日

例文5　　　　　　　　　　　損害賠償請求代行依頼

日本□□□□□株式会社
□□□□様
拝啓　新春の候、貴社ますます御繁栄のこととお喜び申し上げ下さい。
　□月□日上海入港の青山丸よりに揚げされた貨物の中2梱包の側面に割れ目のあるものを1ケース発見いたしました。つきましては、船会社代理人立会いの下に上海商品検験局のサーベーヤに開梱検査をしていただきました。インボイスの記載によりますとそのケースには「富士」ブランドのデジタルカメラ20台が入っておりましたが、そのうち8台が酷く破損しておりました。
　ここに上海商品検験局の報告書と船会社代理人の報告書を同封致します。貴方が保険証券を所持しておられますので、何卒本件について日本海上保険会社と交渉してくださるようお願い申し上げます。
　貴社の保険会社に対する損害賠償請求がスムーズに進みますよう期待しております。お手数をお掛けいたしますが宜しくお願いいたします。
　先ずは取り急ぎお願いまで。

　　　　　　　　　　　　　　　　　　　　　　　　　　　敬具
　　　　　　　　　　　　　　　　　　　　　　　　中国□□□□□公司
　　　　　　　　　　　　　　　　　　　　　　　　　　総経理□□□
　　　　　　　　　　　　　　　　　　　　　　　　　　　年　月　日

例文6　　　　　　　　　　　社長逝去お悔やみ状

日本□□□□□株式会社
貴社社長□□□□様の訃報に接し、ここに深い悲しみと胸の痛みを持って謹んで哀悼の意を表します。
　□□□□様は長年来、中日貿易の発展と双方の二国間貿易の促進の為、多大な貢献をして続けてこられました。我々お世話になりました中国の企業各社はいつまでも社長様の功績を忘れることはございません。
　残されたご令室やお子様方のお力落としのほどはいかばかりとお察し申し上げ、謹んでお悔やみ申し上げます。

　　　　　　　　　　　　　　　　　　　　　　　　　　　合掌
　　　　　　　　　　　　　　　　　　　　　　　　中国□□□□□公司
　　　　　　　　　　　　　　　　　　　　　　　　　　総経理□□□
　　　　　　　　　　　　　　　　　　　　　　　　　　　年　月　日

四、通訳の練習

保険条件

C（会社名）＿＿＿＿＿＿＿＿＿＿＿（役職）＿＿＿＿＿＿＿＿＿＿＿
J（会社名）＿＿＿＿＿＿＿＿＿＿＿（役職）＿＿＿＿＿＿＿＿＿＿＿

（営業部会議室で）

J 保険の件ですが、どんなリスクに付保してくださるおつもりですか。

C CIF 価格条件によって、単独海損担保（WPA）をつけておきます。これでよろしいでしょうか。

J WPA は貨物の破損損害の補填を含んでいますか。

C 貨物の破損は破曲損危険の範囲に属します。ご希望なら、それを付加危険として追加付保することができます。

J 付加保険料はそちらで負担していただけるのですか。

C 保険は買い手の方にご負担いただくのが慣例ですので、それはちょっと。

J そうですか。では、オール・リスク（AR）にすれば勿論貨物の破損損害も含まれるのですね。

C AR は当然破損損害も含まれますが、保険料がいささか高くなりますし、海運会社は信用のおけるところですから、そこまですることもないかとは思いますが。

J でも、万が一の場合を考えると少々高くなっても確実に貨物の保証としていただけるほうがいいですね。

C はい、分かりました。それでは中国保険公司の海上運送貨物条項に基づいて、イ

ンボイス総額110%でARを付保すると言うことでよろしいでしょうか。ARは全危険担保ですから、万が一の時にも一番安心できるものです。
J　そうですか。では、それで結構です。保険が整えればこちらとしても一安心です。
C　それでは、さっそく保険会社との契約準備にかからせていただきます。
J　よろしくお願いします。

新しい単語

保険証券（ほけんしょうけん）④（名）	保单
見舞い状（みまいじょう）⓪（名）	慰问信
悔み状（くやみじょう）⓪（名）	吊唁信
保険料率（ほけんりょうりつ）④（名）	保险费率
付保（ふほ）①（名）	投保
バレンダインデー（Valentine' Day）⑤（名）	情人节
保険物（ほけんぶつ）②（名）	标的
FPA（Free from Particular Average）（単独海損不担保）＝分損不担保（ぶんそんふたんぽ）⑥（名）	平安险
WPA（With Particular Average）＝単独海損担保（たんどくかいそんたんぽ）⑧（名）＝分損担保（ぶんそんたんぽ）	水渍险
AR（All Risk）＝オール・リスク⓪＋①（名）	综合险、一切险
WR（War Risk）＝ウォー・リスク③（名）	战争险、兵险
SR（Strike Risk）＝ストライキ危険（strike きけん）⑥（名）	罢工险
割増料金（わりましりょうきん）⑤（名）	増额费用
破損（はそん）⓪（名）	破碎
盗難（とうなん）⓪（名）	被偷窃
抜き荷（ぬきに）⓪（名）	短量
不着（ふちゃく）⓪（名）	提货不着
鼠食い（ねずみく～）⓪（名）	鼠害
虫食い（むしく～）⓪（名）	虫蛀
雨濡れ（あまぬ～）⓪（名）	雨淋
漏損（ろうそん）⓪（名）	渗漏
手駒（てごま）⓪（名）	钩损
瑕疵（かし）①（名）	瑕疵
ブローカー（broker）②（名）	经纪人

第十七課　保険

代行（だいこう）⓪（名）	代理、代行
旧態然依（きゅうたいいぜん）⑤（名）	旧体
真摯（しんし）①（名）	真挚
忌み言葉（いみことば）③（名）	忌讳语
ブレーケージ（Breakage）③（名）	破碎险
途絶（とぜつ）⓪（名）	中断、断绝
荷揚げ（にあげ）⓪（名）	卸货
割れ目（われめ）⓪（名）	裂痕
サーベーヤ（surveyor）③（名）	检查员、鉴定人
開梱（かいこん）⓪（名）	开包
デジタル・カメラ（digital camera）⑤（名）	数码相机
スムーズ（smooth）②（名）	顺利、流畅
訃報（ふほう）⓪（名）	讣告
いかばかり③（名）	多么地、怎样地
お悔やみ申し上げる（おくやみもうしあげる）⑨	深表哀悼
合掌（がっしょう）⓪（名）	合掌
曲損（きょくそん）⓪（名）	破碎曲折
損害清算代理人（そんがいせいさんだいりにん）⓪（名）	理赔代理人
いかばかり ③（副）	非常

五、練習問題

1. 本文の内容に基づいて、次の質問に答えなさい。
   (1)「旅は道連れ、世は情け」という諺はどんなことを教えてくれたのか。
   (2)お中元やお歳暮はどのような時にどのような人に送るものなのか。
   (3)義理チョコはどのような人に送るものなのか。何のためにこれを送るのか。
   (4)日本人の「恩と義理」の考え方を理解したら、日本人と付き合う場合、どのようにすればいいのか。
   (5)保険にはどのような種類があるのか。
   (6)保険賠償金請求の場合、その手続きをする際、どんな書類が必要なのか。

2. 本文の内容に基づいて、次の文の（　）に正しいものを入れなさい。
   (1)国際物品取り引きの場合、（　　　）を必ずかける。
   (2)国際貿易においては、（　　　）保険の利用が多い。
   (3)中国で海洋運輸貨物保険としてはよく利用されるのは（　）（分損不担保）・（　）（単独海損担保）と（　）（オール・リスク、即：全危険担保）の三種である。
   (4)保険とは付保者が保険契約に基づいて（　）に保険料金を支払い、（　）が約款に規定された事故による（　）の財産などの損失を賠償するものである。

第十七課　保　険

(5) 保険は保険物によって、主に（　　　）保険・（　　　）保険・（　　　）保険・（　　　）保険の四つに分かれる。

(6) 現在、主に使われている海上保険条項には（　　　）条項〔CIC〕と（　　　）保険協会保険条項（ICC）の二種がある。

(7) 中国人民保険公司は、（　　）運・（　　）運・（　　）運・郵送の貨物に対し保険を引き受けている。

3. 本文の内容に基づいて、次の文の（　　）に選択肢から正しいもの選んで入れなさい。

(1) 従業員たちが不平待遇され、それを訴えるために勤務を一時停止することによって出た損失を防ぐための保険は次のどちらか。
　　①FPA　　　　②WPA　　　　③SR　　　　④AR担保

(2) 国際物品取引の場合、必ず運輸保険にかける。保険手続きをする時納入する金は（　　　）というものである。
　　①保険金　　　②保険代　　　③保険代金　　　④保険料

(3) AR担保は、保険物の滅失または損害の（　　　）の危険を担保する。
　　①一部　　　　②半分　　　　③四分の一　　　④全て

(4) ＷＰＡは次のような危険を担保（　　　）。それは、破損、盗難、抜き荷、不着、虫食いなど。
　　①する　　　　②しない　　　③すべき　　　　④しないはず

(5) 保険手続きを終えてからもらって保管する書類は（　　　）というものである。
　　①保険書　　　②保険券　　　③保険証券　　　④保険リスト

(6) FPAやWPAと１１種の付加保険は全て含まれる保険は（　　）という保険である。ただし、貨物の固有の瑕疵及び品質・遅延・被保険者の故意・戦争危険とストライキ危険などを補填しない。
　　①FPA　　　　②AR担保　　　③SR　　　　　　④WPA

(7) 保険金額は中国の『海商法』に「保険金額は保険人と付保者との契約で決める。保険金額は保険物の価値を越える部分は（　　）となる」と規定されている。
　　①有効　　　　②一部有効　　③半分有効　　　④無効

4. 本文の例文に基づいて、お互いに付保についての文書を書きなさい。

5. 例文の一つを中国語に訳しなさい。

第十八課　感謝と祝賀

一、コラム：情けは人のためならず
二、感謝要旨と礼状作成要領・祝賀要旨と祝い状作成要領
三、例文：1. 新製品受注お礼
　　　　　2. 営業所開設祝賀会参会お礼
　　　　　3. 新製品拡販協力お礼
　　　　　4. 会葬お礼
　　　　　5. 就任祝賀
　　　　　6. 創業記念日祝賀
　　　　　7. 支店開店祝賀
　　　　　8. 結婚お祝い
四、対外貿易政策

一、コラム

情けは人のためならず

　日本には「情けは人のためならず」と言う諺があります。つまり、人に情けをかけておけばそれに相応しいだけの良い報いがあるということです。この諺は日本人の「恩返し」と言う考え方を反映しているように思われます。

　例えば、暫く会っていなかった日本人に会って、「暫くですね。お元気ですか。」と声をかけたら、相手は必ず「あ、どうも、おかげさまで……」と答えます。これは日本人の恩返しの気持を表している挨拶の一つと言えるでしょう。周りの人達のいろいろな助けがあってこそ自分が生きていると考えているのです。日本人は感謝や恩返しの気持をこのような言葉で常に回りの人々に示しているのです。

　取り引きの契約は長い期間に亙って、暇手間を掛けて苦労した結果、完成の段階に至るものです。日本ではどのような仕事でも、多くの人々の協力があってこそ完成することができるものだと考えられています。そこで、何かの仕事が完成した時には、お世話になった人達にお礼をします。

　日本では、人々から受けた恩を忘れずにお礼を返すことは、お世話になった人に対する礼儀だし、延いては自分にとっても良いことだとされています。

　しかし、日本人のこのような独特なお礼の仕方を知らない外国人はこのお礼に悩まさ

例えば日本人に親切にしてもらったり、助けてもらったりすると、すぐ相手に恩返しをしなければならないと言う責任を感じてお礼をします。更に、後日会った時にも「この間はどうも。」と又お礼を繰り返して言います。これは日本では極常識的な礼儀作法ですが、中国人にとって返って不安な思いをさせられることがあります。

又、プレゼントを贈ると必ずお返しをする習慣もこのような意識によるものですが、場合によっては中国人を惑わす時もあります。こんな話があります。ある留学生がお世話になった日本人の家を訪れ、お土産に掛け軸を贈りました。しかし、その場で何かを持たされて帰った彼はとても悩んでしまいました。「お返し」の習慣を知らない彼は、自分の事を貧しく思われたから、何か持たしてくれたのではないかと恥じをかいたように感じたからです。

相手国の文化や風俗習慣を知らなければ感謝や祝賀までもとんでもなく不愉快なことになりかねません。

二、感謝要旨と礼状作成要領・祝賀要旨と祝い状作成要領

感謝要旨と礼状作成要領

相手の好意や尽力に対して、又、相手に世話になったことに対する感謝の気持を表す書状が礼状である。内容には贈り物に対するお礼、祝いに対するお礼、協力してくれたことに対するお礼、招待に対するお礼などがある。

一般に、心から発する感謝の気持を表す場合の礼状は書き易いが、受けたもてなしが気に入らない時に礼儀正しく礼状を書かなければならない場合もある。このような礼状は書きにくいかもしれないが、受信者の気分を害することのないように丁寧に書かねばならない。

礼状は手書きが良いとされているが、多数の人に出す場合は、一般的に印刷したものを用いる。又、長い文書である必要はなく、言葉もあまり過ぎない方がよい。心のこもらない言葉遣いは避けなければならない。ただ、あまり簡単過ぎて素っ気ないのも誠意のない礼状と受け取られて具合が悪い。いずれにせよ、この種の文書は簡潔にして心を込めたものであることが大切である。

礼状は通常以下の要領で作成する。
(1)お世話になったら、結果に関係なくタイミングを逃さないように礼状を送ること
(2)先ず、感謝の気持を率直に述べること
(3)お礼を述べる内容を明確にし、他の用件は書かないこと
(4)相手のその行為が自分にどのようなメリットを齎したかを述べること
(5)文末に再度相手に感謝の言葉を述べること

祝賀要旨と祝い状作成要領

個人の場合と同様に、取引先の関係者に慶事（昇進・栄転・受賞・開店・新築・長寿・

結婚・出産など）があった場合に、祝い状を送る。更に、実際に出向いて、直接お祝いの言葉を述べることがより望ましい。

又、お祝い状は相手の慶事やおめでたいことに対する心からなる祝賀の気持を表明する文書である。従って、この種の文書では以下の点に注意すべきである。

（1）タイムリーな礼状を心がけること。相手の慶事に対してその機を逃すことなくお祝いの気持が届くようにする。時機が過ぎてしまっては逆効果を招く場合すらある。タイミングがこの種の文書の最重要事項である。

（2）縁起の良くない言葉を避けること。祝いの文書であるから、相手に不快感を与えないように不吉な意味を持っていたり、不吉な連想をさせる忌み言葉を避ける配慮が必要である。例えば、結婚の場合には「去る・散る・戻る・破れる・切れる」など、開業・新築などの場合には「倒れる・散る・傾く・焼ける・崩れる」などの語句を使ってはいけない。

（3）素朴で親身になって喜びあふれる表現を心がけること。行過ぎた外交辞令や過度の美辞麗句は上辺のみで実のない口先だけのお祝い言葉と言う感じを抱かせることがある。

三、例文

例文1　　　　　　　　　新製品受注お礼

日本□□□□□株式会社
□□□様
拝啓　初夏の候、ご健勝のこととお喜び申し上げます。先にご案内申し上げました弊社新開発のマイコン制御ミシンのご用命を頂き誠に有難うございます。
　ご指定の納期内に間違いなく納品させていただきますので、どうぞ宜しくお願いいたします。
　当方これからも、引き続き新製品を開発して参る所存でございます。
　どうか今後とも、宜しくご指導御引き立てを頂くようお願い申し上げます。
　以上取り急ぎ書中をもって御礼申しあげます。

敬具
中国□□□□□公司
総経理□□□
年　月　日

例文2　　　　　　　　営業所開設祝賀会参会お礼

日本□□□□□株式会社
□□□様
拝啓　新春の候、貴社にはますますご繁栄のこととお喜び申し上げます。
　今月□日の弊社東京営業所開設に際しては、特段の御心遣いを賜り、わざわざ式典にご出席くださいましたことは、光栄に存じますとともに、ご厚情に対して感謝に耐えません。

第十八課　感謝と祝賀

　　弊社と致しましては当地域での営業開設は初めての試みであり、何かと不慣れのため、ご迷惑をお掛けすることも多いかと存じますが、何卒よろしく御引き立てのほどお願い申し上げます。
　　先ずは取り急ぎ書中をもちまして、ご来駕に対して御礼申し上げる次第でございます。
　　　　　　　　　　　　　　　　　　　　　　　　　　　　　　　　敬具
　　　　　　　　　　　　　　　　　　　　　　　　　　　　中国□□□□□公司
　　　　　　　　　　　　　　　　　　　　　　　　　　　　　　総経理□□□
　　　　　　　　　　　　　　　　　　　　　　　　　　　　　　　　年　月　日

例文3　　　　　　　　　　　新製品拡販協力お礼
日本□□□□□電子製品商店
□□□□様
拝啓　初夏の候、貴社にはますます御隆昌のこととお喜び申し上げます。日頃は特段のお引き立てを頂き、ご協力のほど厚くお礼申し上げます。
　　さて、この度はこの猛暑にも拘わらず、弊社製品の拡販についてご支援を頂き、誠に有難く衷心より御礼申し上げます。貴社のご支援は我々にとりまして、最大の励みになりますとともに従来からの双方の良好な提携関係の具現化でもあると考えます。今後とも新製品の開発に鋭意努力したいと存じますので、一層のご指導、ご支援を賜りますようお願い申し上げます。
　　まずは略儀ながら書中をもって御礼申し上げます。
　　　　　　　　　　　　　　　　　　　　　　　　　　　　　　　　敬具
　　　　　　　　　　　　　　　　　　　　　　　　　　　　中国□□□□□公司
　　　　　　　　　　　　　　　　　　　　　　　　　　　　　　総経理□□□
　　　　　　　　　　　　　　　　　　　　　　　　　　　　　　　　年　月　日

例文4　　　　　　　　　　　　会葬お礼
中国□□□□□公司
□□□総経理殿
　　弊社取締役□□□□社葬に際しましてはご多忙中にもかかわらず、ご会葬いただき、ご厚情のほど誠に有難く謹んで御礼申し上げます。
　　当日はなにかと不行き届きの点が多く、失礼を致したことと存じますが、取り込み中のことで、何卒御容赦のほどお願い申し上げます。
　　先ずは略儀ながら書中をもって御礼申し上げます。
　　　　　　　　　　　　　　　　　　　　　　　　　　　　　　　　謹言
　　　　　　　　　　　　　　　　　　　　　　　　　　　　日本□□□□□株式会社
　　　　　　　　　　　　　　　　　　　　　　　　　　　　　　　□□□□
　　　　　　　　　　　　　　　　　　　　　　　　　　　　　　　　年　月　日

第十八課　感謝と祝賀

例文5　　　　　　　　　　　　就任祝賀

日本□□□□□株式会社
□□□□様
拝啓　錦秋の候、いよいよご健勝のこととお喜び申し上げます。
　この度、貴殿におかれましては□□□□会社の社長にご就任なさいましたことを心からお祝い申し上げます。
　かねてより、貴殿の豊富なご経験と卓越した企業管理には常々敬服いたしているところでございます。貴殿の下にあって、貴社の輝かしい未来はまさに目の前にあるにちがいありません。
　今後とも一層お体を大切にされ、御活躍されることを願っております。先ずは書中にてお祝い申し上げます。

　　　　　　　　　　　　　　　　　　　　　　　　　　　　　　　　敬具
　　　　　　　　　　　　　　　　　　　　　　　　　　　　中国□□□□□公司
　　　　　　　　　　　　　　　　　　　　　　　　　　　　　総経理□□□
　　　　　　　　　　　　　　　　　　　　　　　　　　　　　年　月　日

例文6　　　　　　　　　　　　創業記念日祝賀

日本□□□□□株式会社
□□□□様
拝啓　貴社はこの度、創業20周年をお迎えに相成り、このよき日に当り、貴社に対して心からなる慶賀の意を表明させていただきます。
　20年来、貴社は中日間の合作と友好交流事業の発展の為に、弛まぬ努力をされ、多大な成果を収められたことによって、経済界の人々から注目と賞賛を勝ち得ていらっしゃいます。
　とりわけ貴社と当公司の合作が喜ばしい進展を見せていることを嬉しく存ずる次第であります。中日間の国際経済交流及び合作を促進する過程におきまして、双方の協力関係がさらなる成果を上げるに違いないと信じて疑いません。
　先ずはお祝いまで。

　　　　　　　　　　　　　　　　　　　　　　　　　　　　　　　　敬具
　　　　　　　　　　　　　　　　　　　　　　　　　　　　中国□□□□□公司
　　　　　　　　　　　　　　　　　　　　　　　　　　　　　総経理□□□
　　　　　　　　　　　　　　　　　　　　　　　　　　　　　年　月　日

例文7　　　　　　　　　支店開店祝賀

日本□□□□□株式会社
□□□□様
拝啓　万物が蘇る春暖の候と相成りました。ますますご清栄のこととお喜び申し上げます。
　さて、昨年貴社は上海支店を開設されたのに引き続き、更に南京支店を新設開店なさいましたこと、誠に御めでたく存じ、心よりお祝い申し上げます。
　これもひとえに総経理様の卓越した経営方針と御指導の賜物であり、このような貴社の近年の飛躍的なご発展には、誠に敬服させられるものがございます。この素晴らしい時に当り、貴社に対して衷心よりの慶賀の意を表させていただきますとともに、当公司との協力関係も更に実りの多いものになりますよう願う次第であります。
　先ずは簡単ながらお祝いまで。

敬具
中国□□□□□公司
総経理□□□
年　月　日

例文8　　　　　　　　　結婚お祝い

□□□□様
拝啓　桜香る候、この度貴殿におかれましては良縁を得られ、めでたくご結婚式を挙げられましたとのことを心からお祝い申し上げます。
　ご夫婦の新婚生活が実り多くお幸せでありますことを心から祈念させて頂きます。
　つきましては、誠に些少でございますが、お祝いのしるしを同封いたしましたのでご受納くだされえばはなはだ幸い存じます。

敬具
□□□
年　月　日

第十八課　感謝と祝賀

四、通訳の練習

お礼の食事に誘う

（電話で誘う）

J：はい、鈴木です。
C：いつもお世話になっている江蘇貿易公司の王です。
J：あ、王さん、こちらこそ、お世話になっております。先月日本に送った新製品はとても評判がよかったですよ。おかげさまでよく売れています。
C：そうですか。それは良かったですね。これからもいいものを作っていきますので、よろしくお願いいたします。ところで、鈴木さん、今週の土曜日の夜ですが、ご都合がいかがですか。
J：今週の土曜日ですか。
C：ええ、よろしかったら、お食事でもいかがですか。
J：申し訳ないんですが、その日はちょっと予定があるんですよ。
C：そうなんですか。それは残念ですね。
J：次の日曜日だったら、空いているんですけど。
C：じゃ、日曜日でよろしいですか。
J：ええ、いいですよ。
C：よかった。うれしいなあ。ところで、鈴木さんは辛いものは大丈夫ですか。
J：ええ、辛いものは大好きですよ。

C：人気のある四川料理の店を知っているんですよ。その店はとても美味しいですよ。
J：へえ、是非行ってみたいなあ。
（四川料理の店で）
C：鈴木さん、今回の新製品の件ですっかりお世話になりましてとても助かりました。
J：いいえ、どういたしまして。
C：ここの四川料理はどうでしょうか。
J：とても美味しいです。とくに、このマーボー豆腐としゃぶしゃぶはおいしいです。ところが、日本料理はどうでしょうか。
C：すき焼きと天ぷらがおいしいです。でも、刺身は少ししか食べられません。
J：刺身は苦手ですか。
C：ええ、まだ生の魚に慣れていませんから。
J：日本料理のおいしい店があるんですよ。いつか、一緒に行きましょう。
C：ありがとうございます。お願いします。

五、対外貿易政策

1. 対外貿易政策の目的・構成・種類

対外貿易政策は各国が一定の期間内に輸出入貿易に対して取る政策のことであり、各国の経済政策の一部である。対外貿易政策は各国の経済発展や対外貿易に役立っている。

(1) 目的：①外国製品の攻勢から本国市場を保護する。②本国製品の外国市場での販路を開拓する。③本国産業の構造の改善を刺激する。④資本などの蓄積を拡大する。⑤自国の対外政治経済を維持する。

(2) 構成：①対外貿易政策。②商品の輸出入政策。③国別の対外貿易政策。

(3) 種類：①自由貿易総政策。②保護貿易政策。
（更に超自由貿易政策と貿易管理政策がある。）

2. 対外貿易政策の実施措置

各国は対外貿易政策を実行貫徹するために、特に保護貿易政策を実行し、所期の目的実現に向け、それぞれの政策を実施している。これらの措置は一般に二種に分けられる。

(1) 輸入制限措置：関税と非関税障壁についての措置

関税措置：

関税は輸出入商品が国境を通過する際、国境に設置された税関が輸出者から徴収する税金のことである。税金の種類にはいろいろあるが、例えば：輸入税・輸出税・通関税・輸入付加税・差額税・特恵税・従量税・従価税などである。

非関税障壁措置：

①輸入割当制度（絶対割当制度と関税割当制度を含める）は、一定の期間内の輸入品

数量や金額を直接制限するもので、輸入数量制限の重要な手段である。

②「自動」輸出割当制度は「自動」輸出制限とも言える。輸出国は輸入国の要求や圧力によって、一定期間内においてある商品の輸出数量「自動」的に規制し、オーバー部分の輸出を禁止する制度である。

③輸入許可証（ライセンス）制度は政府が輸入許可証を発給し、これがなければ輸入できない制度である。

④封鎖為替制度は政府が外貨の取り引きや国際貿易決済を管理することより、国際収支のバランスを維持し、国の貨幣相場を守るものである。

他に、輸出入の国家独占、差別的政府購入政策、各種国内税、輸入商品の最低価格制、輸入保証金制度、輸入制限の非関税障壁措置がある。

(2) 輸出奨励と輸出規制措置

①輸出信用貸付金。②輸出信用貸付金国家担保制度。③輸出補助。④商品ダンピング。⑤為替ダンピング。⑥輸出促進組織。

(3) 貿易条約と協定

主な貿易条約は通商航海条約で、協定には貿易協定と支払協定がある。

新しい単語

会葬（かいそう）⓪（名）	参加葬礼
お返し（おかえし）⓪（名）	回礼
惑わす（まど〜）④（動）	令人困惑
素っ気ない（そっけ〜）④（形）	人情淡薄
慶事（けいじ）①（名）	喜事
タイムリー①（形動）	时间性
縁起のよくない（えんぎ〜）⓪＋①（連語）	不吉利
不吉（ふきつ）⓪（名）	不吉利
親身（しんみ）①（名）	设身处地的
美辞麗句（びじれいく）①（名）	华丽辞藻
上辺（うわべ）⓪（名）	表面
実のない（み〜）③（連語）	无实质
口先（くちさき）⓪（名）	口头上
マイコン制御ミシン（microcomputer せいぎょ machine）⑧（名）	微型自动缝纫机
用命（ようめい）⓪（名）	要求
書中（しょちゅう）⓪（名）	书信
来駕（らいが）①（名）	光临
具現化（ぐげんか）⓪（名）	具体化

第十八課　感謝と祝賀

社葬（しゃそう）⓪（名）	公司举办的葬礼
取り込み（とりこみ）⓪（名）	取回，忙碌
卓越（たくえつ）⓪（名）	卓越
弛む（たゆ～）②（動）	放松、松懈
さらなる①（連体）	更加
蘇る（よみがえ～）③（動）	苏醒
徴収（ちょうしゅう）⓪（名）	征收
通関税（つうかんぜい）⓪（名）	通关税
差額税（さがくぜい）⓪（名）	差额税
特恵税（とっけいぜい）⓪（名）	特惠税
従量税（じゅうりょうぜい）⓪（名）	从量税
従価税（じゅうかぜい）⓪（名）	从价税
割当制度（わりあてせいど）⑤〔名〕	配额制度
オーバー（over）①〔名〕	超过、超额
封鎖為替制度（ふうさかわせせいど）⑤	外汇管制
国家独占（こっかどくせん）⓪（名）	国家垄断
信用貸付金（しんようかしづけきん）⓪（名）	信贷
ダンピング〔dumping〕⓪①（名）	倾销
為替ダンピング（かわせ dumping）④（名）	外汇倾销

六、練習問題

1. 本文の内容に基づいて、次の質問に答えなさい。
   (1)「情けは人のためならず」とはどういう意味なのか。
   (2)日本人のお礼を示す仕方は中国人とどう違っているのか。
   (3)礼状を書く場合、どんな点に注意すべきなのか。
   (4)なぜ取引先の関係者に慶事があったら早くお祝いをして上げる事は望ましいのか。

2. 本文の内容に基づいて、次の文の（　）に選択肢の①②③④から正しいものを選んで入れなさい。
   (1)対外貿易政策は各国が一定の期間内に（　）貿易に対して取る政策のことである。
   　　①国内　　　　②輸出入　　　　　　③外国　　　　　　④輸出
   (2)関税は輸出入商品が（　　）を通過する際、国境に設置された税関が輸出者から徴収する税金のことである。
   　　①税関　　　　②国境　　　　　　　③空港　　　　　　④港
   (3)各国は対外貿易政策を実行貫徹するために、特に保護貿易政策を実行し、所期の目的実現に向け、それぞれの政策を実施している。これらの措置は一般に（　　）

に分けられる。
　　①三種　　　　　②四種　　　　　　③二種　　　　　　④五種
(4)輸入制限措置：関税と（　　　）についての措置。
　　①障壁　　　　　②関税障壁　　　　③非関税障壁　　　④非関税
(5)対外貿易政策の目的は：①外国製品の（　　　）から本国市場を保護する。
　　①輸入　　　　　②開発　　　　　　③攻勢　　　　　　④発展
(6)輸入割当制度（絶対割当制度と関税割当制度を含める）は、一定の期間内の輸
　　入品数量や金額を（　　　）するもので、輸入数量制限の重要な手段である。
　　①間接制限　　　②部分制限　　　　③直接制限　　　　④完全制限
(7)「自動」輸出割当制度は「自動」（　　　）とも言える。
　　①割当制限　　　②輸出入制限　　　③輸入制限　　　　④輸出制限
(8)輸入許可証（ライセンス）制度は政府が輸入許可証を発給し、これがなければ
　　（　　　）できない制度である。
　　①輸出入　　　　②輸入　　　　　　③貿易　　　　　　④契約
(9)封鎖為替制度は政府が外貨の取り引きや国際貿易決済を管理することより、国
　　際収支の（　　　）を維持し、国の貨幣相場を守るものである。
　　①外貨獲得　　　②外貨保障　　　　③黒字　　　　　　④バランス
(10)主な貿易条約は通商航海条約で、協定には（　　）協定と（　　）協定がある。
　　①貿易・条約　　②保障・支払　　　③外貨・条約　　　④貿易・支払

3．本文の内容に基づいて、次の文の（　　）に正しいものを入れなさい。
　(1)対外貿易政策は各国が一定の期間内に（　　）貿易に対して取る政策のことで
　　　ある。
　(2)輸出入商品が（　　　）を通過する際、国境に設置された（　　）が輸出者か
　　　ら徴収する税金は（　　　）と言う。
　(3)各国は対外貿易政策を実行貫徹するために、特に保護貿易政策を実行し、所期の
　　　目的実現に向け、それぞれの政策を実施している。これらの措置は一般に（　　）
　　　に分けられる。
　(4)関税と（　　　）についての措置は輸入（　　　）という。
　(5)対外貿易政策の目的は：①外国製品の（　　　）から本国市場を保護する。②本
　　　国製品の外国市場での（　　　）を開拓する。③本国産業の（　　　）の改善
　　　を刺激する。④資本などの（　　　）を拡大する。⑤自国の対外政治経済を（　　　）
　　　する。
　(6)（　　　　　）は、一定の期間内の輸入品数量や金額を規制し、輸入数量制限
　　　の重要な手段である。
　(7)「自動」輸出割当制度は「自動」（　　　）とも言える。

4．2本文の例文に基づいて、お互いに感謝状とその回答を書きなさい。

5．例文の一つを中国語に訳しなさい。

第十九課　ダンピング（不当廉売）

> 一、コラム：「牛追い、牛に追われる」
> 二、ダンピング定義・特徴・目的・分類・アンチダンピング応訴要領と調査予防
> 三、例文：1）ダンピング調査書
> 　　　　　2）アンチダンピング案敗訴通知
> 四、通訳の練習：アンチダンピン調査対応検討会

一、コラム

「牛追い、牛に追われる」

　2010年8月5日、アメリカ国際貿易裁判所はアメリカ商務部（DOC）が輸入中国製自動車タイヤにアンチダンピング税と相殺関税を同時に課したことは違法だと認定して、直ちに徴収をやめるようにと正式に判決しました。このニュースを聞いてこの件に関わった河北と天津のタイヤ公司はほっとしたという。

　事件の発端は、全米鉄鋼労組が2009年6月18日に出したセーフガード発動の申し出です。当該労組は中国製タイヤの輸入急増に伴いアメリカの多くのタイヤ工場が閉鎖に追い込まれたとして、セーフガード発動を申し出たのです。そして、2009年9月5日に、アメリカ商務部は中国から輸入した乗用車とトラック用タイヤに不当競争があると裁定し、アメリカ商務部の計算法で中国企業にアンチダンピング税と相殺関税を課することになりました。

　さらに、アメリカ国際貿易委員会（ITC）は、2009年9月26日から中国製の自動車用タイヤが安値で大量に輸入され米市場に被害を与えたとして、緊急輸入制限（セーフガード）発動へ「クロ＝ダンピング」の認定を下し、中国製の乗用車とトラック用タイヤに対し、それまで実行されてきた4％に35％の輸入関税を上乗せし、2年目の上乗せ幅は30％、3年目は25％としました。

　ひどい目に遭った河北と天津のタイヤ公司の輸出はどん底に落ち込み、アメリカの消費者に何年間も愛用されてきたタイヤは、いきなり、購入できなくなって困ってしまったという。

　それに対して、中国政府はこのことはWTO規則に違反し、貿易救済措置を濫用するも

第十九課　ダンピング（不当廉売）

のだと強く反対しました。実は、中国は WTO 加盟協議に基づき、2016 年になってから、自動的に市場経済国地位を獲得することとなっているのです。それなのに、いかなる理由で、いまから、市場経済国を懲罰する規則に基づき中国製品に相殺関税を課するのでしょうか。

対策として、中国商務部は 2009 年 9 月 27 日、中国の法律と WTO の規定に基づいて、輸入した米国産の一部自動車製品と鶏肉製品に対し、アンチダンピング調査と相殺関税制度による反補助金調査を発動しました。

その結果、中国では失業者は 10 万人、損失は、17 億ドルとなり、米国では、失業者は 2.5 万人ほど出て、アメリカの経済に障害を与えることになり、さらに、中国による反補助金調査も、アメリカに 20 億ドルの損をさせてしまったという。それで、損をするのは、中国のタイヤ産業の利益だけでなく、中米貿易の展開を阻害し、結局、アメリカ経済に損害を与えてしまいました。

中国のタイヤ産業がこの苦境からよい方向に急転回するようになったのは、2010 年 8 月 5 日のアメリカ国際貿易裁判所の判決によってです。

アメリカ国際貿易裁判所は、輸入中国製自動車タイヤについてアメリカ商務部が中国を提訴してアンチダンピング税と相殺関税を同時に課したことを違法だと認定しました。その最大の理由は、アメリカ商務部が中国を市場経済と認めずに非市場経済と主張し続けているのにもかかわらず、アンチダンピング税と相殺関税とを同時に徴収してきたことにあります。相殺関税は市場経済国にしか適用できない税種です。

実際、今までアメリカ商務部はほかにも多く中国製産品アンチダンピングを同じように取り扱ってきました。

アメリカの米中貿易全国委員会（USCBC）も、2010 年 8 月 25 日に次ぎのことを指摘しました。「アメリカは中国に対してアンチダンピング措置を実施して一年、アメリカタイヤ産業の就職事情は一向によくなっていない。それどことか、就職口は 10％も下がっているという。さらに、米タイヤの価格は 10％－20％ぐらい上がって、消費者をさらに悩ました」。

2010 年 8 月 5 日、米中貿易委員会は米国は中国製タイヤ輸入品に特別セーフガードを採ったということは「牛追い、牛に追われる」のようなことだという意味の手紙を当時大統領オバマに出したという。

「牛追い、牛に追われる」とは本末が転倒するという諺です。全米鉄鋼労組は中国をやつけようとしたが、かえって大きな損をしてしまい、自分がやられてしまったのはこのことです。

ところが、ずっと順調に進んできた中米タイヤ貿易において、どうしてこんな波乱万丈の劇的な結末になったのでしょうか。この事例から、私たちは何か得るものがあるのでしょうか。

多くの国々は、2008 年以来金融危機で苦境に陥った国内産業を支援・保護するために、国際市場の縮小による輸入量増加を防ぐために、さまざまな保護貿易措置を採っています。その方法の一つは、アンチダンピングをはじめ、相殺関税・セーフガード・特別セ

第十九課　ダンピング（不当廉売）

ーフガードといったWTOが認めた貿易救済措置をいろいろな理由をつけて濫用することです。

もう一つは、従来型の関税や非関税障壁を使うことです。輸入関税を引き上げたり、輸入禁止・輸入制限をしたり、貿易の技術的障壁を利用したりといった措置です。さらに、自国の経済刺激策として自国製品の優先購入を定めた国もあります。

WTOは「自由貿易主義」を標榜し推進する一方で、アンチダンピングという通商救済制度を各加盟国に提供しています。実際にも、関税率上限の引下げを始めとして貿易自由化のレベルが向上するにつれ、世界的にアンチダンピング措置の発動回数が増える傾向にあります。中国はWTOに加盟してまだ十年（2011年の時点まで）しか経ていませんが、経済が急成長して貿易国としては世界第三、輸出国としては世界第二の規模をもち、中国製品の価格が低い、質がよい、大量という諸因で多くの国際貿易摩擦を抱えています。商務部によると、金融危機の悪影響で、アンチダンピング・相殺関税・セーフガード・特別セーフガードといった貿易救済措置に関する中国関連の貿易摩擦件数が急増しています。

WTOの調査によると、中国は2001年にWTOに加盟して正式に活動し始めてこのかた、1999年—2009年まで、445項目のアンチダンピング案件の訴訟対象となり、WTO加盟国が提訴した案件の24%を占め、また、15年間連続してアンチダンピング案・反補助金案の調査対象となった項目の最も多い加盟国です。全世界で生じた35%のアンチダンピング調査と71%の反補助金調査は中国を対象として発動されたといわれます。

中国はそれらの訴訟対応にずっと悩まされてきました。特に、アメリカが2009年4月に行なった「自動車と軽トラックのタイヤに対する特別セーフガード調査」は、金額が巨大だったため、中国政府と産業界の大きな関心を集めました。だからこそ、2010年8月5日の勝訴は、国際社会に、中国企業はWTO規則と共存できることを明らかにし、中国企業の市場化がいっそ強化されたことを示しました。

さらに2010年8月5日、米国際貿易裁判所が米商務部を違法だと認定したことと、2010年12月3日の勝訴が判例（モデル）になる大切な裁判例で、他の中国製アンチダンピング案の裁判に影響を与えていくといえるでしょう。

二、ダンピングの定義・特徴・目的・分類・アンチダンピング案応

訴要領ダンピングの定義

「ダンピング」とは不当廉売のことである。正当な理由なく商品の原価を著しく下回る価格で継続して販売し、他の事業者の事業活動を阻害するような不公正な取引方法をいい、日本の国内法においては、競争法たる独占禁止法に規定されている。

日本に対して、国際貿易の文脈でいうダンピングは、ガット六条の規定するところによると、ある産品の輸出価格が、正常な価格よりも安いことを意味する。ここでいう「正常な価格」として、輸出国における国内販売価格（輸出国内市場における消費に向けら

第十九課　ダンピング（不当廉売）

れる同種産品の通常の取引における比較可能な価格）、それがない場合には、第三国輸出価格（第三国に輸出される同種産品の通常の商取引における比較可能な最高価格）もしくは構成価額（原産国における産品の生産費に妥当な販売経費及び利潤を加えたもの）がそれぞれ該当するものとして輸出価格との比較のために利用される。

このような輸出価格と「正常な価格」との間の価格差によって、輸入国の国内産業が実質的損害を受けた場合に、かかるダンピング行為は非難されるものとして、輸入国によるダンピング防止税の賦課が価格差（ダンピング・マージン）を限度に認められる。ダンピングに抵抗するこのような措置はアンチダンピング（AD）措置と呼ばれる。

国内産業が実質的損害を受けた場合に、かかるダンピング行為は非難されるものとして、輸入国によるダンピング防止税の賦課が価格差（ダンピング・マージン）を限度に認められる。

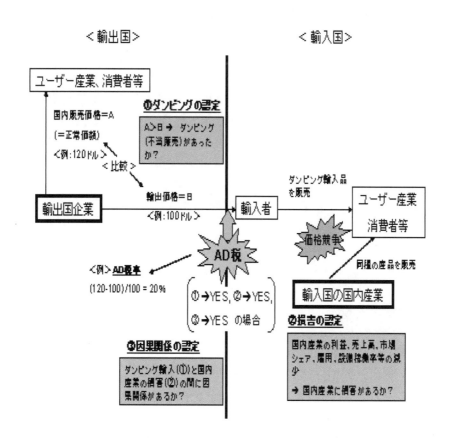

ダンピングの特徴

1) 競争をねらって、自ら正常な価格よりも安い価格で継続して販売する。
2) 原価を著しく下回る価格での販売行為は商品商況、正常な市場ニーズや規律に従うものではない。
3) 商品価格から経済的価値が見えてこない。
4) ここでいうダンピングは国際貿易において、輸出国と輸入国の間に

第十九課　ダンピング（不当廉売）

発生する価格差による不当廉売のことで、一国国内の廉売商品はその対象としない。

5）不公正な取引方法で輸入国の事業者の事業活動を阻害したと見定められる。

ダンピングの目的

ダンピングは国際貿易において、輸入国やその国のある地域産業を阻害する不正競争行為である。そして、不正な貿易手段で激しい国際貿易競争の中で優勢を取るために輸入国の利益を損ない、輸入国の経済発展を阻害するのみならず正常な国際競争秩序まで乱しかねない。ダンピングをする目的は多様性で、主には次のようなものがあるとされる。

1）経済活動として有害な略奪的ダンピング（低価格戦略で競合企業を市場から排斥したのち、価格吊上げによる独占的利潤を得ること）
2）余剰商品を売るため
3）生産規模を維持するため
4）外貨を獲得するため

ただし、1）は経済活動として有害な略奪的ダンピングで、生じ得る可能性は低く、市場競争に制限的な影響を与えることが懸念されるケースはごく少数であることが指摘されている。（米、EU、豪、加が措置を課しているアンチダンピング案件のうち、90%は競争当局からは何ら問題とされて来なかった）など。

ダンピングの分類

ダンピング（Dumping）は次のように分類できる。
①反ダンピング（Anti-dumping）
②偶然性ダンピング（Sporadic Dumping）
③間歇性ダンピング（Intermittent Dumping）
④継続的ダンピング（Continuous Dumping）
⑤社会ダンピング（Social Dumping）
⑥長期的ダンピング（Long-run Dumping）
⑦掠奪的ダンピング（Predatory Dumping）
⑧間接的ダンピング（Indirect Dumping）

アンチダンピング案応訴要領と調査予防

2002年2月13日に、中国はWTOに加盟して64日目に初めてアメリカからアンチダンピング調査に発動された。金額は3億ドルに上るほど巨大で、悪影響は28省・市・自治区の274のメーカーと輸出入公司を及ぼした。ところが、2003年4月3日に「ゼロ損害」という結果で終了した。

「応訴者が受益」という方針のもとに、積極的に応訴したベアリング企業の輸出商品は正常な関税でアメリカ市場に進出出来た。それに対して、200あまりの企業は応訴を断ったので、59.3%のアンチダンピング税に課され、残念なことにアメリカ市場を失ったのである。

第十九課　ダンピング（不当廉売）

　そういうわけで、アンチダンピング案応訴要領として、まず「応訴者が受益」という原則のもとに、積極的に応訴すべきである。それから、次の用意をする。
　1）よい弁護団体を探すこと 2）自国で販売する低い価格を取り寄せ、正当である証拠を収集すること（原料、人件費、土地使用費など）3）輸入国での現地調査をすること（確かに損害を受けたなど）4）WTOなどの国際法律と対照すること。
　アンチダンピング調査の予防策として、以下の条件が必要となる。
　1）一日でも早く各輸入国に中国の市場経済国であることを認めてもらうこと。
　2）法律規則を改善し、健全な法律を作ること。アンチダンピング案についての応訴と起訴体制を整え、WTOの『アンチダンピング協議』と一致するように修正すること。
　3）グローバルマーケティング意識を高めて商品の競争力を強化すること。価格より質で勝ち取るように努めること。
　4）すべての中国製産品はアンチダンピング調査対象となりかねないので、アンチダンピングの監視・修正体制を作り、予防策をとること。
　5）同業協会や商会を積極的に生かして利用すること。同業協会や商会は企業と政府の間に掛け替えのない架け橋として、協働することができる。
　6）応訴企業は積極的な態度でアンチダンピング調査に協力すべきこと。
　7）WTO規則に精通する専門人材育成すること。

三、例　文

ダンピング調査書の実例　トリクロロエチレン

調査対象産品名：	トリクロロエチレン
調査対象産品名	日本語：トリクロロエチレン
	中国語：三氯乙烯
	英語：Trichloroethylene(TCE)
立件日	2004年4月16日
調査対象国・地域	日本、ロシア
調査対象期間	ダンピング調査：2003年1月1日～2003年12月31日
	損害調査：1999年1月1日～2003年12月31日
仮決定日	2005年1月7日
仮決定概要	[ダンピングマージン]価格差159%、ロシア企業5～159%
日本企業：	[損害について]調査対象産品の輸入により国内産業に実質的な損害がもたらされており、ダンピングと損害との間に因果関係が存在する
最終決定日	2005年7月22日

最終決定概要	[ダンピングマージン] 日本企業：159%、ロシア企業 3～159% [損害について] 調査対象産品の輸入により国内産業に実質的な損害がもたらされており、ダンピングと損害との間に因果関係が存在する。
その他	＊2005年1月28日～2月3日にロシアの応訴企業に対する実地調査が行われた。
見直し	＊2010年7月21日に、国内産業からの申請により、期間満了見直し調査が立件された。

四、通訳の練習

アンチダンピン調査対応検討会

議長：それでは、会議を始めます。はじめに、最近発生したA国への輸出商品アンチダンピング件について話し合いたいと思います。王さんからお願いいたします。

王：はい。ご報告いたします。去年、A国に輸出した商品はダンピングだとしてアンチダンピング調査をされたんですが、早急にA国で販売している同類商品の価格を調査しました。原価も厳密に計算しました。価格には問題がなかったので、ダンピングをしていない事実に基づいて主張を徹底して行なってまいりました。しかし、当社のこれまでの主張がまったく反映されていません。

総経理：アンチダンピング税率は。

王：はい、22%とする不当な決定となりました。

総経理：本件による当期業績への影響は。

王：現段階では軽微と考えております。大きな損失にはなっていません。

佐藤：A国のユーザーや中国政府は何かしていませんでしたか。

王：はい、当社の主張を理解するA国のユーザーも中国政府も今回のアンチダンピング提訴の不当性について強く主張し続けました。しかし、残念ながら、A国のアンチダンピング申請企業の主張だけを採用することに固執したA国政府の不公正な決定はくつがえりませんでした。

田中：では、ダンピングとされた原因はなんだったのですか。

王：はい、同類の商品より安いのが原因です。もともとわが社の原価が安いので販売

第十九課　ダンピング（不当廉売）

　　　価格が低くできた理由を丁寧に説明するように、証拠もちゃんと提出するように弁護士と担当者に注意をしておきました。もし、よろしければ総経理のほうからも、一度注意をしていただきたいんですが。
総経理：よし、わかった。会議が終わったら、弁護士に電話して、この件について注意をしておこう。
王：よろしくお願いいたします。また同様の案件が起これば、当社の信用がなくなりますので。
田中：私の考えでは、今回のアンチダンピング案件は、担当者の説明だけではなく、販売地域にも問題があったと思いますが。
佐藤：私も佐藤さんと同じ意見ですね。確かに販売地域に同類商品を生産するメーカーがあると思います。
田中：それで、同類商品生産のない国や地域をいくつか集めてきて、検討してみてはいかがでしょうか。
議長：では、販売ルートのことは、佐藤さんと田中さんで進めてもらうということでどうでしょうか。
総経理：じゃ、そうしてくれたまえ。田中さん、佐藤さん、王さんも加えて三人で検討してもらえるかな。
田中：承知しました。

新しい単語

牛追い牛に追われる	本末倒置；搬起石头砸自己的脚
徴収（ちょうしゅう）⓪（名）	征收
発端（はったん）⓪（名）	起因
発動する（はつどう）⓪（サ動）	发起
閉鎖（へいさ）⓪（名）	关闭
追い込む（おいこ〜）③（動）	逼
乗用車（じょうようしゃ）⓪（名）	轿车
安値（やすね）⓪（名）	廉价
上乗せする（うわのせ〜）⓪（サ動）	加上
懲罰する（ちょうばつ〜）⓪（サ動）	惩罚
相殺関税（そうさつかんぜい）⓪（名）	反补贴税

第十九課　ダンピング（不当廉売）

就職口（しゅうしょくぐち）⓪（名）	工作岗位
オバマ（名）	奥巴马
万丈波瀾（ばんじょうはらん）⓪（名）	大起大落
劇的（げきてき）⓪（形動）	戏剧性的
心得る（こころえ〜）④（動）	感悟、领会
貿易救済措置（ぼうえききゅうさつそち）⓪（名）	贸易救助措施
標榜する（ひょうぼう〜）⓪（サ動）	主张
訴訟（そしょう）⓪（名）	诉讼
勝訴（しょうそ）⓪（名）	胜诉
原価（げんか）⓪（名）	成本价
下回る（したまわ〜）④（動）	低于〜
独占禁止法（どくせんきんしんほう）⓪（名）	反垄断法
価格差（かかくさ）⓪（名）	价格差异
ダンピング・マージン（dumping margin）⑥（名）	倾销幅度
狙う（ねら〜）⓪（動）	瞄准、以〜为目的
市場ニーズ（しじょう needs）⑤（名）	市场供求
見定める（みさだめる）⓪（動）	审定
提訴する（ていそ）⓪（サ動）	起诉
弁護士（べんごうし）③（名）	律师
競合（きょうごう）⓪（名）	竞争
排斥（はいせき）⓪（名）	排斥、挤兑
価格吊上げ（かかくつりあげ）⓪（名）	提价
利潤（りじゅん）⓪（名）	利润
余剰（よじょう）⓪（名）	剩余
ケース（case）①（名）	案件
応訴する（おうそする）⓪（サ動）	应诉
弁護する（べんごう）⓪（サ動）	辩护

五、練習問題

1. 本文の内容に基づいて、次の質問に答えなさい。
   (1)「牛追い牛に追われる」とはどういう意味なのか。
   (2)「ダンピング」とはなんであろうか。
   (3) アンチダンピング案への応訴用意はどのような項目があるのか。
   (4) 中国はなぜよくアンチダンピング調査対象にされるのか。
2. 本文の内容に基づいて、次の文の（　）に正しいものを入れなさい。
   (1) ガット六条の規定による「正常な価格」は（　　　　　　　）。

第十九課　ダンピング（不当廉売）

(2) 中国は WTO 加盟協議に基づき，（　　　）年になってから、自動的に市場経済国地位を獲得することとなっている。
(3) ダンピングは（　　　　）の種類に分類できる。
(4) 競争をねらって、自ら正常な価格よりも安い価格で（　　　　　）
(5) 原価を著しく（　　　）る価格での販売行為は商品商況、正常な市場ニーズや規律に従うものではない。
(6) ダンピングである商品価格から経済的（　　　　）が見えてこない。
(7) ダンピングは（　　　）において、輸出国と輸入国の間に発生する。

3. 本文の内容に基づいて、次の文の（　）に選択肢から正しいもの選んで入れなさい。
(1) （　　　　）によるダンピングは、普通、一国国内の廉売商品をその対象としない。
　　①国際貿易　　　　②価格差　　　　③契約　　　　④価値
(2) 不公正な取引方法で輸入国の事業者の（　　　　）を阻害してはいけない。
　　①輸出　　　　　　②取引　　　　　③事業活動　　　④生産
(3) 「ダンピング」とは（　　　　）で売るのことである。
　　①安値　　　　　　　　　　　　　②他社より安い値段
　　③輸出国で不当な価格　　　　　　④他国で不当な安値
(4) 正当な理由なく商品の（　　）を著しく下回る価格で継続して販売してはいけない。
　　①値段　　　　　　②価格　　　　　③原価　　　　　④安値
(5) 日本の国内法においては、競争法たる（　　　　）に規定されている。
　　①法律　　　　　　②独占禁止法　　③経済法　　　　④独占法
(6) ガット六条の規定するところによると、ある産品の（　　　）価格が、正常な価格よりも安いことを意味する。
　　①輸入　　　　　　②輸出入　　　　③販売　　　　　④輸出
(7) ここでいう「正常な価格」とは（　　　　）市場における消費に向けられる同種産品の通常の取引における比較可能な価格）
　　①輸出国内　　　　②海外　　　　　③国際　　　　　④他国
(8) 構成価額とは（　　　　）における産品の生産費に妥当な販売経費及び利潤を加えたもの。
　　①契約　　　　　　②他国　　　　　③自国　　　　　④原産国
(9) 輸入国によるダンピング防止税の（　　　）が価格差（ダンピング・マージン）を限度に認められる。
　　①賦課　　　　　　②加入　　　　　③交渉　　　　　④計算
(10)「正常な価格」がない場合には、（　　　）輸出価格（　　　　）に輸出される同種産品の通常の商取引における比較可能な最高価格）を利用することもある。

第十九課　ダンピング（不当廉売）

　　　①第二国　　　　②他国　　　　③第三国　　　　④相手国
(11) 中国は WTO 加盟協議に基づき，（　　　）年になってから、自動的に市場経済国地位を獲得することとなっている。
　　　①2015　　　　②2016　　　　③2017　　　　④2020
(12) ダンピングに（　　）措置はアンチダンピング（AD）措置と呼ばれる。
　　　①対応する　　　②対する　　　③応じる　　　④抵抗する
(13) 構成価格がそれぞれ該当するものとして輸出価格との（　　）のために利用される。
　　　①比較　　　　②価格交渉　　　③値切り　　　④商談

4. 本文の例文に基づいて、アンチダンピング調査報告書を書きなさい。

第二十課　アンチダンピング・反補助金

一、コラム：「巧詐は拙誠に如かず待てば海路の日和あり」
二、アンチダンピング措置運用要領と濫用予防
三、日本の政府助成金・反補助金調査の予防
四、例文：
　　1）中国アンチダンピング調査に関するお知らせ
五、通訳の練習：
　　勝訴のお礼の食事に誘う

一、コラム

「巧詐は拙誠に如かず　待てば海路の日和あり」

　国際貿易とは国際間の財物の交換、商品を輸出入する取引、国際間の商業のことで、お互いに「巧詐は拙誠に如かず」と言う言葉のとおりに、巧みに欺くより、拙くても誠意あることは何より大切です。

　中国と各国との貿易関係は中国商務部の責任者の述べたとおり、「中国はこれまで一貫して、貿易保護主義に反対しており、国際金融危機の発生以来、中国は自らの行動でこのことを立証した。中国は各国とともに、世界経済の早期回復を推進していきたい」ということでしょう。

　実は、中国が最初に外国による調査を受けたのは1979年8月に始まりました。中国がいわゆる「改革開放」政策に舵を切ったのに伴い、国際貿易額が爆発的に増大し、現在も増え続ける一方、中国企業を対象とするアンチダンピング措置の発動も増加の一途を辿り、世界最大のアンチダンピング調査対象国になっています。

　1990年代の後期になってようやく中国がアンチダンピング制度を整え、そして最初のアンチダンピング措置を発動しました。2005年以来、保護貿易主義への対応おいて中国は大きな成果を上げてきました。欧州連合は、中国の亜鉛メッキ板と冷間圧延ステンレスボードに対するアンチダンピング調査を取りやめましたし、インドも、ナイロンタイヤコードファブリックに対する特別セーフガード調査を中止し、トルコによる特別セーフガード措置も適切に処理されました。

第二十課　アンチダンピング・反補助金

　　中国貿易障壁の打破に向けては、電池などを対象とした米国関税法337条の調査では米国内の法廷で中国も全面勝利を獲得したといいます。

　　さらに、2011年12月14日中国商務省はアメリカからの輸入車の一部に対し、相殺関税とアンチダンピング（不当廉売）税を課すと発表しました。実施期間は2011年12月15日から2年間、税率は2～21.5%となります。対象は排気量2500cc以上の大型車やスポーツ用多目的車（SUV）です。

　　アメリカに拠点を置く外国メーカーも含まれ、日系ではホンダも対象になりました。ホンダは米国から高級ブランド「アキュラ」の1車種を輸入し、中国で販売しているからです。商務省は「アメリカで生産された乗用車やSUVは政府補助金により優遇され、中国市場で不当に安い価格で販売されている。これにより、中国の国内産業が損害を被っている」としています。

　　2012年2月6日に商務省は、EU（欧州連合）産ジャガイモ澱粉へのアンチダンピング税を引き続き徴収することを明らかにしました。また、6日から、EU産ジャガイモ澱粉へのアンチダンピング措置についての再調査を実施します。これはEU産ジャガイモ澱粉へのアンチダンピング措置を中止した場合、ダンピング行為や損害が継続したり、再発したりしないかを見定めるものです。

　　中国の法律によりますと、調査期間中はEU産ジャガイモ澱粉へのアンチダンピング税が継続されるということです。中国は2007年からEU産ジャガイモ澱粉へのアンチダンピング税を徴収し始めましたが、2011年はそれに適用するアンチダンピング税の税率を見直しています。

　　しかしながら、2012年に入ってから、アメリカ（大統領選挙）は中国を対象に新たな貿易救済措置を発動しました。中国製品に対してアンチダンピング税や相殺関税を課したり、関税法337条にもとづく調査を行ったりするなど、保護貿易主義が拡大しています。

　　例えば、2012年5月18日、米商務部は中国のソーラーパネルメーカーに賦課される31%から250%の懲罰的な関税を徴収すると宣言した。

　　これに対して、中国の商務部報道官は、米国側の決裁が不公正で明らかに米国の保護貿易主義によるもので、不合理な「第三国」価格と比較し、不公平に人的に中国企業のダンピング幅をつり上げた。その上、ダンピング幅を計算する多くの大切なところに、中国企業からの抗弁と証拠資料を固く拒絶したことを指摘した。

　　また、米商務部が発表した関連の反ダンピング調査表の結果によると、強制応訴した企業、無錫市の尚徳太陽エネルギー有限公司の税率は、31.22%、常州天合光能の税率は31.14%で、他の59社は単独の税率として、応訴企業の税率は31.18%、未応訴企業の税率は、249.96%だという。

　　米商務部は、さらに、国際貿易委員会とともに肯定的な終裁を下ろせば、早ければ同年11月30日に反ダンピング関税の徴収令を出すと宣言した。

　　そればかりでなく、「非市場経済国」に対して相殺関税を課すことを法的行為にするように『1930年関税法』を修正しようと国内に働きかけています。同年の4月だけでも、

第二十課　アンチダンピング・反補助金

中国製品をアンチダンピングや反補助金の対象に行なった「337調査」項目は20以上にも達し、正常といえないほど多いのです。

これに対して中国商務省は、数回にわたってアメリカ政府に対して保護貿易主義に反対する約束を履行すること、自由、開放、公正な国際貿易環境を共同で守り、理性的な方法で貿易摩擦を適切に処理していくことを要請しました。

それにしても、米商務省は2012年3月19日中国製スチールホイールにダンピングと補助行為が存在すると認定し、ダンピング幅は44.96％から193.54％で、さらに中国政府から25.66％から38.3％の補助金をもらったと最終判決を下しました。

今後また、アメリカは関連製品に対してアンチダンピング税と相殺関税を課するとしています。

この判決が発表されると、中国製品は、長年来価格が低いし、人民元高が進行し、輸出環境は劣悪で、利益はゼロに近いという具合で、もし、アメリカ商務部がまたも制裁措置を採ったら、中国製品は対米貿易が難航し、すべてアメリカ市場から撤退せざるを得なくなります。

今の中国では多くの産業はまだ発展途上にあり、弱小で、国際競争力不足です。もし、政府からの援助や保護がなかったら、相当な規模に達する前に、仮に反補助金調査をされたら、この産業だけではなく、国全体の経済にも悪影響を及ぼすと懸念されます。

政府にしてみれば、反補助金調査をされるのは政府行為なので、アンチダンピングより反補助金調査の危険性がもっと大きいのです。アンチダンピング案件の悪影響は中国経済に及ぼすだけですが、反補助金案の悪影響は政治上において意味が大きいのです。他の国はいつでも中国に対して反補助金調査を発動するようになり、一国が反補助金案で勝訴すれば、ほかの国々も相次いで真似をするようになります。それでは、中国経済や長期発展を大いに阻害する恐れがあるでしょう。

日本には「待てば海路の日和あり」という諺があります。すなわち苛立たず待っていれば早晩幸運が到来することです。

この諺のとおりに2012に年4月17日、アメリカ国際貿易委員会は中国製スチールホイールがアメリカ産業を実質的に阻害し、脅かすことはないと認定し、アメリカ商務部に税関にアンチダンピング税と相殺関税を課する要請をしないようにと満場一致の合意で最終判決を下しました。

このことはアメリカ国際貿易委員会が2012年に入って初めて中国製商品がアメリカ産業を実質的に阻害し、脅かすことを否定する判決を下した、大変稀な裁定だと思われます。

さらに、米国商務省は、中国政府が不当な補助金を受け入れたという理由で3月20日に、中国太陽電池メーカーに2.90～4.73％の相殺関税を課する仮裁決を下しました。それにもかかわらず、中国が敗訴したとは言えません。実は米国企業は相殺関税税率は100％必要だと申請したからです。

これから分かるように、アンチダンピング調査・反補助金調査に発動された中国企業は、今回のように、海外市場を守るために、専門家グループを作ったり、外国の優秀な

弁護師団を招請したりして、外国が発動した貿易救済措置に積極的に応対すべきでしょう。

二　アンチダンピング（AD）措置運用要領と濫用予防

アンチダンピング（AD）措置運用要領

　ダンピングはガットの規定上、「不公正貿易」と位置づけられ、それゆえ最恵国待遇原則（ガット第一条）と関税譲許（同第二条）という基本原則の例外として認められている。つまり、ガットやWTOは「自由貿易主義」を推進する一方で、アンチダンピングという通商救済制度を各加盟国に提供している。

　AD措置は、WTO上認められた貿易救済措置の1つである。他国が不当に安い価格（不当廉売で輸出をした場合）、輸入国政府が国内産業を保護するために関税を課すことをいう。WTOのAD協定では①ダンピング、②損害、③因果関係が認定された場合、不当廉売関税を課すことを認めている。

　中国はWTOに加盟し、正式に活動してから15年連続してアンチダンピング案件・反補助金案件の調査対象とされた項目の最も多い加盟国であるが、1997年初めてAD措置を発動して以来、日本企業を頻繁にAD調査対象にしている。その結果、日本では中国AD制度に対する関心が高く、中国関連法令の翻訳・紹介はもちろん、日本企業の立場からの対応策という実務の観点からも中国のAD制度についてすでに詳細な先行研究がされている。

　実際には、関税率上限の引下げを始めとして貿易自由化のレベルが向上するにつれ、世界的にアンチダンピング措置の発動回数が増える傾向にある。

　「不公正な外国企業の商慣行を是正する」というアンチダンピング制度のlegitimacyは、国民に受け入れられやすく、政治的には求心力のあるものであったが、研究によると、経済的側面からはアンチダンピング制度を擁護する材料は得られていないという。また、アンチダンピング制度が有する経済効果についての研究結果として、そのほとんどは現行のアンチダンピング制度に批判的な結果となっている。

　理由の一つは、アンチダンピング措置による価格の上昇と輸入の減少で不利益を被るのは、外国企業に限らず、国内消費者と国内ユーザー産業も同様であること（また、国内提訴企業にとっても、アンチダンピングがcountry specificに発動されることから、第三国への輸入転換効果が大きく、提訴のために多額の費用を費やしても見合う効果は少ないとの調査結果もある）、

　もう一つは、経済活動として有害な略奪的ダンピング（低価格戦略で競合企業を市場から排斥したのち、価格吊上げによる独占的利潤を得ること）が生じ得る可能性は低く、市場競争に制限的な影響を与えることが懸念されるケースはごく少数である。

　AD発動提訴書の用意：提訴内容の概述とまとめ。そのほかに用意すべき資料は次のとおりである。

第二十課　アンチダンピング・反補助金

1) 一般背景資料；2) 輸入品、輸出者、輸入者についての詳細資料；3) 補助金についての資料や公正価格より低くなった資料；4) 緊急事情資料；5). 損害資料。

二　アンチダンピング（AD）措置運用要領と濫用予防

アンチダンピング（AD）措置運用要領

ダンピングはガットの規定上、「不公正貿易」と位置づけられ、それゆえ最恵国待遇原則（ガット第一条）と関税譲許（同第二条）という基本原則の例外として認められる。つまり、ガットやWTOは「自由貿易主義」を推進する一方で、アンチダンピングという通商救済制度を各加盟国に提供している。

AD措置は、WTO上認められた貿易救済措置の1つである。他国が不当に安い価格（不当廉売で輸出をした場合、輸入国政府が国内産業を保護するために関税を課すことをいう。WTOのAD協定では①ダンピング、②損害、③因果関係が認定された場合、不当廉売関税を課すことを認めている。

中国はWTOに加盟して正式に活動してから15年連続してアンチダンピング案・反補助金案の調査対象とされた項目の最も多い加盟国であるが、1997年初めてAD措置を発動して以来、日本企業を頻繁にAD調査対象にしている。その結果、日本では中国AD制度に対する関心が高く、中国関連法令の翻訳・紹介はもちろん、日本企業の立場からの対応策という実務の観点からも中国のAD制度についてすでに詳細な先行研究がされているという。

実際には、関税率上限の引下げを始めとして貿易自由化のレベルが向上するにつれ、世界的にアンチダンピング措置の発動回数が増える傾向にある。

「不公正な外国企業の商慣行を是正する」というアンチダンピング制度のlegitimacyは、国民に受け入れられ易く、政治的には求心力のあるものであったが、研究によると、経済的側面からはアンチダンピング制度を擁護する材料は得られていないという。また、アンチダンピング制度が有する経済効果についての研究結果として、その殆どは現行のアンチダンピング制度に批判的な結果となっている。

理由の一つは、アンチダンピング措置による価格の上昇と輸入の減少で不利益を被るのは、外国企業に限らず、国内消費者と国内ユーザー産業も同様であること。また、国内提訴企業にとっても、アンチダンピングがcountry specificに発動されることから、第三国への輸入転換効果が大きく、提訴のために多額の費用を費やしても見合う効果は少ないとの調査結果もある。

もう一つは、経済活動として有害な略奪的ダンピング（低価格戦略で競合企業を市場から排斥したのち、価格吊上げによる独占的利潤を得ること）が生じ得る可能性は低く、市場競争に制限的な影響を与えることが懸念されるケースはごく少数である。

AD発動提訴書の用意：提訴内容の概述とまとめ。そのほかに用意すべき資料は次のとおりである。

1) 一般背景資料；2) 輸入品、輸出者、輸入者についての詳細資料；3) 補助金についての資料や公正価格より低くなった資料；4) 緊急事情資料；5). 損害資料。

アンチダンピング（AD）措置濫用予防

アンチダンピング（AD）措置は正しく運用されれば、不当廉売行為から国内産業を守るための正当な自己防衛手段として機能するが、上記３要件の認定が不正確に行われ、また、これが濫用されると、輸出企業が正当な企業活動を行っているにも関わらず、国内の競争力のない企業を保護するだけの目的で使われ、高い関税障壁となる。

AD 措置の濫用は、関税引き下げ等の市場アクセス改善の効果を無にするものであり、とりわけ、途上国からの輸入品を AD 措置の対象とすることで途上国の経済発展を阻害していることも大きな問題である。そのため AD 規律の強化は、貿易を通じて成長を図るべき途上国の利益に繋がるものである。

他方、現在、発達国から発動した AD 調査だけでなく、途上国自らによる AD の発動も増加傾向にある。

実は、OECD 加盟国の平均譲許関税率は 10%（日本、米国、ＥＵ、カナダの４カ国平均では 4%）だが、平均アンチダンピング（AD）課税率は 43%であり、アンチダンピング（AD）措置の影響が極めて大きい。世界的な AD の濫用に歯止めをかけることが必要であろう。

三、日本の政府助成金・反補助金調査の予防

日本の政府助成金

日本の政府助成金の多くは戦略的貿易政策からの意味が大きいといえよう。理論からして政府助成金の実施は政略的貿易政策からの影響が多いと思われる。第二次世界大戦後、世界で最も先に政府助成金制度を実施するようになったのは日本だとされている。戦後、日本は戦略貿易政策として半導体産業とハイテク産業を促進するために政府助成金を実施し初めた。

日本・アメリカが国際貿易において戦略的貿易と産業政策を実施することは中国の輸出補助金政策に大いに影響している。

金融危機や不景気を背景にしている多くの国々は、国内弱小産業や新興産業を支援するために政府助成金政策を多く実施するようになっていると思われる。次から現在日本で実施している政府助成金について紹介しておこう。

一言で助成金と言っても、日本では実際に様々なものがある。名前も、助成金、補助金、給付金、奨励金などあって、その種類は多くて三、四十種類もあるという。窓口もハローワーク、雇用能力開発機構、高齢・障害者協会、介護労働安定センター、２１世紀職業財団、などなど数多くの窓口に分かれている。そして、それぞれに別の助成金を扱っている。

助成金は融資と違う。融資は借金のことで、返済しなければならないし、利息もかかる。それに対して、政府助成金は返済の必要もないし、利息もかからない。要件さえ満たして申請すれば国から支給される

日本では、中小企業が次のような時に助成金がもらえる。

1) 新規創業や異業種進出（雇い入れもあること）
2) 従業員の雇い入れ；3) 定年の引き上げ 定年の見直し
4) 育児休業制度の活用 育児休業の取得
5) パートタイマーの処遇改善
6) 中小企業定年引上げ等奨励金

「中小企業定年引上げ等奨励金」という助成金は、簡単に次のように分かれる。

①１年以上、継続して勤めの６０歳以上の従業員（雇用保険の一般被保険者）がいること。

②就業規則などで、定年制度の引き上げや継続雇用制度を導入するなどの要件を満たすことでもらえる助成金。これは他の助成金とは違って、次の条件でもらえるから

＊新たな雇い入れが必要ない（それに伴う新たな人件費が発生しない）物品の購入が必要ない。

＊新分野への進出が必要ない 。就業規則を変更して、現状の従業員にさらに会社にいてもらうような制度を導入すること。

反補助金調査の予防

2012年3月13日に、オバマ大統領は、アメリカ政府は中国を含む、非市場経済国に相殺関税を課すことを承認するHR4105法案に署名した。法案の有効時間は、2006年11月20日に遡る。それで米国商務省が下ろした24反補助の判決を合法化する。法案はまた、ダブルカウントの問題をカバーしている。

さらに、アメリカでは議会の両院で、関係法律を3月5日と6日に議決された。これは、米国の中国や他のいわゆる"非市場経済国"製産品に賦課する相殺関税は、もはや国内の法律によって制約されていないことを意味する。

そのために、反補助金調査の発動を防止するために、対策を作っておかなければんらない。参考として以下の幾つを上げておく。

1 中国の事情に鑑み、WTO補助金と反補助金政策の認められる範囲に中国の補助金制度を修正する。

2 産業拡大戦略は基礎科学のリーダーになり、コア技術を掌握する。事業戦略は、新技術開発と競争力のある方向の拡散戦略に基づいた製品の品質戦略を改善し、製品コストを削減し続ける。 長期的に産業再編をして相殺関税に応対する。

3 中国の企業は、法的手段を介して自分自身を保護する必要がある。また、生産と管理技術の向上、生産コストの削減によって自社製品の競争力を向上させる。

4 外国の反補助金調査の対象とされた輸出品は、相殺関税の賦課の補助製品として認定されたが、実はそうではない場合に、政府が輸入国の政府と交渉して解決するように企業はアクティブに政府に要求すべきである。もし、交渉が無効である場合には、WTOの紛争解決機関に提出すべきである。

5 専門的な法律および規則を整え、あらゆるレベルにおける政府の企業補助行為を

規制する。政府の政策や措置がWTOの『補助金及び反補助措置協定』との整合性を考慮する必要がある。

6　良い政府と企業間関係を調整する。政府部門は、補助金の評価機関を作り、反補助金調査の発動される可能性のある輸出品や、他の国の製品を評価する。良い国際貿易環境を築き上げる。

7　世界貿易機関（WTO）ルールに精通する専門人材を育成するだけでなく、企業が完全にアクティブに反補助金調査に応対できる準備をすべきである。

四、例　文

実例①

クロロプレンゴムダンピング調査

調査対象産品名：	クロロプレンゴム
調査対象産品名	日本語：クロロプレンゴム
	中国語：氯丁橡胶
	英語：Chloroprene Rubber
立件日	2003年11月10日
中国申請企業	重慶長寿化工有限責任公司、山西合成ゴム集団有限責任公司
調査対象国・地域	日本、アメリカ、EU
調査対象機関	ダンピング調査：2002年7月1日～2003年6月30日
損害調査：	2000年1月1日～2003年6月30日
仮決定日	2004年12月1日
仮決定概要	［ダンピングマージン］
	日本企業：0～151％、アメリカ企業：151％、EU企業：32～151％
	［損害について］
	調査対象産品の輸入により国内産業に実質的な損害がもたらされており、ダンピングと損害との間に因果関係が存在する。
最終決定日	2005年5月10日
その他	＊2004年3月12日に川上・川下企業の意見陳述会が開催された。
見直し	＊2005年1月3日～1月22日に応訴企業に対する実地調査が行われた。
	2009年8月28日に、原申請企業の申請により日本原産の産品について期中見直し調査が立件された。

＊2010年5月9日に、国内産業代表からの申請により、期間満了見直し調査が立件された。
＊2010年8月25日に期中見直し調査の決定が下され、AD税率が次のとおり調整された。
　　　電気化学工業：9.9％

東ソー：10.2%
昭和電工：20.8%
その他の日本企業：43.9%

実例②

中国ダンピング調査に関するお知らせ知らせ

平成19年8月27日
会社名　日本工業株式会社
代表者氏名　代表取締役社長
田中一郎（コード3000）
問合わせ先取締役管理本部長　山田　勝男
TEL088（800）2000

A国アンチダンピング調査に関するお知らせ（第9回）

各位

　当社がA国商務部に対しておこなった行政不服申立結果については、平成20年5月9日（第8回）にすでにお知らせしましたが、当社は、本日臨時取締役会を開催し、A国政府の行政不服申立結果に対し、日A双方の弁護士の意見も参考に検討いたしました結果、これ以上係争しても当社の主張する事実認定の可能性は極めて低いと判断し、はなはだ不本意でありますが、終息せざるを得ない旨の決議をいたしましたので、お知らせいたします。当社としては、昨年4月18日の立件公告以来、一貫して、ダンピングをしていない旨の事実にもとづいた主張を徹底しておこなってまいりましたが、当社のこれまでの主張がまったく反映されていないアンチダンピング税率を22%とする不当な決定となりました。併行して、当社の主張を理解するA国のユーザーや日本政府も今回のアンチダンピング提訴の不当性について強く主張し続けましたが、残念ながら、A国のアンチダンピング申請企業の主張だけを採用するに固執したA国政府の不公正な決定はくつがえりませんでした。なお、本件による当期業績への影響につきましては、現段階では軽微と考えております。

以上

五、通訳の練習

勝訴のお礼の食事に誘う

J：はい、鈴木です。
C：いつもお世話になっている江蘇貿易公司の王です。
J：あ、王さん、こちらこそ、お世話になっております。
C：先月日本で行われたアンチダンピング調査に協力していただいたおかげで、今度の新製品の販売はダンピングをしていない最終判決が出て本当に助かりました。ありがとうございました。
J：消費者からの評判がよかったですよ。おかげさまでよく売れています。
C：そうですか。それはよかったですね。これからもいいものを作っていきますので、よろしくお願いいたします。ところで、鈴木さん、今週の土曜日の夜ですが、ご都合がいかがですか。
J：今週の土曜日ですか。
C：ええ、よろしかったら、お食事でもいかがですか。
J：申し訳ないんですが、その日はちょっと予定があるんですよ。
C：そうなんですか。それは残念ですね。
J：次の日曜日だったら、空いているんですけど。
C：じゃ、日曜日でよろしいですか。
J：ええ、いいですよ。
C：よかった。うれしいなあ。ところで、鈴木さんは辛いものは大丈夫ですか。
J：ええ、辛いものは大好きですよ。
C：人気のある四川料理の店を知っているんですよ。その店はとても美味しいですよ。
J：そう、是非行ってみたいなあ。

（四川料理の店で）
C：鈴木さん、今回の新製品の件ですっかりお世話になりましてとても助かりました。
J：いいえ、どういたしまして。
C：ここの四川料理はどうでしょうか。
J：とても美味しいです。とくに、このマーボー豆腐としゃぶしゃぶはおいしいです。ところで、日本料理はどうでしょうか。
C：すき焼きと天ぷらがおいしいです。でも、刺身は少ししか食べられません。
J：刺身は苦手ですか。
C：ええ、まだ生の魚に慣れていませんから。
J：日本料理のおいしい店があるんですよ。いつか、一緒に行きましょう。

第二十課　アンチダンピング・反補助金

C：ありがとうございます。お願いします。

新しい単語

巧みに（たくみ〜）⓪（副）	巧妙地
欺く（あざむ〜）③（動）	欺骗
拙い（つたな〜）③形動	笨拙，拙劣
立証する（りっしょう〜）⓪（サ動）	证明，举证
舵を切る（かじをきる）（慣）	实施、启动
亜鉛メッキ板（あえんplatingばん）	镀锌板
冷間圧延ステンレスボード（れいかんあつえん stainless board）	不锈钢冷轧板
ナイロンタイヤコードファブリック（nylon tire cord fabric）	尼龙帘子布
アキュラ（acura）①（名）	讴歌
EU（欧州連合）⓪（略）	欧盟
見定める（みさだ〜）④（動）	审定
スチールホイール（steel wheels）⑤（名）	钢制车轮
仮裁決（かりさいけつ）⓪（名）	暂时性裁决
OECD加盟国	经合组织成员国
関税譲許（かんぜいじょうきょ）⓪（名）	关税减让
求心力（きゅうしんりょく）⓪（名）	凝聚力、吸引力
見合う（みあう⓪（動））	相称
吊上げ（つりあげ）⓪（名）	抬高
ケース（case）①（名）	案件
市場アクセス（しじょうaccess）④（名）	市场准入
歯止めをかける（はどめをかける）	遏制
給付金（きゅうふきん）⓪（名）	福利
ハローワーク（hello Work）④（名） （日本办理政府补贴等事务的机构）	"哈罗工作"
融資（ゆうし）⓪（名）	融资
新規創業（しんきそうぎょう）④（名）	初创企业
異業種進出（いぎょうしゅしんしゅつ）⓪（名）	推动不同行业
雇い入れ（やといいれ）⓪（名）	雇佣
定年制度（ていねんせいど）⑤（名）	退休制度

第二十課　アンチダンピング・反補助金

ダブルカウント（double-counting）⑤（名）	双重计算
カバー（cover）①（名）	涵盖
コア技術（core ぎじゅつ）③（名）	核心技术
産業再編（さんぎょうさいへん）⓪（名）	产业结构调整
アクティブ（active）①（名）	积极主动地
ルール（rule）①（名）	规则

六　練習問題

1. 本文の内容に基づいて、次の質問に答えなさい。
   (1)「待てば海路の日和あり」と「巧詐は拙誠に如かず」とは、それぞれどういう意味なのか。
   (2) AD措置はどんな時に実施する措置であろうか。
   (3) アンチダンピング調査を発動する場合にどんな用意をしておかなければならないのか。
   (4) 中国をはじめ発展途上国のあらゆる製品はなぜよくアンチダンピング調査対象にされるのか。
   (5) 政府助成金の多くは戦略的貿易政策からの意味が大きいと言われているがなぜであろうか。
   (6) AD発動提訴書を用意すべき資料はどのようなものか。

2. 本文の内容に基づいて、次の文の（　）に正しいものを入れなさい。
   (1) もし、オバマがサインした法案は、アメリカ商務省が下ろした24件反補助案の判決を合法化にするし、また、（　　　）の問題をカバーしている。
   (2) アメリカでは議会の両院で、関係法律を2012年3月5日と6日に議決された。これは、米国の中国や他のいわゆる"非市場経済国"製産品に賦課する（　　　）は、もはや国内の法律によって制約されていないことを意味する。
   (3) 産業拡大戦略は（　　）科学のリーダーになり、（　　）技術を掌握する。
   (4) 事業戦略は、新技術開発と競争力のある方向の拡散戦略に基づいた製品の（　　　）戦略を改善し、製品（　　　）を削減し続ける。長期的に（　　　）をして（　　　）に応対する。
   (5) 外国の反補助金調査の対象とされた輸出品は、相殺関税の賦課の補助製品として認定されたが、実はそう（　　　）場合に、政府が（　　　）国の政府と交渉して解決するように企業はアクティブに政府に申し出るべきである。
   (6) 交渉が無効である場合には、WTOの（　　　）機関に提出すべきである。
   (7) 戦後、日本は戦略貿易政策として（　　　）産業と（　　　）産業を促進するために政府助成金を実施し初めた。
   (8) 日本・アメリカが国際貿易において（　　　）的貿易と産業政策を実施する

第二十課　アンチダンピング・反補助金

ことは中国の（　　　）政策に大いに影響している。
(9) 金融危機や不景気を背景にしている多くの国々は、国内（　　　）産業や（　　　）産業を支援するために政府助成金政策を多く実施するようになっていると思われる。
(10) 日本では助成金に様々なものがある。名前も、（　　　）、（　　　）、（　　　）、（　　　）などあって、その種類は多くて三、四十種類もあるという。
(11) AD措置の濫用は、関税引き下げ等の（　　　）改善の効果を無にするものであり、とりわけ、（　　　）からの輸入品をAD措置の対象とすることで（　　　）の経済発展を阻害している。
(12) WTOのAD協定では①（　　　）、②（　　　）、③（　　　）が認定された場合、不当廉売関税を課すことを認めている。
(13) ＡＤ措置は、WTO上認められた（　　　）の１つである。
(14) 有害な略奪的ダンピングは低価格戦略で（　　　）を市場から排斥したのち、（　　　）による独占的利潤を得るものである。

3. 本文の内容に基づいて、次の文の（　）に選択肢から正しいもの選んで入れなさい。
(1) （オバマ大統領は、アメリカ政府は中国を含む、非市場経済国に相殺関税を課すことを承認する（　　　）法案に署名した。
　　①EU4105　　　②HR4105　　　③AR4105　　　④US4105
(2) オバマが2012年3月13日にサインした法案の有効時間は、（　　　）年11月20日に遡る。
　　①2009　　　②2008　　　③2012　　　④2006
(3) アメリカ商務省が中国に対して下ろした24（　　　）の判決を合法化する。法案はまた、ダブルカウントの問題をカバーしている。
　　①アンチダンピング　②反補助　　　③ダンピング　　　④補助金
(4) アメリカでは議会の両院で、関係法律を2012年3月5日と6日に議決された。これは、米国の中国や他のいわゆる"非市場経済国"製産品に賦課する（　　　）は、もはや国内の法律によって制約されていないことを意味する。
　　①AD措置　国内　　　　　　②ダンピング　国外
　　③相殺関税　国内　　　　　　④相殺関税　国外
(5) 反補助金調査の（　　　）を防止するために、対策を作っておかなければんらない。参考として以下の幾つを上げておく
　　①発動　　　②発足　　　③発給　　　④発生
(6) 中国の事情に鑑み、（　　　）補助金と反補助金政策の認められる範囲に中国の補助金制度を修正する。
　　①WTO　　　②AD　　　③EU　　　④US
(7) 中国の企業は、（　　　）手段を介して自分自身を保護する必要がある。また、生産と管理技術の向上、生産コストの削減によって自社製品の競争力を向上させる。

①経済的　　　②政治的　　　③法的　　　④商談的
(8) 専門的な法律および規則を整え、あらゆるレベルにおける政府の企業（　　　）行為を規制する。
　　①契約　　　②補助　　　③アンチダンピング　　　④ダンピング
(9) 中国政府の政策や措置が（　　　）の『補助金及び反補助措置協定』との（　　　）を考慮する必要がある。
　　①AD　合法性　　②WTO　整合性　　③WTO　合法性　　④EU　整合性
(10) 日本・アメリカが国際貿易において（　　）的貿易と産業政策を実施することは中国の（　　）補助金政策に大いに影響している。
　　①輸出　　　②輸入　　　③戦略　　　④戦術
(11) 金融危機や不景気を背景にしている多くの国々は、国内（　　　）産業や（　　　）産業を支援するために政府助成金政策を多く実施するようになっていると思われる。
　　①弱小　新興　　②ハイテク　新興　　③弱小　ハイテク　　④中小　新興
(12) OECD加盟国の平均譲許関税率经合组织成员国的关税减让率平均は（　　　）。
　　①4%　　　②10%　　　③43%　　　④34%
(13) 日本、米国、ＥＵ、カナダの４カ国平均では（　　　）。
　　①43%　　　②10%　　　③23%　　　④4%
(14) 平均アンチダンピング（AD）課税率は43%であ
　　①43%　　　②15%　　　③10%　　　④4%

4. 本文の例文に基づいて、アンチダンピング案裁判の結果通知書を書きなさい。

参考译文

第一课 加盟WTO和国际贸易方式

1. 短评：以不变应万变

从事国际贸易工作后，与外国人打交道便是常有的事了。并且，通过工作会认识各种各样的人。在日本有句成语说"以不变应万变"。意思是即使对方不断地变化，而自己则一如既往。人的性格不同，国民特性也不一样。但是如果你开朗、认真、诚实、易与周围人合作，给对方留下好的第一印象的话，乐意与你合作的人一定很多。给人一个好的第一印象是非常重要的。

每当到了就职季节，日本各大院校的校园便出现许多打着领带的学生。平时留着染色长发，穿牛仔裤的男生们，此时为了在应聘面试时给对方留下良好印象，都剪成短发，身着西服，显示自己能够成为一名称职的职员。

在日本，如果语言粗鲁，着装邋遢的话，容易被看作是不能认真工作的人，因此，面试时，应聘人员的态度和服装也是决定是否录取的重要因素之一。为此，注重第一印象的日本人，因工作等事由去会晤初次见面的人或接受就职面试时，一般不穿牛仔裤之类的便服。男的大多身着藏青色或灰色西装，女的一般穿着西服套装。

另外，进房间后，注意不要不脱大衣就坐下或翘起二郎腿。因为这也将会给自己带来负面影响，有礼貌并且严守时间、尊重他人并守约的人，往往能够得到周围人或贸易对方的尊重。

2. 加盟WTO和国际贸易方式

Ⅰ 加盟WTO

1）关贸总协定的成立及加盟国的权利和义务

这是为了避免重复30年代世界性经济危机的痛苦经历，作为联合国的下属机构，并补充布雷顿森林体制（IMF和世界银行）而成立的国际贸易组织。关贸总协定于1947年10月30日在日内瓦签定，本部就设在日内瓦。当时有签约国23个，截止1994年底，加盟国已达到104个。这个协定既是规定关税和贸易规则的国际法则，又是进行多边贸易谈判和协调争议的场所。

加盟国的主要权利：

①享受其他缔约国给予本国出口产品的最惠国待遇和国民待遇的好处。

②享受其他缔约国取消或减少歧视性数量限制和其他限制的好处。

③可利用关贸总协定的体制，同有关缔约国进行磋商，解决贸易争端。

④可获得其他缔约国的对外贸易统计、对外贸易政策和措施等资料。

⑤发展中国家成员可在一定条件下享受互惠的特殊待遇。

加盟国的主要义务：

①对其他成员国遵守关税划一的最惠国待遇原则。

②征收进口税不超过关税互让表所规定的各国关税率标准。

③除出现国际收支恶化等特殊情况，一般不限制进口数量。

④废除其他非关税壁垒。
⑤与其他缔约国发生贸易争端时。应按关税总协定的规定来解决争端。
⑥向其他缔约国提供本国对外贸易统计、外贸政策及措施等资料。
⑦交纳会费。

2) 关贸总协定在国际贸易中的作用

关贸总协定自1948年1月1日施行以来，大大促进了第二次世界大战以后的世界经济的发展、缓和了各缔约国之间的矛盾，对世界经贸信息的交流和人才的培养做出了贡献。

3) 中国恢复关贸总协定缔约国地位的道路

关贸总协定签约时，中国也是23个缔约国之一。由于历史原因，40年来中国和该国际组织中断了关系。不过，中国早就恢复了在世界银行和国际货币基金组织中的地位，从1971年也开始逐步恢复了同关贸总协定的关系。1987年7月中国正式提交了恢复关贸总协定缔约国地位的申请，关贸总协定也成立了研究恢复中国地位问题的中国问题工作组，详细审议和全面评价中国的贸易制度。

中国从70年代末开始，为了参与国际分工而开始施行对外开放政策，并进行面向市场经济的改革以及将中央集权的计划经济最终转换成社会主义市场经济的历史性改革。

在这些改革中，关贸总协定各加盟国最关心的主要有两个问题：一是企业在经营机制转换过程中是否能扎实地实施国有企业的自主经营和自负盈亏制；二是能否完成市场价格机制的改善。

中国为了恢复在关贸总协定中的席位，对外也进行了一系列重要的改革，如大幅度降低关税、取消进口限制等，而且加快了进口许可证的发放，对海外投资者开放了更多的市场。但是，中国还是发展中国家，应该享受特别优惠条件，同时不能把关税降得太低。另外，为了保护国内幼稚工业不与海外商品竞争，中国还制定了反倾销法和贸易法。

中国要恢复在关贸总协定中的席位，便要面临大幅度降低关税的考验，会受到很大的冲击。但是，我国产品必须设法提高在国际市场上的竞争能力，因此从长计议入关是有利的。

中国在最惠国待遇问题上，几乎每年要和美国进行讨价还价，如果加入关贸总协定，不仅和美国，而且和所有加盟国之间，都可以无条件地、自动地、并稳定地互相享受最惠国待遇。中国尽早恢复关贸总协定缔约国的合法地位，有利于进一步发展中国和世界各国之间的平等互惠的贸易关系。

4) WTO 和中国的加盟

(1) WTO 的成立

建立一个国际性贸易组织的建议，早在二次大战结束前就已提出并已形成决议。但因美国担心其经济政策会受到一个超国家机构的干预而未予批准，致使成立国际贸易机构一事半途而废。在这种情况下，于1947年达成了历史性多边贸易协定，即关贸总协定。协定从1947年至1995年一直发挥了实际上的国际贸易组织的作用。自WTO1995年1月1日成立并于1996年1月开始实施后，管理世界贸易长达47年之久的关贸总协定即废除。作为一个永久性机构，世界贸易组织（WTO）将与国际货币基金组织（IMF）和国际复兴开发银行（世界银行）成为当今世界经济体系的三大支柱。到1999年底，WTO的加盟国已达134个。至2012年3月增加到146个国家。

(2) WTO 的作用

WTO除了继续实施关贸总协定的主要条款外，比关贸总协定具有了更广泛的活动领域。服务业贸易和知识产权、投资等重要的商业活动首次被纳入多边贸易管理体系。另外，世贸组织除了进一步明确和强化了关贸总协定原有的有关规定外，还建立了比关贸总协定的有关机构效率更高的、透明度更大的贸易争端调解机构，据此任何成员国都无权否决该组织专家小组做出的裁决。

服务业贸易包括运输、旅游、保险和金融。世贸组织通过了《服务贸易协定》。

参考译文

知识产权是指基于智力型的创造活动获得成果后，活动者对其成果依法享有的人身权利和财产权力。它具有专有性、地域性和时间性三大特征。知识产权包括工业产权和版权两个部分，其内容如下：

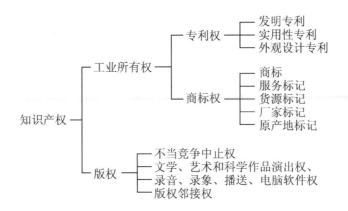

(3) 中国加入WTO之道路

包括恢复关贸总协定席位的努力，中国为了加入WTO已连续奋斗了十三年。最终于1999年11月17日与美国、2000年5月20日与欧盟签定了入世的双边协议。至此，中国入世又更进了一步。

中国加入WTO，除了面临大幅度降低关税的考验外，国营企业产品、国企职工就业和金融领域等都将受到巨大冲击。但是，加入WTO有利于中国的对外贸易、国民经济结构调整、使商品的进出口更加合理。同时中国产品受到国际市场竞争的冲击后，不仅能增强进入国际市场的竞争力，还能引进外资和技术，这是中国发展经济的有利机遇。

另外，中国用不着就最惠国待遇问题每年同美国进行讨价还价，可以和所有加盟国之间，无条件地、自动地并稳定地互相享受最惠国待遇，这有利于进一步发展中国和世界各国之间的平等互惠的贸易关系。

(4) 维护WTO需要各国同心协力

自国际贸易组织成立以来，大大促进了第二次世界大战以后的世界经济的发展、缓和了各缔约国之间的矛盾，对世界经贸信息的交流和人才的培养做出了贡献，的确给各加盟国带来了利益。

但是，2003年3月，美国为了本国钢铁产业的利益，利用贸易保护主义政策，在未与贸易组织协商的情况下，擅自提高了钢铁进口关税，这是违背国际贸易组织规定的行为。这种行为的确损害了加盟国的利益，于是，世界贸易组织于2003年11月10日宣布，美国的这种擅自提高钢铁进口税的行为属于违背国际贸易组织的违法行为。美国如果不撤消提高关税的决定，有关各国可以在2003年12月15日起，各自采取对美报复性措施。在这种压力下，美国最终于同年12月10日宣布，终止实行提高关税的决定。

如果类似行为今后还频繁发生并不加以改正的话，国际贸易组织作用必将衰弱，并必将威胁世界经济的稳步发展。因此，维护国际贸易组织规定是各加盟国的义务和责任，需要各国的同心协力。

II 国际贸易方式

为了适应21世纪国际市场需求，外贸领域自90年代以来，对外开放和改革进一步得到深化。我国加入WTO后，一步促进了对内搞活，对外开放"政策的实行并且，遵循国际贸易惯例采用各种贸易方式，必将与更多的国家建立和发展贸易关系。为了促进引进外资，必须创建更多的经济开发区并改善投资环境，不断完善相关法律。

中日贸易在沿海地带有地理上的优势，因此，将日本作为首选贸易伙伴的地区有很多。

目前国际贸易方式有：一般贸易、独家经营（包销）、代销、寄售、投标、拍卖、，另外还有利用交易所进行期货和现货交易等等。

参 考 译 文

特别是，中国加入 WTO 以后，大量利用的贸易形式是 OEM 生产形式。

中文将这一贸易形式称为"定牌生产"。即：外国企业（一般是生产名牌产品的厂家或名牌贸易商）提供设计图、规格、专利、样品等，中国企业提供原料并进行加工。中国企业从中获取生产费用。外国则负责给产品标上名牌并进行销售。

以下是目前经常利用的几种贸易形式。

1) 补偿贸易：外国企业提供设备，技术和材料，中国企业用成品返还贷款。这种贸易方式通常有以下两种形式：

   ① 直接补偿贸易——直接用引进的设备生产出的产品返还设备款和其他费用。

   ② 间接补偿贸易（或称综合补偿贸易）——用其他设备生产的产品或成品返还货款。

在资源开发项目中，补偿贸易还有共同分配生产物的方式。

2) 合作经营：合作经营有各种形式。一般是外国企业提供部分或全部设备、材料、生产许可证和先进技术等，中国企业提供厂房和工作人员，双方分配产品或利润。外方一般不出资金。

3) 租赁：一般有下面两种形式；

   ① 单纯租赁——租赁期满后，租赁物品归还原主。

   ② 租赁卖断——租赁期满后，物品所有权归借租人所有。

4) 委托加工：外国企业提供原料，中国企业将其加工成成品出口，只收取加工费（单纯进行原料加工）。

5) 进口原料加工：从国外进口原料或进口一部分零件进行加工并出口。原料费用从加工品金额中扣除。

6) 来样加工：外国企业提供样品或设计图，中国企业将原料加工成成品并获取加工费。

7) 装配加工：中国企业从外国企业进口成套零件，进行组装加并获取组装费（多为 轻产品。

下面的几种贸易形式是以前计划经济时代，中国在对外贸易中，为了减少赤字经常利用的形式，现在除了政府的贸易行为外，一般不太采用。

8) 易货贸易：用国内货源充足的货物换取稀少物品或市场物资，中国为减少贸易赤字多采用这种方式。这种方式主要有以下两种方式：

① 易货贸易——根据双方的需要，用价格相似或差别小的货物进行交换。中国一般用初级产品进行交换，以前主要有米、棉花、茶、麻、燃料。现在还有棉布、印花布、自行车、机械产品，电子产品等。进口产品多是木材、水泥、生铁、汽车等等。

② 回头贸易——出口人出口货物后必须从进口人那儿进口货物。但是双方商品的价格不一定等同，价格多少取决于双方的合同。

采用多种形式进行贸易，对贸易双方有以下几个优点：

对外方：

1) 可以降低劳动成本，进口廉价产品（特别是劳动力密集型产品）。

2) 可以长期稳定地进口产品或原材料。

3) 可望改善进口产品的质量和包装。

对中方：

1) 有效获取并利用外汇。

2) 可望提高劳动生产效率和产品质量。

3) 可以学习并获得生产管理、经营管理等先进方法和高新技术。

补偿贸易和易货贸易是在国际贸易中，减少贸易赤字的有效方式。

第二课　贸易顺序、商务文件种类、形式和寒暄文书写作要领

1．短评：签字和印章

虽然有很多中国人因兴趣或工作而持有印章（或称戳子），但是在日常生活中没有印章也无妨。

如果在日本生活就要经常用到印章了，没有印章是很不方便的。

日本的印章分两种：一种叫实印，一种叫认印。实印是向居住地市、区、镇长申请并登记过的印章，只有实印才能证明文件不是假的。认印用于公司内部，盖在自己制作的文件或自己阅过的文件上，表示对自己所做的工作负责。平时取邮件等也用。

到市、区、村、镇公署机构提交文件时，需要填的表格中一定有盖章栏。另外，到邮局取包裹也要用印章。在银行的分期付款合同和创建公司文件上，一定要盖实印。实印与认印不同，是很重要的印章。

日本以外的国家几乎都用签字处理文件。日本最近也都改用签字了。不过，印章还是很需要的。长期居住在日本的西方人中，也有人带着用假名或汉字刻着自己名字的印章。大概还是有印章方便吧。

如果因工作需要长期滞留日本，最好带二个印章去，日后一定会有用的。

贸易顺序、商务文件种类、形式和寒暄文书写作要领

贸易顺序

首先通过广告或介绍寻找贸易合作伙伴。一旦寻得的便可对交易条件进行询价。如果贸易条件合适，再通过访问考察加深相互了解。下一步进行贸易洽谈。洽谈分报盘、还盘、递盘和承诺四个阶段。成交条件成熟后便要签约。合同上注明贸易方式、订购数量、质量、规格、价格、色彩、交货期、结算方式、运输方式、保险方法等。双方签定的合同，自签约之日起具有法律效力。

以下是进出口贸易合同履行步骤

出口时的合同履行步骤：

1) 确认对方是否开具了信用证（以信用证结算时，要先索取信用证）。
2) 备货。货备齐后进行交货准备，在这之前要事先通知对方交货日期。
3) 准备交货，拿到信用证后即通知对方货船名、装船日期、离港日期及抵达港名，同时将发货单和装箱单等单据寄送给对方。
4) 准备装船。
5) 准备结算。
6) 确认出口金额后办理退税手续。
7) 如有违约情况根据合同酌情办理。

进口时的合同履行步骤：

1) 开始信用证并在需要时进行修改（尽量不要修改）。
2) 准备运输和投保。
3) 准备接货。
4) 审查结算用单据并准备支付货款。
5) 办理报关手续。
6) 进行商品检验，检查货品有无缺损。
7) 如有缺损即可根据情况进行索赔。

商务文件的种类、形式及寒暄文的写作要领

商务文件的种类　商务文件有两种分类法。一是根据商务业务进展阶段来分。例如：广告宣传阶段、招募合作伙伴阶段、介绍和推荐公司及其产品阶段、索取样本阶段、询价报盘（包括回盘，递实盘）阶

段、定货签约阶段、保险阶段、运输阶段、抗议阶段、索赔阶段等等。

二是根据文件种类来分。例如：（为寻找合作伙伴的）广告、介绍信，照会、变更通知、交涉、委托信、建议书、承诺信、拒绝信、催促信、抗议书、请柬、邀请信、贺信、慰问信、吊唁信、感谢信、致歉信等等。

商务文件格式有如下两种，即横格和竖格。横格有根据发信番号，发信日期和发信人的签署位置分上署名和下署名两种格式。

横格：
1) 前置：发信番号、日期、收信人、发信人、件名。
2) 冒头语：敬启、敬复、前略等。
3) 问候语：一般内容有季节、寒暄、感谢、道歉等。
4) 正文：通知对方的内容。
5) 结尾：结束的寒暄语。
6) 结束语：敬具、以上、草草等。
7) 附件：又具、再启等。

（示例：略）

竖格：
1) 冒头语：敬启、敬复、前略等。
2) 寒暄：一般内容有季节、寒暄、感谢、道歉等。
3) 正文：通知对方的内容。
4) 结尾：结束的寒暄语。
5) 结束语：敬具、以上、草草等。
6) 后置：发信番号、收信人、发信日期、发信人。
7) 附件：又具、再启等。

（注：当冒头语用"前略"时，结束语一定要用"草草"或"匆匆"）

另外，重视礼节的社交性信件要用竖格，并且不要加标点符号。什么样的礼节等级应采用竖格呢？各个公司是不同的。贺信和吊唁信的竖格和横格的写法有些不同，需要注意以下几点：
1) 表示数量的数字原则用汉字数字而不用阿拉伯数字。
2) 日期、发信人、收信人放在结束语的后面。

寒暄文的写作要领 寒暄文分季节问候信、披露通知、人事变动通知、社名变更通知等。季节问候信中根据季节不同有贺年卡、寒冬慰问卡、酷暑慰问卡、秋暑慰问卡等。这类信件通常多使用明信片。

宣告通知是礼节性的信件，一般用于新店开张，新建筑物建成、公司成立、迁移等。

变动通知一般用于上任、调动、赴任等。借此告知对方近况。

同中国一样，日本也讲究"来而不往非礼也"，对客户的来信，如果有时不能立刻作出回答，也要用寒暄信答复让客户安心。

写寒暄信时要注意以下几点：
1) 要用礼貌文体并遵循惯例。
2) 遣词用句要体现出谦逊的姿态。
3) 要注意给予对方好感。
4) 千万不要错过时机。

寒暄文一般采用规定格式。如有特殊情况或目的而需要谨慎从事的话，寒暄文应包括下列内容：

1) 开头语或简单的寒暄。
2) 简单陈述寒暄或慰问的理由。
3) 表述自己的想法。
4) 高度评价对方或安慰对方。
5) 拜托之类的语言或鼓励的话。
6) 结束全文的寒暄语。

第三课　征寻贸易合作伙伴

1．短评：名片和一期一会（萍水相逢）

在贸易活动最初阶段所做的工作就是寻找贸易合作伙伴。贸易合作伙伴就是能够相互协作的伙伴或交易对方。贸易合作伙伴间既有单纯的买卖关系，又有共同经营企业的合作关系。寻找贸易合作伙伴就是希望今后的贸易能够成功，所以无论寻找哪种贸易合作伙伴，往往越想早点成交，就越想尽早了解新伙伴的详细情况。

对于不善于用语言表达思想的日本人来说，初次见面最简单的交际方法就是交换名片。

有工作的日本人几乎都有名片。名片上印有工作单位名称、本人职称、住址和电话号码、电子信箱地址。有时还可以印上显示企业形象的口号。通过交换名片，可以准确地相互了解对方的地位，从而采取相应的接待措施。名片上最好详细注明企业名和本人职务名称。

在日本交换名片也有简单的惯例。如：将写有姓名的一面向上，以正面方向递给对方，递名片时两臂要伸直，同时鞠躬表示礼貌。得到名片后，不要立即塞进衣袋或名片夹里。有礼貌的做法是认真地边看边读名片，表示一下对对方的赞许后再放进名片夹里。如果是坐着，一定要将名片小心地搁置在名片夹或笔记本上。

另外，日本人是没有握手的习惯的。

在日本同一个职能部门不会有两个相同的职位，无论地位多么得相近，也还是有微小的差别。日本人是很注意这种细微差别的。另外，交换名片时如果在场人很多，一定要根据职位由上而下依次交换，违反顺序随意交换有时可能失礼。为了使客人及早了解主人身份，最好由迎接客人的主人主动递上名片。

对于经常和日本人打交道的贸易人员来说，名片是工作中的重要工具。贸易人员的名片夹是维系人际关系的宝贵联络簿。如果将接受名片的时间、地点、事由甚至第一印象及对方的性格都记在名片背面的话，对今后的交往和贸易的顺利开展一定会大有帮助。

选择贸易伙伴时，对积极的，善于协调的、开朗且认真的性格是重要条件。因为尊重他人的人必然为他人所尊重，所以如果你珍惜对方的名片，想对方表示你对他的尊重，也就会增加对方尊重你的因素。

2．征寻合作伙伴宗旨与介绍信、推荐信写作要领

征寻合作伙伴宗旨

写作征寻合作伙伴的信函是，文中要明确注明对合作伙伴的要求和条件。即：合作项目的名称、时期、场所等。征寻方式可通过各种媒体进行广告宣传。宣传时一定要强调项目的优点。

因为征寻合作伙伴的信件要直接送到特定的对方手中，所以必须实事求是，避免夸张。同时，必须用具有说服力的口吻陈述自己的条件。征寻合作伙伴的文书可用一般文体。

征寻文中还有一种是寻找商品买主的信件。对于卖方来说，买主越多越好。所以寻找客户时，要充分利用尽可能多的方法征寻。如：通过亲朋好友、校友等人际关系；利用电话簿、杂志、因特网上的信息；利用各种商事聚会和宴席、出国访问等机会。在此应提醒注意的是：一定不要忘了感谢介绍客户给

自己的人。

介绍、推荐信的写作要领 介绍形式的文书是指将自己所熟悉的人或组织介绍给朋友或有关部门和企业的文书。它可分为两类：一类是单纯介绍；另一类是介绍之后再推荐，又称推荐信。这种信件虽然不负法律责任，但是道义上的责任却很重。因此，避免用不负责任的轻率态度介绍。

介绍文一般用规定格式。如有特别关系或目的，需要更热情地介绍的话，应该包括下列内容：

1) 开头语或简单的寒暄
2) 介绍人自己的看法
3) 被介绍人与自己的关系和介绍的目的
4) 对被介绍人进行简单评价
5) 拜托之类的语言
6) 结束语

第四课　为促进贸易而进行邀请活动

1．当接到请柬时

日本的公司职员经常出席各种宴会。如：年末、年初和校友、同乡、同事举办的忘年后会和新年会，日常的结婚典礼、葬礼、与工作有关的披露会、庆宴、欢迎仪式等等。如果你问一般的职员："您每年要参加多少次宴会？"也许很多人都会这样回答："这……可数不清吧。"一般的职员尚且这样，更不用说企业主或有官衔的人，他们参加宴会的次数就更多了。

如果需要长驻日本的话，你一定也会受到出席各种宴会的邀请。当你接到宴会请柬或通知时怎么办呢？下面看看收到婚礼请柬后该怎么办吧。

最近经常可以看到外国人参加日本人的结婚典礼。一般日本人的婚礼请柬里都有一个对折的说明卡和回执用的明信片及会场地点线路图。收到这种请柬时，首先要确认自己的日程安排，然后及时发回出席或缺席的回执。

如果届时的婚礼是在神社举行，那只有亲戚参加。如果在教堂举行，那么任何人都能参加。仪式之后就是婚礼披露宴。宴厅门口一般有个接待处，你要将写有你名字的贺礼信封放在那儿。参加婚礼时，注意穿着不要比新郎新娘显眼，但要与婚礼气氛吻合。男的一般着黑色礼服系白色领带（葬礼系黑领带），女的着礼服即可。

接到一般的宴会请柬时，服装没有特别要求（日本的宴会一般采用会费制）

如果接到与工作有关的宴会请柬，也许会遇见不认识的人，这是个扩展人际关系和工作机会网的绝好机会。为了以后的工作要不失时机地托各种人介绍与初次见面的人认识，并及时交换名片。为此，出席这种宴会时，最好不要忘记带上足够的名片。

2．商务访问概要及请柬、邀请函的写作要领

商务访问概要 商务访问就是为了促进交易访问，是国际贸易活动中的"外交活动"。其目的就是通过贸易双方的互访而交换信息，加深理解并进一步拓展贸易关系。

日本是注重礼仪的国家，在商业活动中礼仪习俗比在日常生活中更受重视。去日本进行商务访问时，应注意以下几点：

1) 初次拜访时，经人介绍的话将方便得多。
2) 去访问前，一定要事先约定好。即说明访问目的，约定访问时间和地点。
3) 名片是用于沟通的极其方便的工具，所以要主动先递给拜访对象。

4）进行礼仪性拜会时要带礼品，并在致辞时赠送给对方。准备和选择礼品时要充分考虑，不要引起贿赂嫌疑。
5）讲话时一定要用敬语。
6）去拜会有关地区的政府机构或协会时，最好不要谈论具体的业务。
7）访问后要用电话或信函对接待方表示感谢

在此介绍一般日本公司的职务职称，这些可作为将来商务访问时的参考。在日本，职务称呼因公司的不同而不尽相同。

会长：董事会议长，运作董事会的代表。
社长：董事会作出决策后执行业务，并作为公司的代表全面负责和管理公司。
专务：辅助社长管理公司业务的当权者。一般一个公司设有一到二名专务。
常务：管理公司日常业务的部门执行人，一般负责公司的市场营销，财政，技术开发等部门其中一个部门的业务。
部长：各部门的经理。有时也兼任董事。
课长：各部门里掌管实际业务的负责人，直接管理公司的具体工作。
组长：管理负责具体工作的组员。

请柬，邀请信写作要领 邀请客人时必须写请柬或邀请信。普通的请柬都采用有规定格式并印刷好的请柬卡，印刷品请柬可发给人数多的非特定客人。

邀请信则是邀请对方参加会议或访问的信件，多寄给特定人员。邀请信较短，但必须言辞热情。要将邀请的有关事宜（被邀请人的姓名、时间、场所等）写清楚，避免出差错。同时，信中一定要附上回执用明信片并提前寄出。如果请对方讲话必须提前通知对方。文章可长可短，包括以下内容：
1）向收信人做简短致辞。
2）说明活动内容。
3）详细日程安排。
4）请对方寄回是否出席的回执。

第五课　寄送商品目录和样品

1. 短评：出头锲子先挨打

亚洲有位经济评论家对照本国和日本的公司职员表现后说："我国公司的职员在5点下班前就做下班准备，到了5点便准时下班。而日本公司的职员如果在5点前工作做不完，他们便会等工作做完后才做下班准备。这个时间差经过1年、5年、10年则可积累成一个庞大的数字。大概正由于这点日本才走到各国前面的吧。"也许这位评论家的话确实是有道理的。

日本人确实是到了下班时间，如果当天该做的工作没完成便不回家而继续工作。下班后的加班在日本称为"残业"。日本人的"残业"之多世界闻名。听说在泡沫经济时期，如果丈夫没加班并在晚上10点前回家，便会遭到妻子的冷落，邻居也会投来同情的目光。因为大家认为这家的丈夫在公司没有担任重要的工作，所以才能早早回家。

然而，听说有位美国女记者观察了日本人的加班现象后批评道："日本人的加班中有些现象真是令人费解。虽然有时确实需要加班，但多数情况是：有些人将完全可以在工作时间内做完的工作故意拖到下班以后才忙碌着做起来。更有甚者，有的人即使没有工作可在加班时做，也借口整理文件而磨蹭着不肯离开公司，直到最后和同事们一起下班。这究竟是为了什么呢？"

参考译文

　　日本有句谚语叫"出头锲子先挨打"。人们认为：出尖的人往往容易令人讨厌而被人作难。特别是有才能，有技术的人易遭到人恶言和嫉恨，因此，人们时刻都在提醒自己要与团体保持一致，不要被他人认为是我行我素的人。日本这种非同寻常的加班现象多少也反映出日本人的这种共同心理吧。那位美国女记者事先了解日本人的这种心理的话，也许就会理解日本这种加班现象而见怪不怪了。

　　日本人的这种意识也反映在贸易活动的方式中。

　　例如，日本新上任的社长在发表就职演说时，是不太强调自己个人主张的。而在美国，这种社长会被看作是无作为的人。在日本，社长一般要得到全体员工的信任后，才一点点地用自己的改革方针去替代原有方针。

　　日本的各家公司作为存在于社会中的小团体，同样也极力谋求与整个社会大团体步调一致。下面让我们看看一个中日合资公司如何对一项大的交易进行决策的。

　　当中方公司要求日方公司投资一个大额建设项目，或要求向日本出口一种新产品时，一般日本公司首先要进行市场调研。

　　这种调研工作中国也做，但是调查内容不尽相同。日本的市场调研内容一般分两个方面：一个方面是调查研究新的投资项目或进口商品的商业意义，即有无利润可图。这也是通常的市场调研目的。另一个方面则是日本独特的。即：调查社会对该项目可能做出的评价和社会是否能够接受和理解公司的做法。

　　日本这种独特的市场调研项目通常包括以下几个内容：

　　1）新的项目是否符合公司创始人的意图，是否符合公司一贯传统？
　　2）同行业者将会怎样看待该新项目？
　　3）竞争对手将会怎样看待该新项目？
　　4）该新产品进入市场后，是否有损公司的形象？
　　5）如果新项目投资失败，对公司的负面影响有多大？

　　即使做完市场调研，认为某项投资是有价值的，日本人也不会像美国人那样，首先抛出大资金，一揽子占领好地盘后再慢慢消化，而是先投放小额资金尝试一下，确定投资是准确无误后，再将大额资金投放出去。

　　因为一笔大的投资项目将会影响到全体公司职员的生活，所以一般日本公司在执行新的投资项目前，都要征询各有关方面的意见，以求得到社会的支持。

　　2．委托，建议概要及写作要领

　　委托概要　　委托是指拜托别人帮助自己做些什么。因为是求人办事，所以态度必须热情、诚恳。要向对方表明企求帮助的心情、目的及内容，努力劝说并说服对方早先接受自己的要求。

　　委托信写作要领　　委托信是委托交易对方办某事的信，用于委托寄送样品、资料、委托估价预算、委托调查等。写作要领如下：

　　1）写明委托内容，明确表明与对方的利害关系。
　　2）委托信与通知书和说明书不同之处在于，它试图让对方用长远眼光考虑委托和建议的项目，从而调动起对方的积极性并接受自己的委托和建议。
　　3）在文章结构上，委托信主张分项逐条写，使内容及利害关系一目了然。
　　4）虽然委托信是劝说和调动对方积极性的文章，但决不能夸大其词和不切实际，不能弄虚作假。

第六课 询　盘

1. 短评：他山之石

　　去过日本的人一般对日本那种充满国际色彩的衣、食、住日常生活方式都会留下深刻的印象。如：在日常饭菜中除了日本独特的寿司、油炸食品等日本菜外，每天的菜单里都有世界上一些国家的典型食品。例如极受欢迎的印度咖喱饭，中国汤面和饺子都是日本人饮食生活中不可缺少的。还有美国的铁板牛排、意大利通心粉和比萨饼、韩国烧烤和酸辣菜都经常出现在日本人的家庭餐桌上。如果逛一下日本大城市的话，随处可见汉堡包、肯德基等快餐店，到处竖着法国菜馆、西班牙菜馆、意大利菜馆、俄罗斯菜馆、韩国菜馆、中国菜馆、泰国菜馆的招牌。

　　居住方式也同样充满了国际色彩。一般一套居室中都设有西式和日式房间。服装方面也是同样的。不少人出门着西装，回家换和服。

　　总之，向各种新鲜事物挑战也是日本人的一个特性。

　　日本有"他山之石"这句谚语，说的是即使别人的言行不那么完善，但对提高自己的才能和人格也是有帮助的。

　　这个谚语反映了日本人善于吸收新事物的特性，同时将它更多地发挥在产业技术开发活动中。

　　日本是个岛国，自然资源匮乏。为此，日本人早就认识到开发人的智慧比开发自然资源更重要。并且认为吸取他国长处，是开发人力资源的最重要手段。

　　几乎所有日本企业内部均设有技术开发部。技术开发部可谓是公司运转的心脏部门。这些开发部竭力发挥本公司的长处，并且研究用他人优势来加强自己的弱势，由此产生数不清的技术专利和技术诀窍，取得了巨大的成就，并促使日本成了世界首屈一指的经济大国。

2. 询盘概要及照会文书写作要领

　　询盘概要　　询盘就是买卖之前的询问活动。国际贸易是国与国之间的贸易活动，与国内的贸易活动相比有如下几点不同之处：

1) 受到贸易对方国家的对外政策、措施、法律及外汇管理规定的限制，所以必须了解贸易对方国的情况。
2) 交易量大，金额高、合同履行期限长；运输距离长、运输工具多，从而装卸次数多。所以，相对国内贸易来说风险要大得多。
3) 由于受到双方国家政治、经济，特别是市场竞争、贸易纠纷、汇率变化的影响，所以比国内贸易更不稳定，更复杂。
4) 除贸易双方必须齐心协力之外，还必须得到运输公司、保险公司、海关、商检部门的合作并受到这些部门的监督。关系稍不理顺便会出现损失或引起纠纷。

　　因为有上述特征，所以与外国企业做贸易时为避免意外受损，事前的询盘必须特别谨慎。必须通过驻外使馆、驻外机构和外国商会了解该国的商业行情，确认贸易伙伴的资产情况、经营状况、交易状况等，然后以口头或书面形式向贸易对方询问贸易条件。询问内容包括：产品质量、数量、价格、包装条件、交货情况及结算方式等。

　　询盘活动是交易活动的最初阶段，因关系到以后的交易能否顺利进行，所以要认真对待。书面询盘时，询价单可同时发给几个贸易对象，这样就可将几个贸易对象的价格进行比较，然后再确定贸易伙伴。这也是成交所不可缺少的步骤。但是询价单也不能滥发，因为滥发会引起商品紧俏的误解而出现哄抬价格现象。因此询价单也应该认真研究以后再法。值得提醒的是：收到询盘的答复后要及时回信，这是贸易活动中有礼貌的表现。

照会文书写作要领 照会信用于查询商业活动中出现的不明点或疑点。照会内容有查询贸易对方资信情况、汇款情况、发货情况和业绩情况等。查询问题是各种各样的，根据内容有询问、要求、委托调查等形式。

询问是查询不明点；要求是在询问的同时要求对方予以协助；另外照会文书中还有向对方表明自己立场的内容。由于照会内容千差万别，所以必须注意言辞。例如："要求"的内容要用很客气的言辞；"询问和查询"则用一般的语气；表明自己立场的照会信语言必须准确扼要。

写作时要注意以下几点：
1) 表明照会内容。
2) 照会内容明确、语气委婉。
3) 要根据时间设定请对方回复的期限。

第七课　报盘（或报价）

1. 短评：沉默是金

如果事先了解日本人是怎样应付与外国人初次见面场合的话，你与日本人初次见面时也许就能采取合适的措施，使日后的交往能顺利进行。

在许多外国人眼里，日本人是很腼腆的。习惯与外国人交往的日本人，在与外国人初次见面时一般能够很自然地进行交谈。而多数日本人则显得畏缩不前。当外国人伸手欲与之握手时，有许多人怯生生地伸不出手。还有许多日本人与外国人交谈时，不正视对方而视线向下。也许这是由于害羞或是因为听不懂对方流利的英语他们才这样的吧。当然，这并不是因为他们讨厌外国人，只不过是因为日本人之间打招呼时通常不握手只是行鞠躬礼。不了解这种习惯的外国人如果为了表示友好而使劲握对方的手，也许反而会令对方生厌。

很多人认为日本文化受着沉默因素的控制，"沉默是金"的意识在日本人的脑海里根深蒂固。正因为日本人认为废话少说，闷头干活才是美德，所以许多日本人往往不善于交谈。

不过和这种日本人相遇时，如果你用日语问候一声："今天天气不错啊。"，对方一定会喜笑颜开地回应你。

另外，在日本，当客人或长者用"你早。"向你打招呼时，一般都必须用"您早。"回应而不用"你早。"每个国家都有客气的说话语气，日语的敬语更是特别烦琐，但不能因为自己是外国人便不在乎是否用敬语。如果你一直言辞文雅，肯定会受到周围人的喜爱。即使因贸易的长期交往而彼此关系亲密，保持言辞文雅也不会错。

2. 报盘概要及答复文书写作要领

报盘概要 报盘就是进行贸易时，首先向对方提出交易条件并表示以该条件可以成交的意向的行为（或称报价）。报盘可以用口头或书面形式进行，内容涉及到商品的质量、规格、数量、交货期和结算方式等。

报盘中又分报实盘（实价）和报虚盘（虚价）。报实盘中还包括递实盘。

实盘就是一经报出就具有法律效力的报盘。生效的报盘不能任意取消或变更，因此，向贸易对方报实盘在交易中既是商业行为又是法律行为。通常实价单中必须注明有效期限。因此，通常接到贸易对方的报盘后并不急于回复，而是经过充分研究后在报盘有效期内做出答复。

递实盘就是贸易的一方要求另一方提供能够成交的价格，另一方则应此要求提出价格。这种出价叫递实盘。

参考译文

虚盘即不确定，并不具法律效力的报盘。虚盘可以变更而且不注明有效期限。通常卖方先提出的叫卖价，买方提出的叫买价。

一般来说，买方尽量让卖方先报盘，这样对自己有利。当然卖方也不会轻易提出可以成交的价格，一般都先向买方报虚盘，并在报价单上注明"最后由我方确定最终价格"，以此强调自己的最终决定权。

法律承认的有效实盘必须具备以下四个条件：
1）发送的是特别指定的对象。
2）向贸易对方明确表示成交的愿望。
3）确实具备所有的交易条件。
4）报价单一定要送达贸易对方手中。

答复文书写作要领 根据答复的内容，通常分一般答复信、承诺信、同意信和拒绝以及辩解信。

承诺和同意信与合同书具有同等意义，所以对承诺和同意的程度必须慎重。例如有无条件的同意、部分同意或有附加条件的同意等等。如果是无条件同意，信文可以简明扼要。如果是有条件同意或部分承诺必须陈明理由。

拒绝信用于对于委托、邀请、申请、通知及交涉的事宜持不同意见时。此时，多用这种信体告知对方。写这种信时，要注意既要明确传达自己不同意的理由，又要避免引起对方误解。

辩解性答复信的目的是为了澄清对方的误解。写这种信件时要陈述令对方信服的理由和依据。陈述反对意见时尽量不要用伤害对方感情的言辞和强烈的反驳语气。

第八课　回盘与承诺

1. 短评：急性子吃亏

欧美人与日本人交往时经常受到挫折，这往往是因为他们太性急。在日本人眼里，欧美人直率，不说多余话，不为感情所左右，且语言有些粗鲁无礼。

日本人在进行商务洽谈时总是彬彬有礼。他们愿意在平和、有条不紊的气氛中进行洽谈。日本人在洽谈中经常会陷于沉默。其实，据说这是日本人员在揣度对方的心思。不仅如此，他们还不时地停止洽谈，离开会场到别的房间去商量。据说这也是日本人洽谈的一个特点。他们利用这些间歇时间统一内部意见，以便自己内部能在洽谈中统一口径并使洽谈顺利进行。

另外，日本人在与别人商讨问题时总是用"喔"、"是"、"真是这样？"这样的词句应和对方的讲话。其实这些附和声并没有同意或表示疑问的意思。一般认为日本人的答复是十分暧昧的。他们特别不善于拒绝别人。当他们说："这个吗……"接下去便是笑而不语时，其实多半表示："我不同意。"而他们那种"让我们考虑一下。"的回答最容易引起对方误解。因为这种答案决不是表示他们已经决定了什么，只不过是不感兴趣时的敷衍，得到这种答复时你最好不要抱什么希望。

不习惯与日本人交往的外国人，对于他们这种暧昧态度是难以忍受的。有时实在按捺不住而提高嗓音或显得坐立不安，这可是日本人最讨厌的态度。在日本，动辄发怒并且不能控制自己感情的人被认为是弱者。因此，在商务洽谈时，如果急于求成反而容易使可望成交的洽谈以失败告终。如果想与日本人缔结贸易关系，就必须准备花时间去理解他们的做法并耐心地与他们交往。

2. 商务交涉概要及交涉文书写作要领

商务交涉概要 商务交涉有时是口头，有时则是书面。用口头进行交涉就叫洽谈。交涉内容除了商品的质量、数量、包装、价格、交货期和结算等主要条件外，还包括检验、索赔和仲裁等条件。交涉最多的是价格，回盘就是其中一个步骤，在商业活动中也叫"还价"。这是收到报价单的一方，根据报价内

容要求报价方修改报价的环节。

回盘如果不是受盘人发出的是无效的。同时一旦回盘发出，原先发出的报价便立即失效。原先发盘人的立场转而成为受盘人。

该环节中，还有一个步骤是递实盘。递实盘就是要求交易一方要求对方报出能够成交的价格，而交易对方应要求提出的价格就是递实盘。

价格交涉在交易中是个重要且问题最多的阶段，因此必须谨慎从事。负责价格洽谈的人员既要有较强的外语能力和一定的法律知识，还要十分了解两国的贸易政策并具有善变才能。

进行价格交涉时要保证做到我方有理有利，必须有礼貌。即使拒绝对方的条件，也要用委婉的口吻说："能否让我考虑一下？"或"我个人意见决定不了。"等。如果想请对方让价，一定要用拜托的语气。当然对于有意哄抬价格的人可以断然拒绝他。

价格交涉中可能会出现各种情况，因此随机应变是很重要的。特别需要随时掌握国际市场动态，判断买卖双方的利弊并采取应对措施。

"承诺"即受盘人同意接受发盘人的合同条件。在法律上无条件接受贸易对方发盘的行为称为"承诺"，即成交。

有效的成交合同必须具备以下几个条件：

1）承诺通知必须是特定的受盘人发出的（除了对外公布的价格）。
2）承诺的内容必须与报价内容一致。
3）承诺通知必须在报价有效期内送达报价人。
4）必须向报价人表明已经承诺。

交涉文书写作要领　　交涉文书是当事双方对某一问题、意见尚未达成一致时的往来书信，目的是为了了解对方意图和陈述自己的看法。因此写作此类信件应该注意以下几点：

1）事先整理好与对方交涉的事项。
2）要按部就班地交涉，不要急于下结论。
3）要明确问题的关键，避免使用冗长且暧昧的语言。
4）要充分考虑对方的处境，观察对方接到信件后的反应。
5）如急于得到答复，要在文书最后注明"请速回信"、"请指示"等语言。

第九课　　订　货

1. 短评：经商不是一蹴而就的事

在日本商界有句告诫商人的成语，说"经商不是一蹴而就的事"。意思是做贸易要像细水长流似的，耐心、努力地去做。

因此，订货时，要根据经济能力和实力订货才是安全的。虽说梦有多大舞台就有多大，但是，一夜暴富的想法是很危险的。

当然生活也是一样的。领了工资后，要制定好一个月的生活计划来使用工资。

提及工资，日本有各样计算工资的方法。有计时工资、日薪、周薪、月薪和年薪等。临时工的一般是计时工资、日薪和周薪。公司职员一般按月薪算。职业运动员、演艺人员因为要每年重签合同，所以多数是用年薪计算。

日本一般公司的新职员（大学毕业后就职第一年）的工资是15-20万日元，以后每年涨工资。另外每年一般发二次奖金（夏季与冬季）。

不过，因为要从工资中事先扣除所得税和国民保险费，因此，即使月薪有20万日元，实际到手的也只有15-16万日元。所以，打听日本人工资时，一般要确认是月薪还是实际拿到手的。

临时工的工资因地区和工作内容不同而各有差异，家庭主妇和学生经常做的临时工的工资超过一定金额也要交税。比如，一年打工挣了100万，有时要交20%的所得税。

除了交所得税，日常购物还要付消费税。目前全世界有44个国家设有消费税制度。

现在日本无论是销售商品还是提供服务都要付5%的消费税。消费税上缴多少根据企业或商店的年销售金额确定，一般年销售额超过一定金额才纳税。因此，即使买同样的商品，如果在大商场买就要付税，而在附近的小店买有时就不付税了。许多商店为了避免因付消费税而带许多商店为了避免因付消费税而带来找零的麻烦，就用含税价格出售商品。因此，购物时，最好确认是含税价还是不含税价后再买较好。

现在的销售价基本都是含税价。

2．订货概要与订货单写作要领

订货概要 订货就是交易双方就交易内容进行询价和价格交涉后，在双方意见一致基础上，就成交货物进行具体订购的商业活动。发出订货单日语叫"发注"，而接受订货单日语称之为"受注"。订货分来样定货、按商品目录订货和说明书订货几种。无论采用哪种方式，因为订货单具有与合同书等同的法律效力，所以贸易双方都必须慎重对待。

订货单一般有以下几种形式：
1）一般订货；2）指定价订货；3）来样（商品目录）订货；4）附加条件订货等。

订货单写作要领 写作订货单时需要注意以下几点：
1）标明品名、质量、规格、数量、价格、交货期、交货地点。
2）各公司用规定格式的订货单。
3）写好后要备制或复印一份保存以便查询。

第十课　合　同

1．短评：签约要沉稳、履行要迅速

日本的商业界一般认为"约定要慢，履行要迅速"，意思是与交易对方商定合同时，即使多花点时间，也要谨慎从事。而履行时则要快，这点很重要。因此，日本人往往在商务洽谈后还要邀请对方共同进餐以便继续交往。如果不进行这类交往，还不能说交易已经谈成。所以对于外国人来说洽谈后如果没有收到共同进餐的邀请，可以认为洽谈并没有成功。

去日本洽谈的贸易人员在考虑日程时，必须安排洽谈以外和日本人进行的交往时间。如果拒绝了日本人共同进餐的邀请，他们会很不愉快，所以尽量不要拒绝他们的邀请。

日本商人认为成交应建立在双方相互理解、相互信任的基础上。比起相信法律和一纸契约，他们更注重相互信任的朋友关系。一旦和贸易伙伴建立了相互信任的关系，和日本人的成交率会很高。因为对可以信任的对方，日本人是不花过多的时间去掛词酌句地商讨合同条款的。

日本人洽谈后的交往其实就是为了更深入地了解对方，因此如果能够热情地和他们交往，一定有助于以后的交易顺利进行。不过，现在日本人也开始重视合同书，重视效率的洽谈多起来了。因此招待也要适当，不要用过多的招待代替合同了。

2. 合同概要及合同制作要领

合同概要 交易双方通过洽谈在主要的交易条件上达成一致时即可成交。换言之就是：进行货物买卖交易时，交易一方的报价被受盘人所接受即是成交，双方的报价单和承诺通知单就是制作合同书的依据。根据国际贸易惯例，必须制作书面合同或确认书来确定双方的权利和义务。

《联合国国际货物销售合同公约》规定："书面合同和口头约定都予以承认。"但是各国有各自不同的法律规定。有的国家承认口头约定，有的国家只承认书面合同。我国《涉外经济合同法》的规定和联合国的公约不同。我国规定："经济合同，除即时清结者外，应当采取书面形式。"因此，我国的对外贸易业务必须签定书面合同，以书面签约作为成交的有效条件。这是中国企业在进行对外贸易时必须遵循的法律程序。

签字后的合同书即成为履行合同和合同生效的依据，成为以文字形式存在的法律合同。如果不按照合同条款行事或出现与合同条款相悖的行为，即构成违约，另一方就可以提出索赔。因此对于交易双方来说，制作合同书和签约具有重大意义，对此必须慎之又慎。

另外，在商业界各国社会内部一般都有自己必须遵守的规定，所以与日本公司进行交易活动时必须严格遵守以下几点，否则会构成违法行为。

1) 不能为了讨好对方未经正规手续便擅自更改合同条款（随便增加分期付款的次数，或延承兑交单的付款期限会延长公司的资金周转，造成不良影响，必须禁止）。
2) 不能受客户提供的利益诱惑，通过工作之便，擅自降低商品价格。
3) 擅自送客户回扣和礼品，这些都能构成违法行为而给公司带来损失，所以要绝对避免。
4) 不能为了尽快签约而用自己的资金垫付。
5) 不能擅自办理转让汇票手续，将汇票转让他人。
6) 不能擅自将客户交来的汇款挪借他人。
7) 不能在交易对方面前说其他公司的坏话。
8) 向客户介绍自己的产品时，即使遭到客户批评也不要轻易否定。要耐心地说明商品的优点。如果客户的意见是对的就要老实承认。

另外，商务洽谈到了签约阶段，除了必须注意做到以上几点外，还要注意洽谈时的言谈不要出现失礼的语言。有时一句话不谨慎，有可能因刺伤了对方的感情而使整个洽谈化为泡影。

合同书制作要领 国际货物交易对合同书没有特别的规定格式。合同书可采用合同书、确认书、协议书或备忘录、意向书、订货单和委托书等形式。

货物进出口合同一般有以下三个部分组成：

1) 合同书开头部分：合同名称、合同号、签约日期和地点、签约双方的名称和地址。
2) 正文：交易条件的具体条款（包括商品质量、数量、价格、交货期限、运输方式、结算方式，有时还有索赔和仲裁方法等）。
3) 结束语：表明合同书使用的文字、合同的有效范围、有效期限、合同书份数和合同附件，最后是双方代表的签字。

交易双方签了字的合同是今后履行合同的依据和法律依据，因此，合同内容一定要符合国家对外贸易政策，不能出错。因为对于合同号、签约者及各个条款来说，类似的内容较多，容易混淆，所以双方必须认真确认合同内容后再签字，谨防将来出现纠纷。

参考译文

第十一课 结 算

1. 短评：借钱菩萨脸 还钱阎王脸

日本的公司职员经常下班后相约去酒吧，以此解除工作带来的身心疲劳。不过其中也有些人不会喝酒想早点回家，但是一经同事或上司的邀请也只得不情愿地跟着去。听说有人这样说："去是个麻烦事，可是不去的话会被别人说坏话，同时也会不了解公司情况，还可能被大家冷落。"

不过，如果日本人邀请你去喝一杯的话，最好利用这个机会和日本交个朋友。

在中国，遇到这种场合，几乎都是邀请人付帐，而在日本，一般则是各自付帐。虽然有时邀请人也付大家的帐，最好是各自准备付自己的帐为好。

日本有句谚语是"借时菩萨，还时阎王"，意思是借钱时态度很好而还钱时则满脸不高兴。其实，无论是工作关系还是私人关系，在金钱问题上相互结清的话，就能够心情愉快地继续交往下去。因此，同事之间各自付帐喝酒，相互间便不会产生疙瘩而使得交情久长。

2. 结算概要和结算方式

结算概要 在国际贸易结算条款中，价格条款虽然是最重要的一项，结算方式也是很重要的。不同的结算方式其信用度也不一样，结算方式的选择关系到交易双方的利益和安全，关系到支付时间和支付场所。因此，正确选择结算货币和结算方式是很重要的。

买卖合同一旦签署，卖方便具有了索取货物的权利，而买方负有交付货款的义务。为了确保货款的交付，买卖双方必须将交付货款的时间、地点及结算方式、结算货币作为合同条款明确写入合同。

支付工具有货币和票据两种。

货币又有本国货币、对方货币和第三国货币之分。一般来说，为了避开国际汇率的风险，一般都使用本国的货币。在必须使用外汇时，出口贸易应尽量使用国际汇率稳定并坚挺的外币；进口贸易则多用本国货币，即一般坚持"收软付硬"的原则。

如果遇到不得不使用对己不利的货币时，尽量在合同条款中将在汇率下滑时避免受损的方法写进去，这样可以减少因汇率变动而带来的损失了。

票据就是支付方将一定金额的货款在一定时期内无条件地支付给指定人的书面保证。票据分支票、汇票等。

支票就是存款人委托银行作为付款人，将一定金额的钱付给收款人或支票持有者的有价证券，也就是银行作为付款人的即期汇票。

汇票就是债权者要求债务者在一定期限内支付一定金额的票据，也就是出票人向领取人开具的（要求银行）无条件地、在规定期限内支付一定金额的书面命令。领取人可以是指定人，也可以是汇票持有人。

汇票中有三种分类法：

1）根据出票人的不同分银行汇票、企业和个人的商业汇票。

2）根据附着单据可分光票（不附单据）和单汇票（必须附单据）。

3）根据支付时间不同可分即期汇票和远期汇票。

结算方式 一般有汇款、托收和信用证三种。另外还有分期付款和延期付款。

1）汇款方式：就是付款人根据合同条款，从银行或其他途径将货款邮寄给对方的方式。其中包括电汇、信汇和票汇三种。这也叫"顺汇"。汇付根据日期不同，又分预付和赊销两种。预付中还有跟订单付款和付款交货两种方式。预付在国际贸易中对出口方有利而对进口方不利，一般多用于紧俏商品的交易。赊销则对进口方有利而对出口方不利，一般只用可信任的买主。

221

2）托收方式：就是出口人开立汇票，委托银行向进口人索取货款的一种支付方式，因为这种方式是出口人开立汇票给进口人要求付款，所以称为"逆汇"。与此相对，进口人向出口人开汇票付货款是"顺汇"。

托收方式中有跟单托收和光票托收两种。跟单托收中又有：

付款交单：使用即期汇票和远期汇票。

承兑交单：使用远期汇票。

汇票支付有效期限一般有三十天、六十天、九十天和一百二十天四种。

托收方式是出口人交货后进口人才付款，是建立在贸易信用上的付款方式。对出口人存在风险，但对进口人来说不但有利于资金利用。还可以省去开设信用证时的手续费和保证金等，所以常作为出口促销的手段。

3）信用证支付方式共有七种（将在第十二课中介绍）。

4）分期付款：一般是在签约后一定期限内先付定金，剩余部分分几次付清。这种方式经常用于成套设备、大型设备及散装货物的进口。

5）延期付款（赊销）：是买方先付定金，以后在商品生产中或交货时再付部分款，剩余的大部分货款可在交完货以后再付。后付的款相当于卖方借贷给买方的信用贷款。

总之，一般的结算方式采用不可撤消的即期信用证方式，这是对出口人最安全的付款方式。承兑付款和付款交单也经常被采用。

结算货币用哪种货币由贸易双方商定。通常使用日元、人民币和美元，今后还会用欧元。

第十二课　信　用　证

1. 短评：万事皆由缘起

如果你因工作或学习要在日本长期生活的话就必须和日本人进行各种交流活动。因此，必须与日本人建立相互信任关系。

日本有句谚语叫"万事皆由缘起"，就是说万事都是因缘而相连的。如果没有缘分即使是关系亲密的人也结合不到一起。因此，如果珍惜与每个日本人相遇的缘分，那么和日本人交往也将顺利得多。一般来说，一旦与日本人相处融洽的话，他们便会非常热情地对待你并且想了解你们国家的情况。此时，如果你也能积极地了解日本的话，彼此就能很快建立起相互信任的关系。

与日本人结好友好关系的机会是很多的。例如：如果和日本人的亲属熟悉，便可利用周末到他们家里做客并住上一两天。

在日本人家里做客就是作为他们的家庭成员在他们家度周日。这样就可以深入了解日本人的家庭生活情况，通过相互谈论彼此国家的文化风俗而理解对方的习俗。做客时最好不要谈论政治或宗教等话题，以日常生活为话题更容易加深相互理解。

在日本人家里做客或进行家庭访问时，因为你是作为家庭的一员，所以最好帮助做些家务事，比如：做饭、打扫和洗衣服等。从这些家务事中也能了解日本社会的真实情况。

另外，日本的公司职员经常在下班后相约去喝一杯。如果也有人邀请你去喝一杯，那可是与日本人建立友好关系的好机会。对外国人来说那也是学习日语，搞好工作关系的好机会。

还有，日本的许多公司每年都会组织公司职员进行团体旅游。旅行时，大家一起泡温泉、喝酒、唱歌，借此联系职员间的情感，使彼此关系更加深厚。

其他还有许多机会。例如：搬家时带点小礼品去拜访新邻居，和邻居一起去附近的神社等地参加节

日庆典活动。这些都是建立友好信赖关系的好机会。

2. 信用证概要及信用证结算要领

信用证概要 信用证简称L/C。随着国际贸易的发展，至今一直采用的信汇方式和托收方式已不能满足市场发展需求。因为，用预付款方式进行交易时，进口人会担心出口方能否按照合同条款交货；而用赊卖方式进行交易时，出口人则又会担心进口人能否如期付款。在这种情况下信用证结算方式便应运而生，银行也开始办理起国际贸易中的信用保证业务和融资业务了。现在信用证结算已经是国际贸易中最重要的结算手段之一了。

信用证就是银行（买方、进口方银行）根据申请人（进口人）的要求，向第三者（出口方银行，又称议付银行）发行的、保证按合同付款的证书。即在国际贸易中，信用证开证银行按照进口人的要求，向出口人保证：在一定期限内持有必要文件和单据，便可在指定银行领取一定金额的货款，同时授予其向指定银行索要货款的权利。也就是银行根据客户的要求发行的取款信用证书，主要用于国际贸易。

此外，对于进口人来说，只要付一定金额的信用证开证手续费和押金就能取货，大部分货款可延期支付，从而有利于资金的有效利用。

信用证类型：共有八个信用证类型。一般根据信用证生效是否需要文件分跟单信用证和光票信用证。

1）可撤消信用证和不可撤消信用证：可撤消信用证是指银行开设信用证后，只要该证未被使用就有权随时修改和撤消，不必事先得到受信人的许可的信用证。此类信用证一定要明确注明"可撤消"字样。因为这种信用证对出口人不利，所以做出口贸易不大用。不可撤消信用证就是不经当事人同意，在有效期内不能修改和撤消的信用证。国际商会的《跟单信用证统一规则》中规定："信用证如果没有注明'可撤消'或'不可撤消'。均视为'不可撤消信用证'。"

2）保兑信用证和不保兑信用证：保兑信用证就是由开设银行开具、并被其他银行担保的信用证。这种信用证一般用于受益者不了解开设银行资信情况或大金额交易时。不保兑信用证就是开设银行开设出的信用证没有被其他银行担保的信用证。

3）即期信用证和远期信用证：即期信用证就是开证行或议付行收到符合信用证条款的汇票和单据后，立即履行付款义务的信用证。而开证行或议付行收到符合信用证条款的单据而不立即付款，一直到汇票到期才履行付款义务的信用证则甚远期信用证。

4）预支信用证：也称红条款信用证。这种信用证规定：允许出口人收到信用证后即可在装货或交单前，在光票信用证所指定的银行支取全部或部分的信用证金额。这种信用证主要用于来料加工和来件装配等业务。

5）可转让信用证和不可转让信用证：可转让信用证是指受益人有权把开来的信用证全部或部分转让给另外一个或两个以上他人（第二受益人）的信用证。使用可转让信用证多为中间商。中国对外贸易公司要求外国进口商开设可转让信用证，是为了使某些由总公司统一对外成交的商品，便于从各个分公司的口岸就地出口并在当地议付行办手续。

6）对开信用证：这类信用证常用于易货贸易和来料加工贸易。交易的一方开出第一张信用证时，该信用证暂不生效，当对方开来一定金额的，受益人表示接受的回头信用证后，两证才同时生效。

7）对背信用证：这类信用证多用于转口贸易中。出口人收到对方的信用证后便可要求付款行以该证为基础，开另一张内容相同的新证给供货人。

8）循环信用证：是指开设后可以反复使用的信用证。使用该信用证可在规定次数里反复支取同样金额，或是反复支取同样金额直到总金额用完为止。这种信用证用于分批交货的长期贸易，优点是只需交纳一次开证手续费和押金。

信用证结算要领 信用证结算方式也不是无懈可击。开设信用证不仅手续繁琐，还要花费手续费。

同时，开设银行同贸易合同不发生关系，只按照申请人的要求，根据符合信用证条款的单据而开设信用证，并且作为第一支付人负责支付货款。另外，只要出口人提供符合信用证条款的单据，银行就必须负责支付货款。

然而，银行对提供的单据形式、真实性、正确性、完整性、是否伪造和是否具有法律效力等不负责任。同时，对供货者、运输公司、保险公司的信誉和资信也不负责任。所以，进行出口贸易业务时为了不受损失，对进口人的资产情况、经营态度、经营能力和信誉等进行调查是极为重要的。并且，在签约时有必要注明信用证种类、使用货币、金额和开设日期。

因为用信用证结算时会出现出口人交完货却因进口人没按规定开设信用证而领不到货款的风险，所以慎重审查有关单据也是很重要的。

用信用证结算可以保证出口人获取货款，使出口人能放心交易。现在，几乎所有的出口商要求进口商开设信用证，取得信用证后才备出口货物、发货。

第十三课　运输和交货期

1. 短评：三人可成文殊菩萨

日本公司多数是纵向型结构组织。公司结构分成制造、销售、开发等各职能部门。各个职能部门由下而上按顺序分设：系长、课长、部长，形成由上管下的金字塔型结构。

指示和命令依次由最高层传达到底层，而底层的提案和建议则以文件形式，依次得到每一级上级审批同意后送达最高层审批，这种制度叫禀议制（层层审阅），很多公司都采取这种制度。这种禀议制度一直在日本官府和许多大企业内实行。但也有一些企业认为这种制度过于呆板、独断且效率低而摒弃不在使用。

当然很多企业认为采用这种将上层命令以文件形式下达的制度，可以使上层意图彻底贯彻下去；而下层的提案也因此可以得到各级有关人员的一致意见。由于这些优点而继续采用这种制度。

据说进行重大决策时日美的做法是截然不同的。美国是上层决策人下命令，部下服从命令并采取行动。

日本有句谚语是"三人可成文殊菩萨"。意思是三个没有特长的人聚在一起共同思考的话，也会产生充满智慧的设想。

在日本有很多决定最初就是下层职员提出的建议。这些建议经有关人员论证后最后成为决策。因此，在日本有很多情况是：与其说是某人做的决定，倒不如说是对决定共同研究后的结果。当然各公司有各自不同的做法。

近年来与纵向型公司结构相悖，采取分行业、分权限的横向型公司在不断增加。这也是为了适应急速变化的经营环境和多种形式贸易方式的需要。另外，还有的公司实行的是纵横向型结构。这是因为这种结构可以取偿补短地利用两种形式的优点，提高工作效率

事先了解贸易对方的公司是如何决策的，也许能使商务洽谈能够更顺利地进行。各个公司内部管理情况可以通过银行、驻日人员等渠道了解到。

职员的录用和晋级采用论资排辈方式可以说是日本公司经营的另一个特点。日本称这为"年功序列"（论资排辈）。工资制度的制定、晋升职位等，除了评价职务内容和成绩外，还考虑职工持续的工作年限，也就是考虑职员的经验能力。

这种重视职员工作年限和经验的想法，也含有公司方面对长期认真在公司任职职员的谢意。尽管评价年限的程度不一样，但几乎所有的公司一直采用这种方式来制定工资晋级和职位晋升。为此，在日本

频繁跳槽对自己、对公司都是不利的。不过近年来比起年限更加重视业绩的倾向趋强，有的公司开始实行美国式的成果型雇佣制度。如：日本大公司索尼公司于 2003 年 11 月 28 日开始，彻底实行成果主义型的晋升制度。丰田公司也于同年 12 月起，推行全面废除"年功序列"，实行"技术熟练工资"和"贡献工资"。为此，日本也将出现不断跳槽的年轻人。不过，工薪族的生活愈发艰难了。

2．运输、交货概要及停止文书和变更通知文书写作要领

运输要点 在中国，原则上没有信用证便不办理装船手续。因此，一旦货物备齐便应该催促对方开设信用证，出口方拿到信用证或确认信用证已开设后才着手运输工作。国际贸易中使用的运输方式是多种多样的。为了顺利地履行合同，关键在于如何缩短运输时间，降低运输成本。

运输方式有海洋运输、空运、邮运、河运、管道运输、综合运输、集装箱运输等。采用哪种运输方式要根据进出口货物的特点、国际政治形式、自然条件及装卸港口的因素而决定。合同中的运输条款有装船期和交货期、装港期和目的港、装卸时间和滞留速遣费。另外，还有一船装运和分期、分批装运，还包括有无转船运输。

交货要点 对贸易双方来说交货也是一个极为重要的环节。因为买卖双方都是根据交货期限来制定贸易活动日程的，特别是季节性商品，一旦错过销售季节就造成重大损失。所以，不能按期交货就会使买卖双方都蒙受损失。因此，在合同上必须注明交货期。

交货期一般用装运月份表示。如：6 月装运，七月装运。一次装运不完时便分批装运，分批装运要设定装运间隔时间。如：从某月到某月期间分批装运，各批量均等。

交货期中有两个概念：一是装船期，一是交货期。在目的港交货条件下的装船期是指在装运港装货的日期。而在装运港交货的条件下，即在 FOB、CIF 和 C&F 条件下，装船期和交货期的时间基本一致。在以装运港交货条件成交时，买方实际并不在装运港接货。如果在合同上将装船期用"交货期"字样表示的话，可能会被误解为在目的港交货的日期。为了避免误解，在以 FOB、CIF 和 C&F 成交时，最好用"装船期"字样注明。

通知文书写作要领 通知文书是指通知、布告、启示、通报、声明、转告等文书。

通知文书写作要领是要确切、简洁和明了。"确切"是指根据事实表达真实意图，使读者明确了解通知项。"简洁"是指通知文不宜冗长。多条和不明确的表达会引起误解，应避免。"明了"是指表现形式要避免暧昧和夸张。

变更文书写作要领 有时因各种意外情况而使预定计划不能如期实施，需要变更、终止或取消。将此类变更情况通知对方的文书，写作时应注意以下几个方面：

1）及早发出变更通知书。
2）变更原因在发信方时，发信方要真诚表示歉意。
3）说明变更情况并让对方理解变更原因。
4）如果因对方原因变更时，要告知对方因变更而受到的损失。

第十四课　包　装

1．短评：一事见万事

作为礼仪商务访问时要带些礼品。而带什么样的礼品合适却是个看似简单却是极为复杂的问题。

在欧洲进行商务访问，赠送贵重的礼品往往被看作是别具用心的贿赂行为。在日本寻求协作时也送礼。但是如今送贵重礼品也能构成行贿，所以避免送贵重礼品。但是访问时带礼品是礼节，所以选择礼品时要费心，同时包装也要讲究。

日本有句成语是"一事见万事"。即,通过一件事,即可推断其他所有的事。也就是说,通过商务访问这样一件事,可以看出当事人的为人和能力等等。

日本有句谚语是"小事也是大事",意思是尽管事小,一旦思想松懈就会坏了大事。所以,即使是不起眼的小事也要谨慎对待。

为此,准备礼品时,别说是贵重礼品,就是普通礼品,最好注重包装。

在日本尽管标有"粗品"字样,有时也包上好几层。这样做也许反映了日本人尊重客人的意识。包装精致的礼品可以让客人感到受到了尊重。

日本有个有名的店叫"高岛屋"。它的包装纸在白底上印有粉红玫瑰,看上去既高贵又温馨。也许"高岛屋"是高级礼品的象征,所以,以前很多人一直喜欢用"高岛屋"的商品作礼品。得到用柔软的和纸包好放在精致匣子里,匣子外再用漂亮的印有粉红玫瑰的包装纸包严的礼品,能使人们感到受到对方尊重的喜悦。

最近,日本各大商店都在包装上下工夫,各个店都有独具特色的精美包装。很多大商店还开设礼品包装柜台,购买礼品时,不妨利用一下这种专柜。

2. 包装概要及催促文书写作要领

包装概要 当价格、交货期与结算方式的洽谈结束后,下一步就是有关包装的洽谈。包装过的商品有以下几点好处:

1) 包装可以保证商品的数量和质量。

2) 包装过的商品便于搬运、装卸、贮藏和保存,同时也能降低成本。

3) 提高销售量。在吸引人的外包装上注上易懂的说明。既好销售又能提高价格,同时还能起到宣传的作用。

4) 有的国家法律规定,不按合同包装便可不接受货物。所以,包装也能促进合同的顺利履行。

由于包装后的商品有上述优点,所以,进行国际货物贸易时,包装方式也就成了商务洽谈的一个重要内容。同时,商定好的包装方式一定要作为合同条款明确记录在合同书里。包装方法分包装方式、内衬、外包装、容器的材料、唛头和包装费用。虽然有关包装的洽谈不复杂,但必须准确理解有关包装方面的术语。如果弄错了包装术语,也会引起纠纷。所以,必须牢记包装方式和包装术语。

包装的种类 包装分内衬、外包装、容器的材料和唛头。根据商品内容和运输方式不同,其包装形状和形式也不同。一般分裸装货、散装货和包装货三种。具体有中性包装、防潮包装、抗震包装、防锈包装、真空包装、集合包装、集装箱、托盘、硬纸板箱包装、三合板包装、板条包装、捆包、紧压包、麻袋包、牛皮纸包、聚乙烯包、桶装、大型铁桶装、镀锌铁桶装、大盖篮装、外套柳条筐装、坛子装等。

催促文书写作要领 这种文书用于催办和询问被承诺的事并催促对方尽快履行契约。这种信用于催促交货、付款、交涉、照会等。

作为发信人,由于对方没有守约行事,或办事迟延而负有责任,并形成失信局面。因此,如果用严厉语气责问会伤害对方感情。但采用漠然的态度或表达暧昧,都会使对方失信的行为变得模糊。所以,这种形式的文书应该使用简单明了的语言。写作要领如下:

1) 明确催促内容。

2) 扼要强调曾经承诺而未被执行的事项。

3) 要使对方认识到自己的不守约对自己也不利。

4) 尽量避免用伤害感情的词语,要将自己的意图充分传达给对方。

5) 注明解决措施及最终期限。

参考译文

第十五课　抗　议

1．短评：仇和爱根源都来于在自身

当不得已向贸易对方提出抗议时，如何抗议是需要谨慎考虑的。很多中国人吃了亏或感到不平时往往会直率地表示不满或责怪对方，而受到责怪的对方也常常当即反唇相讥因而引起争执。争执有时得到和解，有时则因此记恨结仇。

在日本，人们都讨厌失面子。所以，当遇到不满的事人们一般不会直截了当地指出，而是拐弯抹角地指责。如果直截了当地指责对方，容易使对方失面子而刺伤对方，因而避开这种直率的批评方法。一般日本人采取不伤面子的方法，拐弯抹角地将自己的反对意见传达给对方。

据说有人评论最善于将日本人"面子"意识用在生意上的人是创办"花王"洗涤用品公司的长濑氏。因为"花王"的日语发音与"颜（脸）"相似，指责"花王"就等于伤其公司脸面。因此，一般人都不会这么做。所以"花王"公司自成立以来，据说没有受到什么指责而不断发展起来了。

在与日本商人交易时，即使要抗议或不赞成对方的意见，也应当尽可能用不刺伤对方的语言婉转地陈述自己的意见并说服对方。这比用激烈、直率的态度批评对方要有效得多。

2．抗议概要及抗议文书写作要领

抗议概要　贸易活动中的抗议就是：在履行合同时由于对方的过失而蒙受损失时，向对方诉苦并指出对方的错误。抗议的目的是通过指出对方的错误，希望对方能改正错误继续履行合同条款。抗议分口头抗议和书面抗议。无论哪种抗议，目的都是为了使合同得到正确履行。所以，只要对方不是有意违约就应该充分考虑对方的处境，并详细说明自己出于无奈而抗议的理由，从而说服对方。如果用激烈的言辞伤了对方的面子，对方反而可能不予配合。

抗议文书写作要领　抗议信是陈述对方错误行为、叙述自己所蒙受损失的文书，又称诉苦信。因为抗议信要指出自己蒙受的损失是出于对方的错误并要求对方妥善处理，一般用于货不对、货不足及运输中破损事件。写抗议信的目的不是指责对方而是促使对方改正。因此，写作要注意以下几点：

1）充分调查研究后再诉苦并阐述自己的观点。
2）尽量停留在询问和交涉范围内，不得已再明确抗议。
3）要区分违约行为是属于对方有意造成的还是由于疏忽发生的。
4）抗议时不要使用刺伤对方感情的言辞。

尽量使抗议文书成为解决问题的线索。总之。无论出现什么样的情况，都要据礼陈述并说服对方。

第十六课　索　赔

1．短评：劝架者犹如救急神

日本有句谚语说"劝架犹如救急神"。这儿说的"劝架者"就是"仲裁"（站在争吵双方之间进行调解，使之重归于好）的意思。即：当双方吵架或争论时，如果有人及时来做仲裁的话，就好像及时出现了一位保护神，向人们伸出救助之手。人们应该感到庆幸并听从仲裁的调解。因此，当发生贸易争端时，最好听从 WTO 仲裁机构的调解。

另外，日本有句谚语叫"石头焐上三年"。听说这句谚语经常用来教育子女，意思是：即使是冰凉的石头，连续在上面坐三年的话也会被焐热的。因此，无论多么辛苦只要耐心忍受终有一天会事业有成。

长久以来日本人就是带着这样的"忍耐"意识谋求与集体或整个社会的"和谐"。如果了解日本人这种"忍耐"的意识，在处理贸易纠纷或赔偿事件时采取适当的措施，有时问题也许就能更顺利地得到解

227

决。

日本社会是个生存竞争激烈，集体观念强，强调"和谐"的社会。与集体保持"和谐"的人便能得到周围人的喜爱和信赖；而我行我素，不顾忌周围的人，不仅人们不会协助他工作，恐怕日常生活都很难。

在生活中不断认识"忍耐"的含义，时刻意识到要与团体保持"和谐"并且不崭露头角的话，也许人生道路上就会少遇到很多麻烦。在中国旅行的日本人中，常可以看到买了"忍"字挂轴作为礼物送给孩子。中国人看到后也许对此会困惑不解。但是，日本的父亲们也许正是将自己这种对孩子未来幸福的祈盼，寄托在希望儿子成为能够忍耐的人上，才将"忍"字挂轴作为礼物买回去的吧。

另外，因为在日本易怒并不善于克制自己的人容易被视作是软弱的、不可靠的人，所以，当出现不尽人意或难以赞同的情况时，一般日本人是不显露出烦躁不安或恼怒的表情的。为了交易活动的扩大和发展，充分理解日本人在"忍耐：意识下的行为，把握住"和谐：气氛里的真实意图和动向，努力维持这种"和谐"，也许就能更切实地解决索赔等问题，使以后的贸易能够继续下去。

2．索赔概要及道歉信写作要领

索赔概要 索赔就是贸易活动中出现纠纷时的解决行为，又称要求赔偿。由于国际贸易活动的合同履行期限长，涉及范围广，业务手续繁杂，所以，一旦在商品的生产、购买、运输和资金周转方面出现问题，便对合同履行产生不利影响。又因为国际市场和国际政治形式变化激烈，对一方当事者不利时，有可能出现不履行或只履行一部分合同的情况。不履行或只履行一部分合同都属于违约行为，都会侵害另一方的权益。

违约者要承担法律责任，而受损者则有权提出索赔。不过，各国都有不同的违约行为区分方法。因此，在签约时，为了维护我国的利益，必须根据我国法律和国际贸易惯例将索赔条款明确写进合同书里。

索赔业务中受损并提出赔偿的行为叫"索赔"；而处理索赔并补偿损失的行为叫"理赔"。

索赔被提出后一般有三个处理方法。最好的方法是"和解"，即通过协议解决；第二种是按照合同规定进行理赔；最难办的是拒绝赔偿的情况。对于索赔事件，如果没有双方都能接受的方法，这种情况只好提交法庭裁决或通过仲裁解决。

如果是由于对方的过失受到损失并提出索赔时，一定要指出对方违反的是哪项合同条款，并出示具有说服力的证据，索赔要求一定要用不伤害对方感情的语气提出。

如果是对方提出索赔要求，应该充分研究索赔内容，采取适当措施。如果确属自己一方过失，应该诚恳承认并且向对方道歉，然后带着诚意配合对方解决索赔问题。如果原因不是自己的过失，就应该向对方明确表示拒绝并陈述理由，出示证据，还要耐心说服对方。

索赔申请的写作要求 索赔文书写作要领同抗议文书写作要领相同。应该注意的是：国际贸易上的索赔，其索赔证据、索赔期限及索赔金额的决定都是很重要的。证据不足、期限不明或过期等，都可能成为被拒赔的理由。因此，签约时必须写明索赔期限，出现损失时要讲明损失发生经过、损失金额及出示相关部门提供的鉴定证明。

无论是索赔还是理赔，都关系到企业和国家的利益和信誉。因此，都应当依据法律和国际贸易惯例认真处理。

道歉信写作要领 道歉信用于回复催促信、抗议信等，向对方承认自己的过错并表示歉意。因为是由于自己的过失而给对方添了麻烦，所以写这种信时，首先要诚恳地承认自己的错误。写作时应该注意以下几点：

1）不要掩盖事实的言辞，坦率地认错。
2）说明原因，表明今后努力不再犯类似错误。

3）表明自己的解决措施及解决期限。

第十七课　保　　险

1. 短评：旅行要伴旅，渡世靠人情

日本有句谚语说"旅行要伴旅，渡世靠人情"。这句谚语可以说反映了日本人的"恩和理义"的观念。人们通常认为人生在世重要的是要相互关心。所以，每到年末或盂兰盆节，各家商店都大张旗鼓地销售"岁暮"和"中元"礼品，这些礼品是人们用来送给平时帮助过自己的人、恩师、友人以及客户的。对帮助过自己的人、恩师和朋友、客户，他们每年都寄贺年片、酷夏、寒冬慰问卡等。所以，每到这种季节邮局和运输公司便忙得不可开交。

一直盛行至今的送礼品和慰问卡的传统习俗反映了日本人一种根深蒂固的"恩和理义"的意识。

反映这种意识的新表现是在每年的2月14日情人节。一到情人节女孩子们便买上许多"心"形巧克力。当然，并不是说她们有很多男朋友或者这些巧克力全部送给恋人。实际上其中大部分巧克力叫做"理义巧克力"，"理义巧克力"是送给平时关照过自己或有好感的男性的，只表示一种谢意而不是爱情。真正表示爱情送给恋人的巧克力只有一个。

如上所述，日本人就是这样只要得到一点帮助或接受一些礼品就寻找机会表示感谢或给予回报。

日本社会原本就是一个注重人际关系的社会，在商界以"恩和理义"的意识来维持人际关系网的现象更为明显。

如果你能够理解日本人的"恩和理义"的意识并尊重这种习俗的话，就如同加入了人情保险，对贸易活动的开展一定非常有利。

2. 保险概要及保单、慰问信的写作要领

保险概要　保险就是投保人根据保险条款向保险人支付保险费，保险人则按照保险条款负有当投保人遇到事故或受到经济损失时，给予赔偿的责任。保险根据标的不同，分为财产保险、责任保险、信用保险和生命保险四种。中国人民保险公司开展货物的海洋运输保险、陆上运输保险、航空运输保险和邮件运输保险业务。

进行国际货物贸易时，必须要加入的保险主要是海洋运输保险。当前主要使用的海洋运输保险条例有《中国保险条款》（CIC）和《伦敦保险协会保险条款》（ICC）两种。在中国投保货物运输保险时，一般根据中国的保险条例（CIC）。根据投保人的要求，有时也依据伦敦保险协会的保险条例（ICC）。

中国海洋运输货物保险最常用的有平安险、水渍险和综合险（一切险）。另外，除了普通附加险之外，还有六种特别附加险和两种特殊附加险，即战争险和罢工险。投保特别险需要缴纳增额费用。

平安险和水渍险不承保碰损、破碎、偷窃、短量、不到货、鼠咬、虫蛀、淡水鱼淋、渗漏、曲折、钩损等损失。

综合险（一切险）承保一切损失的风险，即承担平安险、水渍险和11种普通险、附加险，不过，由下列情况引起的损失，综合险不给予赔偿，它们是：货物本身的缺陷或质量问题、交货迟延、被保人的故意行为、战争风险和罢工风险。

进出口业务投保时所做的工作有：选择保险条款、确定保险金额、确定投保人（即办理投保手续和支付保险费）、办理保单和领取保险金等。

1）选择保险条款。由贸易双方商定。在中国投保时，多数以CIC为依据，根据货物内容、包装、运输方式等选择险种。

2）定投保人。投保人及保险的负担根据货物买卖合同的价格条件决定。通常根据《1990年国际贸易

术语解释通则》，以 EXW、FAS、FOB、CIP、DAF、DES、DEQ、DDU、DDP 等条件签约时，由卖方投保。

3）保险金额。这是保险人向投保者支付的最高金额，根据标的价格确定。不过中国的《海商法》规定："保险金额根据保险人与投保人之间的约定决定。超过标的价值的部分作无效处理。"保险额通常按 CIC 或 CIF 的发票货价的 110% 计算。

4）索赔手续。办理索赔手续时需要以下文件：

保单；运输合同；发票；装箱单；向运输公司提交的索赔申请书、运输公司出具的货物破损和不足的证据（要有运输人的签名）；索赔清单；检查部门的检验报告单；海难报告（由船长写出）。

另外，由经纪人代理的，还必须出示当事人的授权书。

保险单填写要领 将保险条件作为合同条款写入合同后，下一步就是填写保险单了。保险中项目繁多，错一个就有可能当出现受损时保单却是无效，从而领取不到预计的保险金额。所以填写时，必须注意以下几点：

1）选定正确险种。
2）每一项要确认后再填写。
3）填写完毕后再度确认不要漏写。
4）不要弄错日期和数字及技术术语。
5）保单是索赔申请的依据，一定要妥善保存。

慰问信写作要领 慰问信主要用于当交易对方发生了灾难、疾病或死亡的情况。写这类文章时，尽量避免用旧体的、形式上的约定俗成的语言，最好直接表达自己的心情。主要内容有三个方面：

1）陈述所了解的灾难、疾病或亡故情况。
2）表明自己对受灾、生病或亡者的心情。
3）鼓励或慰问对方。

应该注意的是，因为慰问信应该表达真挚的心意，因此在文章结尾处，不要用"草草"、"匆匆"这样的词句。另外，如果慰问信在时间上迟发的话，要在信的开头坦率地写上迟发的理由。

吊唁信写作要领 吊唁信是当贸易对方有关的人亡故时表示哀悼，向家属表示慰问和勉励的信。吊唁信通常不写冒头和开头的寒暄语，结尾只写"合掌"或"敬具"。吊唁信也要避免使用"返回返回"、"又来又来"、"重复"等让人联想不吉利事情的语句。

写作时要注意以下几点：

1）要用白纸淡墨。
2）坦率表达哀悼心情。
3）缅怀故者往事。
4）慰问和勉励家属和有关人员。

第十八课　感谢和祝贺

1．短评：与人方便与己方便

日本有句谚语是"与人方便与己方便"，意思是对他人施恩也会得到相应的回报。这句谚语可能也反映了日本人的"报恩"意识的一面。

在日本，和许久没见面的人相遇时，当一方打招呼说："好久没见了，近来可好？"。另一方就会回答说："托您的福了，很好。"这是日本人习惯的寒暄用语。

这种表示或许可以反映出日本人的报恩意识。人们认为正是有了周围人的帮助，自己才能得以生存。

所以，平时总是用这句寒暄语向周围的人表示他们一种共同的报恩心情。

贸易合同通过长期艰辛努力，就要进入完成阶段了。在日本，每完成一个项目，人们都会对有关人员表示感谢，因为他们认为每项事业的成功都是因为有许多的人协作才成功的。

日本人通常认为不忘记别人的恩惠并及时报恩，这不仅对别人有利对自己也有利。

但是不了解日本人这种独特感谢方式的中国人有时会因此感到困惑。

例如，日本人一旦受到热情接待或得到帮助，总是感到了回报的责任并当场表示感谢，不仅如此，日后见到还要再三表示感谢。一般会说："上次真是太谢谢了。"这在日本社会中只不过是一种礼仪习惯，但对于中国人来说有时反而会引起不安。

另外，受收到礼品后必定要当场还礼的做法，有时会令中国人感到迷惑不解。据说有这样一件事：

有个中国留学生带上字画挂轴，去拜访一个关照过他的日本人家。但他回来后感到很苦恼，因为那个日本人当场回礼给他。不了解日本人有回礼习惯的这位留学生误解了那家人的心意，认为对方觉得自己穷才这样做的，因而感到很丢人。

看来不了解异国文化的习俗，在感谢和祝贺时有时也会带来不必要的烦恼。

2. 感谢概要及感谢信写作要领、祝贺概要及贺信写作要领

感谢概要及感谢信写作要领　　感谢信是用来向对自己友好并帮助自己的人表示谢意时用的文书。从内容上看有感谢馈赠的，有感谢祝贺的，有感谢协作的，还有感谢招待的。

通常，由衷表示谢意的感谢信很好写。不好写的是，有时候对方的招待并不如意但也必须表示感谢的感谢信。这种信还必须使读信人不感到难堪。

感谢信在形式上用手写的较好，份数多时用印刷品。感谢信不宜长和过于修饰，绝对不能让人觉得是言不由衷。过于简单且冷淡的感谢信是令人沮丧的。总之，既简洁又充满真诚是最关键的。写感谢信一般要注意以下几点：

1）得到对方的帮助，不管结果如何要不失时机地感谢。

2）坦率表明谢意。

3）不写感谢内容以外的事。

4）说明对方的帮助对自己起了多大的作用。

5）再度表示感谢。

祝贺概要及贺信写作要领　　对公司和对个人一样，当交易对方有喜庆事时（升级、升官、获奖、新店开张、新房竣工、过寿、结婚、产子等）要寄贺信。最近发贺电的也很多，但是手写的贺信显得亲切，当然当面祝贺是最理想的。贺信是当对方有喜庆事时向对方表示自己由衷欣喜心情的文书。写作时须注意以下几点：

1）注意适时发出贺信，对方有喜庆事要抓住时机表达自己祝贺的心情。错过时机再表示，有时候会起到反作用。所以时间性是这种文书的重要特征。

2）因为是贺信，应避免使用令对方联想到不快事情的不吉利词句。例如：结婚贺信避免用"去、散、回头、破裂、断"等词。祝贺开工或竣工贺信中不要用"倒、倾、火、烧、崩"等字样。

3）要用朴实、亲身感受似的贺词来表现。过分的外交辞令或过于粉饰的辞藻会给人一种敷衍的感觉。

参考译文

对外贸易政策、关贸总协定和国际贸易机构

一、对外贸易类型

1. 对外贸易政策的目的、构成及类型

对外贸易政策是各国在一定时期内对进出口贸易采取的政策,是各国经济政策的一部分。对外贸易政策在各国的经济发展和对外政策中发挥作用。

1) 目的:①保护本国免受外国产品冲击;②开拓本国产品的国外市场;③刺激本国产业结构的优化;④扩大资金或资本的积累;⑤维护本国的对外政治经济关系。

2) 构成:①对外贸易总政策;②进出口商品政策;③对不同国家的贸易政策。

3) 类型:①自由贸易政策;②保护贸易政策。

2. 对外贸易政策的实施措施

各国为了贯彻实行对外贸易政策,特别是为了保护贸易政策,实现预期目的,都采取了相应的政策措施。这些措施一般分为两类:

1) 进口限制措施: 关税和非关税壁垒方面的措施。

关税措施:

关税是进出口商品经过一国国境时,由政府设置的海关向进出口商所征收的一种赋税。关税的种类很多,例如有进口税、出口税、国境税(通关税)、进口附加税、差价税、特惠税、从量税和从价税等等。

非关税壁垒措施:

①进口配额制(包括绝对配额制和关税配额制),就是在一定期间内,直接限制进口商品的数量或总金额。这是限制进口数量的重要手段。

②"自动"出口配额制,又叫"自动"出口限制。它是指出口国在进口国的要求或压力下,"自动"规定在某一时期内某些商品的出口配额,禁止出口超过配额的部分。

③进口许可证制度:政府颁发进口许可证,没有该证就不能进口。

④外汇管理:是政府通过对外汇买卖和国际结算采取限制,来平衡国家收支和维护本国货币汇价的一种制度。

⑤国家垄断进出口。

⑥歧视性政府购买政策。

⑦各种国内税。

⑧限制进口商品的最低价格。

⑨进口押金制度。

⑩其他一些进口限制的非关税壁垒措施。

2) 出口鼓励和出口限制措施:

出口鼓励的措施有①出口信贷;②出口信贷国家担保制度;③出口补贴;④商品倾销;⑤外汇倾销;⑥促进出口的组织。

3) 贸易条约协定:

主要的贸易条约有通商航海条约,协定有贸易协定和支付协定。

参考译文

第十九课 倾 销

1. 短评：搬起石头砸自己的脚

2010年8月5日，美国国际贸易法庭认定美国商务部（DOC）对进口中国汽车轮胎同时征收反倾销税和反补贴税违法，最终裁定美国商务部立即停止征收。与此案件有关的河北和天津的轮胎公司，获悉此消息后顿时放下心来。

事件起因源于全美钢铁工会的申诉。该工会在2009年6月18日，称由于中国产轮胎进口激增，导致美国众多轮胎企业倒闭，为此申请启用贸易保护措施。并于2009年9月5日判定，从中国进口的轿车轮胎和卡车轮胎存在不当竞争。因此，裁决要求根据美国商务部的计算法，征收中国企业反倾销税和反补贴税。

接着，2009年9月26日，美国国际贸易委员会（ITC）认定中国产汽车轮胎因其价廉大量进口到美国，属于倾销并损害了美国市场。因此，启动紧急进口限制，对中国产轿车轮胎和卡车轮胎提高进口税。第一年从一直以来征收的4%提高到35%；第二年提高到30%；第三年提高到25%。

遭此厄运的河北和天津的轮胎公司，出口一下跌入谷底。据说美国消费者也顿时为买不到用惯多年的轮胎而烦恼不已。

中国政府强烈反对美国商务部的裁决，认为该决定有违WTO规定，属于滥用贸易救助措施。因为按照中国加入世贸组织协议，中国到2016年才自动获得市场经济地位，为何现在就受到针对市场经济国的规则惩罚呢？

作为应对措施，中国商务部根据中国法律和WTO规定，于2009年9月27日对进口美国的汽车零部件和鸡肉产品实施反倾销调查，根据反补贴税制度进行反补贴调查。

整个事件结果导致中方十万人失业，损失17亿美元。美方2.5万人失业，经济受到打击，损失20亿美元。最终，不仅是中国轮胎企业利益受损，破坏了中美贸易的发展，同样也损害了美国经济。

走出困境得益于美国国际贸易法庭2010年8月5日的终裁。

主要根据是：美国商务部一直不承认中国是市场经济国家，强调中国为非市场经济国家，却同时征收反倾销税和反补贴税。而反补贴税是只征收市场经济国家的税种。

事实上，美国商务部一直以同样方式对许多中国产商品实施反倾销措施

美国美中贸易全国委员会（USCBC）也于2010年8月25日指出：自美国对中国采用反倾销措施后一年来，轮胎行业就业情况没有丝毫改善。就业岗位反而还下降了10%；美国轮胎价格也上涨了10%－20%，令消费者更加烦恼。并给现任总统奥巴马发去信函称：美国对进口中国产轮胎实施贸易保护措施的做法是搬起石头砸自己的脚。"搬起石头砸自己的脚"这一谚语比喻欲将害人反而害己。全美钢铁工会最初企图打击中国，结果反而害了自己。

2010年8月5日的终裁，让中国轮胎产业一下脱离了困境，形势迅速向有利方向发展。然而，至今始终顺利进展的中美轮胎贸易，为何出现如此大起大落的巨变，从中将能吸取哪些教训呢？

事实上，2008年以来，很多国家因遭受金融危机，纷纷采取各种贸易保护措施维护、支撑国内产业；压缩国际市场防止进口增加。其手段之一就是制造借口，滥用以反倾销、反补贴税、紧急进口限制、特别紧急进口限制等为主的、WTO允许的贸易救助措施。另外，继续发挥沿用至今的关税和非关税壁垒。即反补贴税，禁止或限制进口，利用贸易的技术壁垒。有的国家利用刺激本国经济政策而决定优先采购本国产品。

WTO主张并推进"自由贸易主义"，并向各加盟国提供"反倾销"这一通商救助制度。在实际操作中，用降低关税率上线等措施，提高贸易自由化程度。从而，全球反倾销案件逐渐增多。入世仅十余年

却迅速崛起的中国，作为贸易国位列世界第三，作为出口国位列世界第二。因出口产品价廉、物美、量大等因素，与世界多个国家存在赛贸易摩擦。据中国商务部的统计，受金融危机影响，和中国相关的反倾销调查、反补贴税、紧急进口限制、特别紧急进口限制等摩擦事件呈急剧上升局势。

世贸组织的数据显示，中国自2001年加盟WTO并正式启动开始活动以来，从1999年至2009年，作为反倾销案诉讼对象，被告反倾销案达445项。占WTO加盟国被告案件上的24%。连续15年成为遭受反补贴调查最多的成员，全球35%的反倾销、71%的反补贴涉及中国。

中国一直为应对这些反倾销案诉讼案而深受困扰。特别是美国于2009年对进口中国"汽车和轻型卡车轮胎展开的特别紧急进口限制调查"，因涉及金额巨大受到中国政府和业界严重关注。

为此，2010年8月5日的胜诉说明，对于国际社会来说，WTO规则可以适用中国企业，显示中国企业市场化更强了。无论是2010年8月5日美国国际贸易法庭判定美工商务部违法，还是2010年12月3日中国对欧盟的胜诉，都是极其重要的裁判范例，将对其他中国产品的反倾销案判决起到重大影响。

2．倾销的定义・特征・目的・分类应诉备要领・预防起诉对策

倾销的定义

所谓的"倾销"即不正当廉价销售。按日本国内竞争法条例中禁止垄断法规定：当商品价格在没有正当理由的情况下，明显以低廉价格持续销售，妨害了其他同行的商业活动。这种不公正的交易方式即构成"倾销"。

与此相对，国际贸易中的"倾销"，依据的是关贸协定第六条规定。

即：某一产品的出口价格比正常价格低廉。此处的"正常价格"，就是在出口国销售的价格（面向出口国国内市场消费的同品种产品，可以用于一般交易的价格）。如果没有此种产品的价格，可参照第三国出口价格（出口到第三国同品种产品的一般可以交易的最高价格），或是构成价额（在原产国产品的生产费用上，加上适当的销售经费和利润的价格）。

"正常价格"用于对涉及产品的出口价格进行比较。当这样的出口价格和"正常价格"之间出现价格差异，并实质性危害了进口国国内产业，构成倾销行为并受到指控时，进口国间征收防倾销税。征税额度可根据倾销幅度认定。这种对抗倾销的措施称作反倾销（AD）措施。

当国内产业利益受到实质性损害时，进口国将指控相关的倾销行为，并征收防倾销税，其税率根据倾销价格幅度决定。

倾销的特征

1) 为掌握竞争优势，将低价销售作为销售策略，用比正常价格低廉的价格长期销售。
2) 用明显低于成本的价格销售，该贸易行为无视商品市场状况、正常的市场供求情况、不遵循市场规律。
3) 低价出售的行为并不能反映商品的经济价值。
4) 这儿指的倾销，是在国际贸易中，进出口国之间出现的因价格歧视导致是不正当廉价销售的贸易行为。（一国国内出现的商品廉价销售行为不在指控范围内。）
5) 用不公平交易方式危害了进口国同行业者的商业活动。

倾销目的

倾销是国际贸易中危害进口国产业或地区产业的不正当竞争行为。是通过不正当的贸易手段在激烈

的国际贸易竞争中获取优势，并损害进口国的利益。它不仅会影响进口国的经济发展，而且扰乱了国际正常竞争秩序。其目的是多样性的，主要有以下几种。

1）为了排挤乃至挤垮他国相同或类似产品生产者，以实现垄断市场、提高价格、获取超额垄断利润。

2）销售过剩产品。3）维持生产规模。4）赚取外汇。

*（1）产生有害的掠夺性倾销的可能性很小，影响并抑制市场竞争的情况也很少。据说美国、欧盟、澳大利亚、加拿大征收反倾销税的案件中，有90%没有受到竞争当局政府质疑。

倾销的分类

倾销形式可分为以下几种。

①反倾销(Anti-dumping)②偶然倾销(Sporadic Dumping)③间歇性倾销(Intermittent Dumping)④持续性倾销(Continuous Dumping)⑤社会倾销(Social Dumping)⑥长期倾销(Long-run Dumping)⑦掠夺性倾销(Predatory Dumping)⑧间接性倾销(Indirect Dumping)

倾销案应诉要领

2002年2月13日，中国入世第64天时遭遇到来自美国的首起反倾销大案，涉案金额高达3亿多美元，影响到28个省、市、自治区的274家生产企业和进出口公司。不过，2003年4月3日，这起入世首起反倾销大案最终以"零损害"方式结案。

本着"谁应诉，谁受益"的方针。所有参加应诉的企业在美国市场享受正常关税，然而令人遗憾的是，另有200多家轴承企业因拒绝应诉，美方对其征收59.3%的反倾销税，这些企业因此痛失美国市场。

应诉反倾销案的宗旨是，首先以"谁应诉，谁受益"为原则积极应诉。然后作以下准备：

1）寻找优秀的律师团。2）找出本国低廉的价格，收集正当的证据（原料、人工费、土地费等费用）。

3）在进口国进行市场调查（确认是否真的受到损害）。4）参照WTO等国际法。

作为预防反倾销案的对策，必备以下条件：

1）早日让进口国承认中国的市场经济国地位。

2）完善法律法规，建立健全法律，建立完善的应诉和起诉反倾销的体制，使其与WTO《反倾销协议》相一致。

3）提高全球化市场意识，加强商品竞争力，努力以质取胜，而不仅仅是价格。

4）所有中国产商品都有可能成为反倾销调查的对象，因此，要建立监督反倾销和修订反倾销规则的体制，制定防反倾销对策。

5）发挥同行业协会或商会作用。同行业协会或商会是企业与政府间不可或缺的桥梁，起着协调作用。

6）应诉企业要以积极态度协助反倾销调查。

7）培养精通WTO法律的专业人才。

第二十课　反倾销和反补贴

1. 短评：巧诈不如拙诚　耐心等待时来运转

国际贸易是国际间财物的交换、商品进出口的交易，是国际商业。相互必须认识到"巧诈不如拙诚"，拙诚比巧诈更为重要。

今后中国和各国间的贸易关系，正如中国一位负责人所述："中国一贯反对贸易保护主义，国际金融危机发生以来，中国用自己的行动证明了这点。中国希望和各国一起推动世界经济早日复苏"。

参考译文

中国首次遭到外国反倾销案调查是1979年8月。随着"改革开放"政策的实行,中国的国际贸易额陡增,且增长形势延续至今。为此,中国企业被反倾销调查的次数也日趋增多,成了全球被调查最多的国家。

1990年后,中国健全了反倾销制度,并首次实施反倾销措施。自2005年以来,中国利用国际法保护本国利益,应对贸易保护主义取得了丰硕的成果。

例如:欧盟停止了对中国产镀锌板和不锈钢冷轧板的反倾销调查;印度对出口中国的尼龙帘子布中止了特别紧急进口限制的调查;土耳其也妥善地结束了之前采取的特别紧急进口限制措施。

关于打破贸易壁垒方面,中国在美国法庭上,对美国进行的关于三氯蔗糖和电池等的"337调查"(美国《1930年关税法》337条)也取得了全面胜利。

还有,2011年12月14日,中国商务部发表声明称,对来自美国的部分进口车征收反补贴税和反倾销税。征收时限为:自2011年12月15日起的2年期间,税率为2~21.5%。征收对象为排量为2500cc以上的大型车和运动型多用途车(SUV)。还包括了在美国设有基地的外国车,日本的本田车也是征收对象。因为本田在中国销售的高档品牌车型"讴歌"是从美国进口的。

中国商务部征收的根据是:"在美国生产的轿车、运动型多功能吉普享受了美国政府补贴,得以在中国市场廉价销售的优惠,中国国内产业因此受到损害。"

2012年2月6日,商务部发出声明:继续征收欧盟产马铃薯淀粉的反倾销税。并从6日起,开始对征收的欧盟产马铃薯淀粉的反倾销税重新调查。为的是重新审定当中止征收该项反倾销税后,倾销行为造成的实质性损害是否继续或再度发生。根据中国法律,调查期间将一直对欧盟产马铃薯淀粉征收反倾销税。中国从2007年对欧盟产马铃薯淀粉开始征收反倾销税。2011年对该项反倾销税进行的是重新审定。

然而,进入2012年度以来,美国(总统大选年)针对中国开始发动新的贸易救助措施攻势。不仅对中国产品征收反倾销税和反补贴税,对中国产品进行"337调查",扩大贸易保护主义。

例如:2012年5月18日,美国商务部宣布将向中国太阳能电池板制造商征收31%至250%的惩罚性关税。我国商务部新闻发言人对此表示,美方裁决有失公正,凸显了美国贸易保护主义的倾向。美商务部采用不合理的"替代国"价格进行不公平的比较,从而人为抬高中国企业的倾销幅度,在诸多计算倾销幅度的关键环节拒不接受中国企业的抗辩和证据材料。

根据美商务部公布的反倾销调查初裁结果,强制应诉企业无锡尚德太阳能有限公司的税率为31.22%,常州天合光能的税率为31.14%,其他59家单独税率应诉企业的税率为31.18%,其余未应诉企业的税率则更是高达249.96%。美商务部同时公布,如果美商务部和国际贸易委员会均作出肯定性终裁,美商务部将于2012年11月30日发布反倾销税令。

还推动国内立法程序,修订《1930年关税法》,使得对"非市场经济国家"征收反补贴税合法化。仅当年4月美国对中国输美产品发起的"双反"和"337调查"就有20多起,其频率相当罕见。

对此,中国商务部几次三番发表声明,反对贸易保护主义,要求美国政府恪守诺言,共同维护自由、开放、公正的国际贸易环境,更加理性的方法妥善处理贸易摩擦。

尽管如此,美国商务部还于2012年3月19日,对中国钢制车轮的倾销案宣布终裁,认定中国钢制车轮的生产商或出口商在美国销售时存在倾销行为,倾销幅度从44.96%至193.54%不等;裁定中国输美的此类产品接受了25.66%至38.32%不等的政府补贴。今后还将对涉案产品征收反倾销税和反补贴税。

美国商务部宣布终裁结果后,市场人士纷纷表示,长期以来中国相关产品的价格很低,人民币汇率一直上升,出口环境恶劣,利润已接近"冰点",如果美国再采取制裁措施,开展对美贸易的难度将进一步加大,最终中国产品必然会被迫退出美国市场。

由于中国还有相当一部分产业属于"幼稚产业",缺乏国际竞争力,如果没有政府的扶持和保护,在

未达到一定的规模经济之前，若遭遇反补贴调查，无疑不仅会影响整个行业，更会影响整个国民经济。

从政府角度看：反补贴相对于反倾销有更大的危害，被调查的是政府行为，反倾销只是对中国经济上有影响，而反补贴更具有政治上的意义，因为其他国家随时都有可能对中国发起反补贴调查。一国成功地反补贴后，别国很可能争相模仿，导致我经济受到根本性影响。继而影响到我国经济的长期高速发展。

日本有句谚语说"耐心等待、海平浪静、风和日丽"。意思是只要不急不躁耐心等待，早晚时来运转。

正如谚语所说，2012年4月17日4美国国际贸易委员会作出终裁，委员们一致认为从中国进口钢制车轮不会对美国相关产业造成实质性损害或威胁，因此商务部将不会要求海关对这种产品征收反倾销税和反补贴税。

这是进入2012年以来，美国国际贸易委员会首次对中国进口产品是否实质性损害或威胁美国相关产业时作出非常罕见的否定裁决。

另外，美国商务部于2012年3月20日以中国太阳能电池厂商接受了中国政府的不正当补贴为由，做出了征收税率为2.90～4.73%的反补贴税的临时裁决。

尽管如此，对中国来说也不算败诉。因为美国企业要求征收的关税是100%。

因此，今后中国遭遇"双反"企业应该像上述胜诉企业一样，为力保外国市场，针对外国发起的贸易救助行动，成立专门的工作组，聘请优秀的海外专业律师团队来积极应诉。

2．反倾销（AD）措施运用要领和预防滥用

反倾销（AD）措施运用要领

按照关贸协定的规定，倾销的定位是"不公平贸易"。被认定是最惠国待遇原则（关贸第六条）和关税减让（同第七条）的例外情况。即：关贸协定和WTO在推行"自由贸易主义"的同时，也在各加盟国实行反倾销这一通商救济制度。

反倾销措施是WTO认可的贸易救助措施之一。当他国用不正当的低廉价格出口商品时，进口国政府为保护国内产业即可课以关税的措施。WTO的AD协定规定：当认定有①倾销②损害③因果关系时，对不正当低价销售商品课以关税给予认可。

虽然中国加盟WTO正式启动以来，连续15年被作为反倾销案和反补贴案的调查对象，是加盟国中被调查最多的国家。但在中日贸易中，中国自1997年第一次实施反倾销措施后，也频繁地向日本发起反倾销调查，导致日本特别关注中国的反倾销制度。不仅翻译和介绍中国相关法令，还从日本企业的角度，研究反倾销案的具体对策，很早就开始对中国反倾销制度进行周密研究。

事实上，随着降低关税上线、提高贸易自由化的进展，全球国际贸易领域，实施反倾销措施的频率呈现上升趋势。

反倾销制度的合法性（legitimacy）在于"纠正外国企业不公平的商业习惯和行为"。这点国民容易接受，也有助于增强政治凝聚力。

但研究表明，在经济上的效果却鲜有支持反倾销制度的证据。至今的研究结果几乎都是指责现行反倾销制度的。

其理由之一是，实施反倾销措施后，由于价格被抬高、进口减少，利益受损的不仅是外国企业，国内消费者和用户产业的利益同样受到损害。

（另外，国内起诉企业也因特定国被起诉，从而极有可能不得不改从第三国进口，加上巨额的起诉费用，实际得到的利益比起付出的相应要少）

理由之二是，作为经济活动，真正有害的掠夺性倾销实际很少（以低价策略排斥乃至挤垮他国相同

或类似产品生产者，实现垄断市场、提高价格、获取超额垄断利润，扰乱正常市场竞争的案件很少）。

反倾销措施实施时的起诉书内容

起诉书要有概述和总结。另外，还要准备以下材料：

1）一般背景材料；2）进口商品、进出口商的详细材料；3）关于补贴的资料以及比公平价格低廉的证明材料；4）紧急事态材料；5）利益受损材料。

防止滥用反倾销（AD）措施

正常运用反倾销措施，可以作为正当自卫手段，起到防止倾销、保护国内产业的作用。但如果进口国为保护国内缺乏竞争力的产业，对上述三点要求（①倾销②损害③因果关系）的认定是不准确的，或滥用该措施。尽管出口国企业的贸易行为是规范的，该措施即成了很高的关税壁垒。

滥用反倾销措施将导致通过削减关税而改善市场准入的效果为零，特别对发展中国家，被滥用反倾销措施是个严重问题，因为会阻碍其经济发展。

因此，加强规范使用反倾销措施，与希望通过贸易而发展的发展中国家的利益息息相关。

另一方面，目前，不仅是发达国家频繁发起反倾销调查，由发展中国家发起的反倾销调查案件也日益增多。

事实上，经合组织成员国的减让关税平均为10%（日本，美国，欧盟，加拿大四国间为4%），而反倾销关税的平均税率为43%。因此反倾销措施的实施其影响是巨大的。全球反倾销措施的滥用必须得到遏制。

3. 日本的政府补贴和防止反补贴对策

日本的政府补贴

国家的政府补贴具战略性贸易政策的含义。从理论源流上看，多出于政治动机。二次大战后日本政府率先在半导体产业和高科技产业实施战略性贸易政策。日本、美国在国际贸易中实施的战略性贸易和产业政策对我国出口补贴政策亦有相当影响。

由于2008年以来的金融危机以及经济萧条，许多国家为了扶持国内中小企业和新兴产业，实施很多政府补贴政策。

以下介绍日本目前实施的政府补贴政策。

日本的政府补贴实际上有各种名称，如津贴、补贴、福利和奖金制度。种类有三、四十种。办理窗口也有许多，分别办理不同的补贴事务。如："哈罗工作""就业和人力资源开发机构""老龄和残疾人协会""护理人力资源中心""21世纪职业财团"等。

政府补贴和融资不一样，不需要偿还，也不产生利息。只要满足条件提出申请，就可以从国家领到补贴。

在日本，中小企业在以下状况，即可以申请政府补贴。

1）初创企业或推动不同行业。
2）招聘新员工。
3）提高退休年龄，重新审定退休年龄。
4）利用育儿休假制度，获得育儿休假。
5）改善临时工待遇。
6）对中小型企业提高退休年龄实施奖励制度。

《对中小型企业提高退休年龄实施奖励制度》的补贴，简单分为以下几种：

①在公司持续工作1年以上，年龄超过60岁年的员工（就业保险普通被保险人），可以申请政府补

贴。

②按照就业规定，引进提高退休制度或延续聘用制度，也可以申请政府补贴。但是，和其他补贴不一样，需要满足以下条件：

*无须雇佣新员工（不产生新劳动力成本），无须购置新设施。
*无须扩展新领域。要改变就业规则，引进要求在职员工继续留在本企业的制度。

防止反补贴对策

2012年3月13日，时任美国总统的奥巴马签署H.R.4105法案，授权美国政府可对包括中国在内的非市场经济国家征收反补贴税。该法案的生效时间追溯到2006年11月20日。从而使美商务部针对中国产品做出的24个反补贴裁决合法化。该法案还涵盖了双重计算问题。

美国国会参、众两院还分别于3月5日和6日表决通过相关法案。这意味着，美国对中国等所谓"非市场经济国家"征收反补贴税不再受到国内立法的制约。

因此，为了防止反补贴调查，必须制定相关对策。以下几条仅供参考。

1. 结合我国实情，在WTO补贴和反补贴政策允许范围内，完善我国的补贴制度。

2. 产业发展战略：应进入基础科学先列，掌握核心技术。企业战略：应以新技术开发和扩散为竞争方向的战略，不断提高产品质量、降低产品成本，从长计议通过产业结构调整来应对反补贴调查。

3. 我国的企业应该通过合法途径实现自我保护。同时改进企业生产管理技术、降低生产成本、提高产品的竞争力。

4. 若出口产品在国外受到反补贴调查，被确认为受补贴产品，要征收反补贴税，而事实并非如此，企业要主动与政府交涉，要求政府出面与进口国政府磋商解决。如果磋商无效，则提交至WTO争端解决机构。

5. 完善制定专门的法律，规范各级政府对企业的补贴行为。政府规章和具体政策措施，应与WTO《补贴与反补贴措施协议》相一致。

6. 协调好政府和企业的关系。政府主管部门应当设立专门的补贴评估机构，对可能遭受反补贴调查的出口产品进行评估，同时也对其他国家的产品进行评估，建立一个良好的国际贸易环境。

7. 重视培养各层次熟悉世贸组织规定的法律人才，企业有充分的各项准备，积极应对反补贴调查。

付 録

貿易用常用語句

(一)挨拶に関する用語

1. 新年に当たり、貴公司のご繁栄をお祈り申し上げます。　　值此新年之际，敬祝贵公司繁荣、昌盛。
2. 貴公司の業務の隆盛と不断の発展をお祈りいたします。　　祝贵公司业务兴旺，不断发展。
3. 本年も引き続きご愛顧をお願いいたします。　　今年欢迎继续光顾。
4. 2000年を迎えるに当たり、貴社の全職員の皆様に心よりお喜び申し上げます。　　在2000年新年即将来临之际，向贵社全体职员致以衷心地祝贺。
5. いつも格別のお引き立てにあずかり、厚くお礼申し上げます。　　总是承蒙贵方特别关照，非常感谢。
6. 平素は格別のご高配にあずかり、厚くお礼申し上げます。　　一向承蒙贵方特别照顾，深表谢意。
7. 平素お世話さまになり、心から感謝いたしております。　　一向承蒙帮助，深表感谢。
8. 昨年は格別のご愛顧を賜り、当社は深く感謝申し上げております。　　去年蒙受贵方特别照顾，深表谢意。
9. 昨年中はひとかたならぬお引き立てを頂き、心よりお礼申し上げます。　　去年一年中，多承照顾，衷心致谢。
10. 昨年は格別のご愛顧を賜り、当公司は深く感謝いたしております。　　去年蒙受特殊照顾，本公司非常感谢。
11. 貴社ますますご隆盛の段、お喜び申し上げます。　　祝愿贵社日趋繁荣昌盛。
12. この度南京滞在中、格別のご高配を賜り、厚くお礼申し上げます。　　这次在南京逗留期间，承蒙贵方特别照顾，深表谢意。
13. この度、貴公司を訪問した際には、厚くおもてなしにあずかり、ありがとうございました。　　这次访问贵公司时，承蒙热情款待，十分感谢。
14. 日本にお帰りになったら皆様方へどうぞよろしくお伝え下さい。　　回到日本之后，请向各位先生问好。
15. 皆様の暖かいご理解と力添えをお願いいたします。　　敬请各位先生多多理解和大力帮助。
16. 貴公司の創立10周年を記念するにあたって、謹んでお祝い申し上げますと共にますますのご繁昌をお祈り申し上げます。　　在纪念贵公司成立10周年之际，谨表祝贺，并祝愿贵公司日益繁荣昌盛。

(二)貿易政策に関する用語

1. われわれは平等互恵、有無相通じる原則に基づいて、世界各国と友好貿易を行っております。　　我们依照平等互利，互通有无的原则，同世界各国进行友好贸易。
2. わが国の支払い能力に応じて、外国から輸入することはわれわれ厳守する原則であります。　　根据我国的支付能力从国外进口产品，是我们恪守的原则。
3. われわれが自力更生をベースに外資を利用し、先進技術　　我们以自力更生为基础，利用外资、引进先

付　録

を導入するという方針は変わっておりません。	进技术的方针不会改变。
4. われわれは対外貿易の中で融通性のある一連の方法を取っております。	我们在对外贸易中采取一连串灵活的贸易方式。
5. 私たちは平等互恵の原則に基づいて、現在世界の100余りの国々と有無相通じる貿易を行っております。	我们按照平等互利原则,现在和世界上一百多个国家进行互通有无贸易。
6. これを契機として、中日友好と双方の貿易の発展のために努力いたします。	我方将以此交易为起端,为发展中日友好和双方的贸易而努力。
7. 双方は平等互恵を基礎に長所を生かし、短所を補い、有無相通じ、よく協力しさえすれば貿易は必ず発展し、合作は必ず成果を収めるに違いありません。	只要双方以平等互利为基础,取长补短,互通有无,密切合作,双方之间的贸易一定会得到发展,合作一定会取得成果。
8. われわれは平等互恵、有無相通じる原則に基づいて、友好貿易をどんどん発展させて行きましょう。	让我们双方依照平等互利,互通有无的原则不断发展友好贸易吧。
9. われわれは平等互恵をふまえて、世界各国、各地域との貿易を積極的に伸し、絶えず拡大すると共に輸出を第一義に考え、輸出の持続的、安定的発展を保証します。	我们要以平等互利为基础,在积极发展,不断扩大同世界各国、各地区贸易往来的同时,要把出口当作头等大事来考虑,保证外贸出口持续稳定的发展。
10. 中国の資源は日本の要求に応じて供給できるし、日本の進んだ生産技術は中国の発展に役立つでしょう。お互いに補いあえる関係あると言えます。	中国的资源,可以满足日本的需求;日本的先进生产技术,有助于中国的发展。可以说两国处于互补的关系。
11. 中日間の経済交流は通常貿易のみならず多方面で長期的に協力しあえるでしょう。	中日两国之间的经济交流,不仅限于一般贸易方面,而且在诸多领域可以进行长期合作。
12. 中国は外資を導入するにあたって、一貫して契約を重んじ、信用を守ると言うことをモットーとしています。	中国引进外资时,一贯把重合同、守信用的原则作为恪守的宗旨。
13. 長年来、双方がよく協力しあってきたからこそ、平等互恵、有無相通じると言う原則をふまえて、数多くの契約が達成されました。	多年来,正是由于双方密切合作,根据平等互利,互通有无的原则,签订了大量合同。
14. 中日間の貿易と経済技術協力はこれまで大きな発展をとげ、両国に実益をもたらし、両国の政治関係を強固にするのにも役立ってきました。	迄今为止,中日贸易和经济技术合作取得了很大的发展,为两国带来了实惠,为加强两国政治关系发挥了作用。
15. 当公司は平等互恵、有無相通じる原則を基礎として、貴社との取引を深めたいと存じます。	我公司愿在平等互利,互通有无的基础上,加深发展与贵社的业务往来。
16. 中国と日本はそれぞれ長所と短所があり、日本には先進的な生産技術が、中国にも日本に必要な品物があります。中日両国は互いに補充しあい、長所をもって、短所を補い、余分なものを持って不足を補うべきであります。大局に立って、長い目で見れば、これは両国にとって有利なことであります。	中国和日本各有所长。日本有先进的生产技术,中国有日本必需的东西。中日两国应该相互补充,取长补短,以自身多余的东西弥补不足。从大局出发,长远来看,这对两国是有利的。
17. 中国が発展すれば、日本も更に発展するでしょう。中日両国は競争の中で、相互の経済、科学技術をたえず拡	如果中国发展了,日本也会进一步得到发展。中日两国在竞争中不断扩大、加强相互

大、強化することによって、貿易を拡大し、それぞれの発展と繁栄を促進することができます。	的经济、科学技术合作，扩大双方贸易，以促进各自的发展与繁荣。
18. 外国の製品は中国の輸入条件に合いさえすれば、中国市場に入る機会が大いに増えるでしょう。	国外产品只要符合中国的进口条件，就会大大增多进入中国市场的机会。
19. 発展途上国は外債を返済するために輸出を拡大し、輸入を圧縮しなければなりません。	发展中国家为了偿还外债，必须扩大出口，压缩进口。
20. 中日経済協力は双方の共同の繁栄と発展にプラスとなっています。	中日经济合作有益于双方共同的繁荣和发展。
21. 今後もわれわれは平等互恵、相互信頼をふまえて、引き続き日本との経済貿易協力、科学技術、文化交流を強化するよう望んでおります。	在今后我们希望以平等互利，相互信赖为基础加强同日本的经贸合作、科学技术和文化交流。
22. 双方は平等互恵の基礎を踏まえて有無相通じて自国の過不足を調節することができます。	双方在平等互利的基础上，互通有无，可以调节本国余缺物资。
23. 中国は平等互恵をベースに幅広い分野で日本と経済技術協力を行い、双方の貿易を発展させるよう望んでおります。	中国希望以平等互利为基础，在广泛的领域内同日本进行经济技术合作，发展双方的贸易。
24. 日本は土地が狭く、資源が不足していますがハイテクの面で、強みを持っています。中国は土地が広く、物産が豊かで、人口が多いですが経済が相対的に立遅れています。両国は経済面で非常に相互補完性があり、協力関係を更に発展させることができます。	日本土地狭小、资源不足，可是在高尖端领域内具有优势。中国地大物博、人口众多，可是在经济上相对落后。两国在经济上存在互补性，可以进一步发展合作关系。
25. 本工場は一貫して品質第一、信用第一、ユーザー第一の原則を守り、内外各界の人々にサービスをしていますので、ご商談をお待ちしております。	本厂一贯信守质量第一、信誉第一、用户第一的原则为国内外各界人士服务。欢迎前来洽谈业务。
26. 列挙された支払条件は貿易業界の慣習に合っていません。	贵方列举的支付条件不符合贸易行业的习惯。
27. 外国企業家も国際慣例にしたがって、中国で企業経営ができます。	外国企业家可以按照国际惯例在中国经营企业。

（三）市場情況に関する用語

1. 社会的ニーズがあれば、それに応えて、商品を供給するのが企業の義務ですからインスタントはこれからますます増えていくにちがいありません。	只要有社会需求，为满足这种需求向社会提供商品这是企业的义务。因此，今后方便食品一定会不断地增多起来。
2. 青島ビールは国内市場で売れ行きが良いだけでなく、アメリカ、イギリス、日本、シンガポールなど二十余りの国と地域に輸出されています。	青岛啤酒不仅在国内市场上畅销，也向美国、英国、日本、新加坡等二十多个国家和地区出口。
3. 現在日本の大豆市場は冷え切っており、大幅に値引きしないと当方としてはメリットが少ないです。	现在日本大豆市场不景气，如贵方不大幅度降价，我方所赚利润太少。
4. 24Sシーツは現在パキスタンから日本市場に入り、価格も	现在24支纱的床单从巴基斯坦进入日本市

品質も安定しており、中国シーツはもはやパキスタン、インドなどの国々のシーツと国際競争となってきております。もし、この機会を逃せば、日本のシーツ市場はパキスタン等に奪われる可能性があります。	场，价格和质量都很稳定，中国床单早已和巴基斯坦、印度等国的床单展开了国际竞争。如错过了机会，日本的床单市场，有可能被巴基斯坦等国夺去。
5. ミシンの国内需要が一段と落ち込んできました。	缝纫机的国内需求进一急剧下降。
6. この工場の製品は日本市場に輸出されてから、ずっと売れ行きがよく、供給が需要に追い付かない状況であります。	这个工厂的产品向日本市场出口以来，一直畅销不衰，供不应求。
7. 現在、当公司の一部の商品は日本市場では売れ行き不振に陥っています。	现在我公司部分商品在日本市场上陷入销路不佳状态。
8. 現在、市場は不況にありますが良い商品は依然として引っ張りだこです。	现在市场处于疲软状态，但质优商品仍然是抢手货。
9. 製品がニーズに合うかぎり市場はあります。	只要产品符合需求就会有市场。
10. 市場不振の問題を解決するには製品と産業構造の調整を結び付けなければなりません。	要解决市场疲软，必须把调整产品和产业结构结合起来。
11. この製品は日本市場で売り出されたら、きっと目玉商品として、ひっぱりだことなるでしょう。	该产品如在日本市场上销售，一定会以热门商品成为抢手货。
12. 輸出をするためにはまずマーケットがなければなりません。	要出口，必须先有市场。
13. 当工場のトラクターは国際市場で、売れ行きがよく、製品の品質、数量とも中国で、毎年首位を占めています。	我厂生产的拖拉机在国际市场上销路甚佳，产品的质量和数量在中国的同行业中每年都名列榜首。
14. 円高によるデメリットを解消し、生産コストを引き下げるため、日本の大手自動車部品メーカーの加藤車体工業（株）では国内での自動車部品の生産を減らし、中国から一部の部品輸入することと決定した。	为了消除日圆升值带来的弊端，降低生产成本，日本的大汽车零件生产厂家加藤车体工业公司决定减少国内的汽车零件生产，从中国进口部分汽车零件。
15. 目下、相場が暴騰しているので、取引きを進めることが難しくなりました。	目前由于行情暴涨，以致使我们双方之间很难进行交易。
16. オーストラリアの市場は広大しており、中国が製品の包装、品質、デリバリー、輸送などを改善すれば両国の貿易の見通しは明るいでしょう。	澳大利亚的市场广阔，如果中国改善产品包装、质量、交货期、运输等问题，两国的贸易发展前景十分乐观。
17. 今年に入って、海運及び船舶市況は回復基調を呈しているが競争は依然激烈であります。	到了今年，海运及船舶行情呈现复苏基调，但竞争仍十分激烈。
18. 中国の電子工業はかなり立遅れ、ストロボの国際市場に占めるシェアはまだとても小さいです。	中国的电子工业相当落后，闪光灯在国际市场上的占有率还很小。

(四)製品紹介に関する用語

1. 当公司取扱いのえびは大ぶりで、肉が厚く、味がよく、日本、フランス、ドイツに輸入され、消費者から喜ばれています。	我公司经营的对虾个大、肉厚、味道鲜美，向日本、法国、德国出口，受到消费者的青睐。

2. 絹織物は中国の伝統的な輸出商品で、世界各国で高い評価を得ています。

丝绸是中国的传统出口商品，在世界各国得到高度评价。

3. やぎの乳は栄養豊富です。蛋白質、脂肪、ミネラルなどの量は牛乳を上回っています。乳やぎは繁殖が速く、粗飼料に耐え、投資がすくなくすみます。一部熱帯地区を除けば、中国の南北どこでも飼育条件が整っているばかりか、乾燥地帯では、いっそう飼育条件に恵まれています。

山羊奶营养丰富，其蛋白质、脂肪、矿物营养素等的含量超过牛奶。母山羊繁殖快，抗粗饲料，投资少，见效快。除部分热带地区以外，不仅中国南北各个地方都具饲养条件，而且在干燥地区更具有饲养条件。

4. 「□□マーク」タイマー付き水洗バレブは国外での同類製品と同質、しかも40%の割安という抜群の競争力によって、縦って外国ユーザに歓迎されています。

□□牌带定时器水冲阀和国外的同类产品质量相同，并且以价廉40%的超群竞争力，受到国外工商业者的欢迎。

5. この製品は全国各地で販売されているほか、欧米、東南アジアの各地に輸出して、好評を博しています。

该产品除在全国销售以外，还向欧美、东南亚各地出口，博得了好评。

6. 中国製バスは価格が手頃で、車体が丈夫で、品質が安定し、アフターサービスが行き届いており、国際市場ではユーザーから歓迎されています。

中国制造的公共汽车价格适中，车身结实，质量稳定，售后服务周到，在国际市场上受到用户的欢迎。

7. この製品は、色は豊富で、明るく、美しく、模様は斬新、手触りはソフト、着心地よく、ユーザーに大好評で、世界各地でヒット商品となっています。

本产品色彩丰富、明快、漂亮，花样新颖，手感柔和，穿着舒适，深受用户好评，在世界各地成为名牌商品。

8. このシリーズの製品は市場の信用を得ていて、うち六種のタオルケットは各部門で優良製品の称号を獲得しています。

本系列产品已得到市场的信任，其中六种毛巾被获得部级优良称号。

9. この工場の製品は比較的高級で、国内外の市場での販売に明るい見通しを持っています。

这个厂的产品档次较高，在国内外市场上有光明的前途。

10. この製品の品質については当方で絶対に保証いたします。

关于该产品质量，我方绝对保证无问题。

11. この製品の品質は欧米品に優れるとも劣りません。

该产品的质量和欧美产品相比，只优不次。

12. 近年来、品質の向上につれて、国際市場での中国の機械製品の販売量は、ますます増加し、今年一月から八月までの輸出額は昨年同期より47%伸びました。

今年来，随着质量的提高，在国际市场上的中国的机械产品的销售量逐渐增加，今年一月至八月间的出口额比去年同期增长47%。

13. 「天山」ブランドのタオルケットは品質抜群で、外観もすばらしく、国際市場で売り出してから、各国の消費者に喜ばれています。

天山牌毛巾被，质量超群，外观秀美，在国际市场出售以来，受到各国消费者的喜爱。

14. この茶は品質は良いのですが値段はすこぶる高いです。

这种茶叶虽然质量好，但价格昂贵。

15. 当公司のタオルケット製品は品質がよくて、値段も手頃で、ユーザーにご紹介下さりたくお願いします。

我公司的毛巾被产品质量上乘，价格合理，望用户介绍。

16. 日本製のはかりは国際はかり市場で、強い競争力を発揮しており、TECなどの日本品は知名度も高く、品質面

日本制造的秤在国际衡器市场上，具有很强的竞争力，TEC等牌的日本产品知名度高，

でも高い評価を得ています。 在质量上得到了高度评价。

17. 中国産の農薬は外国品に比べて、効力及び毒性面で劣っているため、中国が近代的な製法を導入できない限り、外国産の輸入品に依然として、依存せざるを得ません。
    中国产的农药和国外产品相比在效力和毒性上都不如国外产品。因此，如果不能引进现代的农药制造技术，将仍然不得不依赖进口。

18. 当社の製品は、アメリカ、ヨーロッパ、東南アジアなどの国々で、品質の優秀さによりユーザーの信頼と高い評価を得ております。
    我公司的产品在美国、欧洲、东南亚等国，以其优良的品质受到用户的信赖和高度评价。

19. 中国の造船業は外国ユーザーの好評を得ているが、その主な原因は、中国の輸出船舶の性能が良好で、技術が近代的で、品質が信頼でき、国際トップレベルに達しており、価格的にも強力な競争力をもっていることにあります。
    中国的造船业受到国外用户的好评，其主要原因在于中国出口船舶的性能好，技术先进，质量可以信赖，达到了国际领先的水平，在价格上具有很强的竞争力。

20. 天津じゅうたんは天津甘栗とならんで、日本になじみの深い商品です。
    天津地毯和天津栗子一样是日本熟悉的商品。

21. 中国じゅうたんの原料は羊毛であるが中国産の羊毛は目が荒く、繊維が長く、弾力性があって、光沢もあるので、じゅうたんの原料としては非常にすぐれています。
    中国地毯的原料是羊毛，中国产的羊毛孔大，纤维长，具有弹性，富有光泽，作为地毯的原料，非常理想。

22. 中国の扇子は風を送る役割のほか、飾りの用途も重視され、いろいろな形や色、香りの要素が加味されるようになりました。
    中国的扇子除了扇风作用外，其装饰的用途也得到重视，逐渐增添了各种款式和色、香等要素。

23. きくらげの食用価値は中国では早くから知られています。きくらげ自身は特別に味のあるものではありません。しかし、ほかの食物とあわせて用いると美味佳肴となり、料理の風味は一段とあがります。
    在中国，木耳的食用价值在很早以前就被人们知晓。木耳本身并没有什么特别的味道，但是和别的食品一起食用，就成了美味佳肴，菜的风味别具一格。

（五）引合い、オファーに関する用語

1. □月□日までにオファーを出してくださるようにお願いします。 敬请在□月□日以前报价。
2. 合理的な価格を出してくださるよう希望いたします。 希望报合理价格。
3. CIF 青島渡値を至急オファーしてください。 请速报青岛到岸价格。
4. FOB 神戸渡値をオファーしてください。 请报神户离岸价格。
5. CFR 上海渡値をオファーしてください。 请报成本加运费上海到岸价格。
6. 大阪本船渡値をお知らせ下さい。 请报大阪离岸价格。
7. もし、オファーが予定価格と見合った折はご返事をお願いします。 如报价相宜请回复。
8. 貴公司のオファーは需要者と検討したところ、少し高いという意見です。 贵公司的报价，经与用户研究，他们认为报价偏高。
9. 値段が高いだけに物もいいです。 正因为价高，东西才好。
10. 至急下記条件で最低価格をオファーしていただけます 能否按下列条件，尽快报我方最低价。

付　録

11. 上記ファーム・オファーは6月末までの当方への回答を有効とします。　　上述实盘，6月底前回复我方有效。

12. 6月3日付オファーを頂きましたがあいにく最小注文量を示されていませんでした。　　6月3日贵方报价收悉，很遗憾贵方没有注明最低订货量。

13. 6月5日付に貴社が出されたピーナッツのオファーは需要者と検討いたしたところ、少し高いということですので、今一度ご考慮をお願い申し上げます。　　6月5日贵公司给我公司的花生仁的报价，经与用户研究的结果，认为报价偏高，请贵方再重新考虑。

14. 先日出したオファーはファーム・オファーとして、出しましたので、値引きできません。　　前些日子的报价均为实盘，无法降价。

15. オファーが高すぎるので、残念ながらお引受けいたしかねます。　　贵方报价太高，我方歉难接受。

16. 目下、品切れのため、残念ながらオファーできません。　　现因缺货，我方歉难报价。

17. 貴社よりのは遅すぎたため、すでに他社から買い付けました。　　贵社报价太晚，已从其他商社订购。

18. 値段が少し高いですがそのかわり、品質はとてもよい物です。　　价钱虽贵一点，可是质量非常好。

19. 貴公司のタオルケットの見積りは割高です。　　贵公司的毛巾被报价偏高。

20. 貴方のローラーベアリングの価格は妥当ですが、積期はあまりにも遅すぎます。　　贵方的滚珠轴承的价格是合格的，但交货太迟。

21. 貴公司の大豆のオファーは現在の相場に合っていません。　　贵公司的大豆报价和现在的市场行情不符。

22. サザエの缶詰につきましては目下、在庫品がなく、残念ながらオファーできません。　　关于海螺罐头，现无库存，歉难报价。

23. 貴社の指値が安すぎるので、残念ながらお受けいたしかねます。　　贵社出价太低，故我方歉难接受。

24. 目下、当公司はクルミの玉がないため、残念ながらオファーできません。　　现在我公司核桃无货，歉难报价。

25. 貴公司が値引きを考慮してくださるようお願いします。　　我方希望贵公司考虑降价。

26. 蚕沙のオファーを受取りましたが、当方は目下、購入の意志がなく、後日、需要があれば、改めてご連絡いたします。　　贵方蚕沙的报价已报到，目前，我方无意购买，将来需要时，再与贵方联系。

27. 見積価格の外貨建値については、最近為替相場の変動が特に激しいため、米ドルの固定レートでのオファーは非常に難しい現状でありますので、別途に詳しく検討する必要があると思います。　　关于报价的外汇计价问题，最近外汇行情波动特别厉害，现在用美圆固定汇率报价十分困难，所以，我方认为有另想办法进行详细研究的必要。

28. ここ3ヵ月以来、くらげの値段が大幅に上がったことはご存知のことと思います。　　最近三个月以来，海蜇的价格大幅度上升，想必贵方已经了解。

29. 当方のくらげの価格は国際市場に比べて見るとまだ合　　我方的海蜇价格和国际市场的价格相比，还

付　録

理的です。	是合理的。
30. 当公司取扱いのくらげの品質はとてもよく、当方の価格はリーズナブルだと思います。	我公司经营的海蛰皮质量上乘，如和价格一起考虑，这个价格还是合理的。
31. もし、大口注文でしたら、当方は 5%値下げすることができます。	如果贵方大批订货，我方可以降价 5%。
32. 今度の取引を成約させるには、貴方は、少なくとも10%値下げしなければなりません。	为了使这次交易成功，贵方至少要降价 10%才行。
33. 5%以上を値下げしますと当公司にはメリットがありませんので、それ以上下げられません。	如果降价 5%以上，我方无利可图，不能降价 5%以上。
34. 残念ながら貴方のカウンターオファーはお引き受けいたしかねます。	我方歉难接受贵方的还盘。
35. もし、貴公司が当方の需要量に応じるならば、貴公司の価格を受け入れることができます。	如果贵公司能满足我方的需求量，我方可以接受贵公司的价格。
36. 納期を10月に繰り上げていただけるなら、当方は貴公司の価格を受け入れる用意があります。	如果贵公司能把交期提前到10月份，我方可以考虑接受贵公司的价格。
37. もし、大口注文でしたら、当公司は価格を考えなおすこともできます。	如果大批订购，我公司也可以重新考虑价格。
38. これらの製品はみな売れ行きの良い品ばかりです。	这些产品都是畅销货。
39. 値段がそれぞれのマーケットでの要求にぴったり合わなければ輸出できません。	价格如不能很好地适应各个市场需求，就不能实现出口。
40. タオルケットのオファーどうもありがとうございました。残念ですが今回は価格が合わないので買い付けを見送ります。また需要があれば、ご連絡いたします。	谢谢贵方毛巾被的报价。由于价格不合算，所以这次就不订购了。以后如有需要，再与贵方联系。
41. 仲介料 5%込み CIF 価格でお見積下さい。	请报含佣金 5%的到岸价格。
42. この単価はアセアン諸国の品と比べて、競争力のある値段で、必ずご希望に副い得るものと信じております。	这个单价和东盟各国的产品相比是有竞争力的价格，相信一定能满足贵方的要求。

(六)注文に関する用語

1. しばしばお引き合いをいただき、心から感謝しております。	承蒙多次询购，十分感谢。
2. しばしばご注文にあずかり、感謝しております。今後ともよろしくお願い申し上げます。	屡蒙订货非常感谢，今后仍然请贵方多多关照。
3. 貴方のご注文を期待しております。	希望贵方订货。
4. いつもご注文にあずかりまして、ほんとうにありがとうございます。	经常承蒙订货，深表谢意。
5. 喜んでご注文をお受けいたします。	很高兴接受贵方订货。
6. もし、貴社が 10%値下げできるなら、成約の可能性があります。	如贵方能降价 10%，可望成交。
7. 価格が引合えば大量に成約できると思います。	如果价格合适，可大量成交。

付　録

8. ご注文に応じることができません。	不能满足贵方的订货要求。
9. 目下、まだ在庫がありますので、当分、追加注文する意志はありません。	目前尚有货存，暂时无意追加订货。
10. 最近国内外からの需要が多いため、供給不足の状況にあります。	由于国内外的大量需求，产品处于供不应求状态。
11. 他にも購入希望者がありますので、急ぎ確認をお願いします。	现在尚有其他用户，请速确认。
12. 品不足のため、貴社の需要を満たすことができません。	因货源不足，不能满足贵社的需求。
13. ご購入の時はお知らせ下さい。	贵方需要时，请告知我方。
14. もし、ご購入の時は優先的にご提供します。	如果贵方需要，我方可优先供货。
15. 最低注文量は1000箱です。それ以下では提供しかねます。	最低订购量1000箱，达不到该数量歉难供货。
16. タオル最低注文量は3,000枚です。それ以上でなければ、契約を結ぶことができません。	毛巾的最低定货量为3000条，达不到此数量无法成交。
17. ご要求通り、すでに関係メーカーと折衝中ですので、まとまり次第FAXでお知らせ致します。	按贵方要求，正在和厂方接洽，一有结果立即传真通知贵方。
18. いま、ちょうど購入希望者がありますので、早速胡桃のサンプルが必要です。	目前正好有用户，急需核桃的货样。
19. ピーナッツのカタログと関係資料を至急に送ってくださるようお願いします。	敬请把花生仁的样本和有关资料寄给我方。
20. 至急必要なので、すぐご提供いただけるでしょうか。	我方急需此货，能否马上供货？
21. こちらでは自転車のタイヤに対する需要が大変大きいので、ご提供くださるようお願いいたします。	我方对自行车的轮胎要求很大，希望贵方供货。
22. 値段さえ引合えば、大量に取引できると思います。	我方认为，只要价格合适，可望大批成交。
23. 苺ジャムについては、一度注文して見たいと思います。	关于草莓酱，我方打算订购一批看看。
24. 苺ジャムの売れ行きがいいですから、これから大量に注文したいと思います。	因草莓酱的销路好，所以今后打算大量订购。
25. 目下、日本市場が不景気のため、残念ながら大量注文いたしかねます。	目前日本市场不景气，歉难大批订货。
26. 契約JT30号の秋さわらを3000トンまでに追加していただきたいと思いますが、いかがでしょうか。	我方希望把JT30号合同的秋鲅鱼订货追加到3000吨，不知可否？
27. 去る5月10日頂いた唐辛子一等品の見本については、関係需要者と折衝を重ねた結果、まず10トンを輸入して見ようということで話がつきました。	关于5月10日收到的一级品辣椒货样之事，经与有关用户再三商洽结果，商定先进口十吨试销。
28. 当分、日本市場は不景気のため、残念ながら長	目前，由于日本市场不景气，我方歉难签订长

	期合同。
29. この製品に興味がおありの場合実需量、受渡期日をFAXにてお知らせ願います。	如对该产品有兴趣，请贵方来传真告知实际需要数量和交货日期。
30. 貴方の試験的注文を歓迎いたします。	欢迎贵方试订。
31. 当方は商品のソース情況によって、貴方のご注文に応じるように努力いたします。	我方将根据货源情况，努力满足贵方订货要求。
32. 貴社のトライアル注文をお待ちしております。	欢迎（希望）贵方试购。
33. いま他にも希望者がありますので、至急確認をお願いします。	现在还有其他买主，请速确认。
34. もし、契約期日通りお引渡しいただけない場合は注文を取消せざるを得ません。	如不能按合同日期交货，我方不得不取消订单。
35. 当方のクリの生産量が需要に追い付きませんので、100トンしか提供できません。	我方栗子的产量供不应求，目前只能供应100吨。
36. 当社は原料不足のため、残念ながら目下、ブルドーザーを提供することができなくなりました。	我社因原料短缺，目前歉难供应推土机产品。
37. ご希望のクラゲはこのごろ、手持ちがございませんので、提供いたしかねます。	贵方希望订购海蛰产品，因最近手头无库存，碍难供货。
38. 玉タイトのため、今度のご注文をお断りせざるを得ません。	由于货源紧张，不得不谢绝贵方的订单。
39. クルミの現物の供給が可能でしたら、当方は喜んで大量注文いたします。	如核桃可供现货，我方乐于大量订购。

（七）契約に関する用語

1. 昨年九月、日本山新株式会社は山東省外運公司と合資企業の設立について、意向書に調印しました。	去年九月，日本山新株式会社和山东省外运公司签订了关于成立合资企业的意向书。
2. 輸出入の契約書は中国側でつくらてたものが使用されています。	进出口合同书，使用中国方面制作的合同书。
3. ここに契約書正本二部を作成して、ご送付申し上げます。ご署名後、一部を当方にご返送下さい。	现制成合同正本两份寄送贵方，签名后寄回我公司一份。
4. 上記の二通契約書を確かに落手いたしました。お手数をおかけしてもうしわけありませんでした。厚くお礼申し上げます。	上述两份合同，我方确已收到。给贵方添了不少麻烦，深表歉意。
5. 当方で契約書をチェックした結果、二カ所にミス・プリントがあることを発見しました。	经我方核对合同，发现有两处打印错误。
6. 中国は外資を導入するにあたって、契約を重んじ、信用を守るという原則を一貫して、モットーとしています。	中国在引进外资时，一贯把重合同，守信用的原则作为信守的宗旨。
7. これは契約履行に支障をもたらすことになると思います。	我方认为，这将给合同履行带来困难。

8. 貴社が15%の賠償金負担を承諾されるなら、当方は本契約の取消しについて同意いたします。	如贵社承诺承担合同金额的15%撤消合同的赔款，我方可以同意取消本合同。
9. 本契約を取消さざるを得ないことを遺憾ながらお知らせ致します。	很遗憾的通知贵方，我方不得不取消本合同。
10. この工場の製品はすでに五十六の国と地域に販売され、納期については長年にわたって、契約に違反したことは一度もありません。	该厂产品已经行销世界五十六个国家和地区，在交货方面，多年来一次也没有违反合同规定。
11. 契約が実施されても、双方から異議が出ませんでした。	合同实施后，双方并未发生过异议。
12. ここ2、3日のうちに契約書の作成ができます。	在最近两、三天内，可制好合同书。
13. 本契約書にサインしていただきますようお願いいたします。	请在本合同上签字。
14. これはこちらが作成した契約ですが、念のために、もう一度詳しくご確認ください。	这是我方制作的合同，为了慎重起见，请再详细确认一遍。
15. 契約条項にちいては、統一した確認を持たなければなりませんので、なにかご意見がありましたら、ざっくばらんにおっしゃってください。	对于合同条款，双方须有统一认识。因此，如有意见，请坦率地说出来。
16. 本契約のいくつかの条項が厳密性を欠き、双方の責任について拘束力に欠け、執行に困難があり、成果が思わしくないと思います。	我方认为本合同的有些条款不够严密，对双方的责任往往缺乏约束力，执行起来有困难，效果不够理想。
17. 当社は契約のすべての条項を履行するものです。	我社会全面履行合同的所有条款。
18. ここに積み替え許容という字句をつけ加えるべきだとおもいます。	我方认为应在合同该处加上允许转船字句。
19. もし、契約の一方が本契約通りに履行しなかった場合、他方は本契約をキャンセルする権利があります。	如果合同的一方不按照本合同履约，另一方有取消本合同的权利。
20. 昨日、双方が商談した内容はほぼ契約書に書き入れました。	昨天双方洽谈的内容基本上都写进了合同。
21. いま契約書を作成中です。2、3日もすれば、サインできると思います。	现在正在制作合同，再过两、三天即可在合同上签字。
22. 念のためにもう一度本契約の条項を逐条チェックして下さい。なにか意見の食違ったところがありましたら、どうかご指摘ください。	为了慎重起见，请逐条再核对一遍合同，如有意见分歧的地方，请指出来。
23. 包装と荷印の条項には賛成ですが支払方法に賛成できません。	我方对包装和唛头条款无意见，但对付款方式有意见。
24. 長年来、双方がよく協力しあってきたからこそ、平等互恵、有無相通ずると言う原則をふまえて、数多くの契約が達成されました。	多年来，正因为双方亲密合作，以平等互利、互通有无的原则为基础，才签订了大量合同。

25.	当社としては、当然誠意をもって、契約を履行すべきであり、契約の変更や修正を行う場合は事前に貴公司の同意を得るものであります。	作为我社应当认真履行合同，对合同进行变更、修改时，应事先征得贵公司的同意。
26.	当公司は一貫して契約を重んじ、信用を守ってきております。	我公司一贯重合同、守信用。
27.	ここに中、日文正本契約書各二部を同封致しますので、貴方ご署名後、その中の中、日文正本契約書各一部を当公司にご返送下さい。	兹将中、日文正本合同各二份随信寄去，请贵方把其中的中、日文正本合同各一份寄回我公司。
28.	契約書がもうできております。数量、規格、価格、納期などをご確認ください。	合同已做好，请再确认一下数量，规格，价格和交货期等事项。
29.	絶大なるご協力を頂き、遂に契約を全うすることができたことは、誠に感謝に堪えません。	承蒙贵方大力协助，最后得以完成合同，不胜感谢。
30.	もし、3月末までに貴社からの信用状が着かないと契約の履行にさしつかえると思います。	如果在3月底以前仍然收不到贵方开立的信用证，将影响履行合同。
31.	念のため、契約書作成前に数量、規格、価格、船積み期日などをご確認くださいますようお願いします。	为了慎重起见，在制作合同之前，请贵方再确认一下数量、规格、价格和装运日期等事宜。
32.	契約書の船積み期限に記載された3月は2月の誤記であると思いますので、これを当方で修正いたしました。	在合同的装运期限中，所记载的3月，我方认为是2月之笔误，已由我方加以修改。

（八）信用状に関する用語

1.	早急に信用状を開設していただくようお願いします。	请贵方速开立信用证。
2.	WL147信用状の金額をUS100万ドルにご追加ください。	请把WL147信用证金额增加到100万美圆。
3.	貴方より信用状の修正通知を受取り次第、さっそく船積みの手配をいたします。	一旦收到贵方修改信用证通知我方立即安排装船。
4.	6月末までになお、信用状を受領できなければ、いきおい船積に影響するものと存じます。	如6月底以前仍收不到贵方开立的信用证，势必影响装船。
5.	3月15日付で双方が成約したクルミはもう二カ月近くになりましたが、当公司はいまもって信用状開設のご通知を受けておりません。	3月15日双方成交的核桃交易已过了近两个月了，但我公司尚未收到开证通知。
6.	信用状開設銀行を早くお知らせ下さい。	请速告知我方开立信用证的银行。
7.	今度の貨物量が多いので、一回では積み切れませんから、分割積出という字句をL/Cにご注記いただきたいと思います。	因为这次货物数量多，一次装不完，所以希望在信用证上注明"分批装运"字样。
8.	L/Cの中に分割渡可能という字句をご記入くださるようお願いします。	请在信用证上注明"可分批装运"字样
9.	L/Cの中の分割渡可能という字句をお取り消しく	请把信用证上的"可分批装运"字样取消。

ださい。

10. 信用状の分割渡不能という字句を分割渡可能にご訂正ください。

请把信用证上的"不可分批装运"字样改为"可分批装运"

11. 今度、契約したエビ信用状の中の譲渡可能という字句を取消してください。

请把这次成交的大虾信用证上的"可以转让"的字句取消。

12. もし、6月末までに信用状が着かないと契約の履行に支障をもたらすことになりますから、至急信用状をご開設くださるようお願いします。

如果在6月底以前我公司尚收不到贵方开立的信用证，势必给履行合同带来障碍，故敬请贵方速开立信用证。

13. 5月末までに信用状が到着しなければ、契約を履行するのに差し支えると思います。

我方认为如果5月底以前收不到信用证，将影响履行合同。

14. 硫酸ポンプの注文については、最近外貨割当額の不足のため、分割払いにしたいと存じますが貴社のご意見をお聞かせ下さい。

关于硫酸泵的订货，最近由于外汇配额不足，我方打算采取分期付款的方式，不知贵方意见如何。

15. 貴社の信用状が到着次第船積みをいたします。

我方一旦收到贵社开立的信用证，立即装船。

16. 買方は売方の同意した銀行を経由して、信用状を開設しなければなりません。

买方须通过卖方同意的银行开立信用证。

17. 信用状の有効期限は船積後15日までとします。

信用证的有效期为装船后15天以内。

18. 信用状を開設致しましたので、コピー同封致します。ご確認ください。

信用证已开，随信附上信用证副本，请确认。

19. 貴公司と契約したタオルケットについてのL/Cを開く準備をしています。船積期の変える品番について、すぐご連絡ください。

我方正准备开立和贵公司签约的有关毛巾被的信用证，关于改变装船期的有关品号，请速和我方联系。

20. バック・ツー・バック方式で今度の取引を進めたほうがいいと思います。

我方认为以对开信用证易货的方式进行这笔交易比较理想。

21. 6月3日、当方は東京住友銀行を通じて、電信にて信用状（L/C NO.888）を開設しました。ご査収をお願いします。

6月3日我方已通过东京住友银行电开了信用证，证号888，请查收。

22. 本信ご一覧後直ちに青島国際貿易公司を受益者とする総額US$2,000万、確認済、取消不能の信用状をご開設くださるようにお願い申し上げます。

敬请见信后速开以青岛国际贸易公司为受益人，金额总计2000万美圆，保兑、不可撤消的信用证。

23. 当公司はすでに大豆の出荷準備ができておりますが貴社信用状の金額が二万米ドル不足しているために積出することができません。

我公司已做好了大豆的发货准备工作，但因贵社信用证金额少开了两万美圆，致使我公司无法装运。

24. 当公司はできるだけ早く小豆を準備して、納期通り、お引渡ししたいと存じますので、早急に信用状をご開設くださるようお願い申し上げます。

我公司将尽快准备好小豆货物，按期交货，望速开立信用证。

25. 船積期日が近付いていますが貴社からの信用状をまだ受取っておりません。当公司の船積

装船期已临近，但我公司尚未接到贵公司开来的信用证，为了使我公司能顺利装运，请速办理开

付　録

　　　みをスムーズに行うために速やかに信用状開設の手配をしてくださるようお願いいたします。　　　証事宜。

26. JA305契約書にかかわる大豆の納期が近付いていますがまだ関係信用状を受領しておりません。当公司はすでにカーゴ·レディができて、船積を持つ状態になっておりますので、大至急に信用状開設の手配をしていただきますようおねがいいたします。　　　JA305合同项下的大豆的交货期临近，我方尚未收到有关信用证，我公司已把货物备妥，处于等待装运状态，故请火速安排开证。

27. 冷凍エビ500トンの船積の準備はすでに整っていますので、至急信用状を電送するようお願い致します。　　　冻虾500吨装船准备工作已就绪，望速电开信用证。

28. 配船の都合によって、船積は数日遅延することになりますので、至急信用状の期限を15日延長してください。　　　由于船只调配的关系，装船日期要延迟几天，请速将信用证延期15天。

29. ハルサメ信用状の船積期日十月を十二月に、船積地の青島を煙台に訂正して下さるようお願いいたします。　　　请将粉丝信用证的装船日期由十月改为十二月，把装船口岸由青岛改为烟台。

30. 貴社の信用状受取次第出荷可能です。さっそく契約通り、信用状をオープンしてくださるようお願いします。　　　一旦收到贵社信用证，就可立即发货，望请按合同规定速开信用证。

31. 当公司は山東銀行へ連絡を取り、米ドル建て信用状を開設しました。まもなく貴社に到着すると思います。　　　我公司与山东银行进行了联系，已开立了美圆信用证，贵社不久即可收到。

32. 荷渡し1カ月前、貴社が信用状を開設しなければなりません。　　　交货一个月以前，须贵社开立信用证。

33. 当公司の信用状が届きましたら、至急積出してくださるようお願いします。　　　收到我方的信用证后，请速出运。

34. 貴方は本契約書に定められた船積月の始まる15日前に、当公司の同意した神戸銀行を通じて、取消不能、譲渡可能、分割可能の書類が信用状開設神戸銀行付きの支払い一覧払い信用状をご開設ください。　　　按本合同规定的装运日开始的15天以前，请贵方通过我公司同意的神户银行开出不可撤销、可转让、可分割、单到神户开证行付款即期信用证。

35. もし、貴公司が半月を繰り上げて、積出すことを承知すれば、当方は信用状の開設に同意します。　　　如果贵公司承诺提前半个月发运，我方同意开证。

36. 確認済み、取消不能、分割可能、譲渡可能、償還請求不能の商品代金額を額面とする一覧払い信用状をもって、支払ってください。　　　请以保兑、不可撤消、可分割、可转让、无追索权、金额为全部货款的即期信用证支付。

37. 確認ずみ、取消不能、分割不能、積替え許容条　　　请贵方开立保兑、不可撤销、不可分批装运、带

	項つきの、商品代金金額を額面とする信用状をご開設くださるよう。お願いします。	转船条款、票面金额为全部货款的信用证。
38.	最大の努力をして、ご希望の栗の数量に副うようにしたため、200トンを300トンにふやして、至急信用状の金額60万米ドルを90万米ドルに増額してくださいますようお願いします。	为了满足贵方对栗子的需求数量，我方尽了最大努力，将200吨增加到300吨，请将信用证金额由60万美圆增至90万美圆。
39.	中国では原則として信用状がないと船積手続ができませんので、船は信用状到着間では積み待ちとなります。これはわれわれ双方にとって不都合が生じることになりますので、信用状は早目に開設してくださるようお願いします。	在中国，原则上没有信用证不能办理装船手续，所以信用证未到之前，船要等待装货，这给我们双方增加了不少麻烦，所以希望贵方速开出信用证。
40.	契約を早目に履行するために信用状を早くご開設下さい。	为了早日履行合同，请贵方速开出信用证。
41.	当公司の不注意により信用状開設がおくれましたことを心からお詫び申し上げます。5月3日付の貴FAXを受領後当方は直ちに黄海銀行経由にて関係信用状を開設いたしました。もうすでに貴方に届いているものと思います。	由于我公司疏忽，致使开证延误，对此深表歉意。收到贵方5月3日的传真后，我方立既经黄海银行开出了有关信用证，想必贵方业已收到。
42.	7月8日付貴FAXによりますと、信用状はすでに開設済みとのことですが、残念ながら銀行からの通知はまだ届いていません。確認銀行に通知するよう督促してください。	据7月8日贵方传真说信用证已开讫，但很遗憾，我方尚未接到银行通知。请督促保兑银行尽快通知。
43.	本契約の貨物は当方において不日（ぶじつ）準備完了いたしますので、さっそく信用状をご開設くださるようお願いします。	该合同的货物，我方不久即可准备就绪，请速开信用证。

（九）輸送に関する用語

1.	目的港へ輸送する途中、トランシップをすることはできません。	在运往目的港的途中不许转船。
2.	ご注文品はいつでも船積にできるようになっています。	贵方所订货物随时可以装运。
3.	4月5日までに積出してください。	请于4月5日以前发运。
4.	貴社からの信用状が到着次第船積みをいたします。	一旦收到贵方开来的信用证即速装运。
5.	ご希望通り、仕向け地を神戸港にしました。	按贵方要求，目的口岸定为神户港。
6.	ご注文の品物は6月16日に魯裕船に船積いたしました。	贵方所订货品于6月16日已装鲁裕轮
7.	契約期日通り荷渡しできると確信しております。	我方相信，可以按合同如期交货。
8.	できるだけ早くお引渡しできるように努力いたし	我方将努力尽早交货。

ます。

9. ご要求通り船積港を青島にいたしました。 | 按贵方要求，把装运港定在青岛。
10. 配船の都合上、引渡期日が契約の定めより1ヵ月遅延することになります。 | 由于安排船只的关系，交货日期比合同原定日期延迟一个月。
11. できるだけ早目に積出すようお願いしいし请贵方用传真速告知出运日期和船名。てお知らせ下さい。 | 请贵方尽快装うお请贵方尽快装期日及び船名をFAXに
13. 前もって船積みの手配をしていただきます。 | 请贵方提前进行装船准备工作。
14. 早急に船積期をFAXにてお知らせ下さい。 | 请速用传真告知装运期
15. 配船の都合上、仕向港への入港は2、3日ぐらいおくれる見込です。 | 由于船只安排的关系，估计抵达目的港的日期要推迟两、三天左右。
16. 契約期日通り、荷渡し下さるようお願いします。 | 敬请贵方按合同规定如期交货。
17. 滞船料は1日2万米ドル、早出料はその半額で計算します。滞船料→デマレッジ/滞期费早出料→ディスパッチ/快装费、速遣费 | 滞期费每天按两万美圆计算，速遣费按半价计算
18. 残りの貨物の最終船積は5月を希望しております。これは当方ユーザーの考えです。船名、ETDをお知らせ下さい。 | 剩余货物的最后一次装船望定在5月份，这是用户的意见。请告知我方船名和离港日期。
19. 桐材の船積みについては前もって船積み準備をしなければならないので、船名、積載量、入港期日及び出港期日を至急お知らせ下さい。 | 关于桐材装船之事，因事先需要进行装船准备工作，请贵方速通知我方船名、载重量、进港及离港日期。
20. 92JD23号契約の大豆について、配船の都合で、引渡し期日が契約期日通り行えないので、ご了承をお願いいたします。 | 92JD23号合同项下的大豆，由于船只调配的原因，不能如期按合同规定日期装运，敬请谅解。
21. 今後の船積はどのようになるかFAXにてお知らせ下さい。 | 请用传真告知今后如何装船。
22. 上記商品の納期については一括で船積する必要がありません。 | 关于上述产品的交期事宜，我方认为没有必要一次装完。
23. 船積に遅れがでていますので、ご注意ください。 | 因装船出现拖期，故请注意。
24. 貴公司では分割船積できるかお知らせ下さい。 | 请告知贵公司能否分批装船。
25. 当公司で責任を持って船をチャーターします。 | 我公司负责租船。
26. 注文したタオルケットはみな季節向商品ですから、5月前に一度に積み出してくださるようお願いします。 | 我方订购的毛巾被产品都是季节性商品，所以希望5月份以前一次装出。
27. 5月末までにかならず船積しなければなりません。そうでないと販売シーズンに間に合いません。 | 希望贵方五月底以前务必装运，不然的话，赶不上销售季节。
28. 運賃はすべて貴社の負担になります。 | 运费全部由贵社负担。
29. 本ロットの貨物は至急入用ですから、荷渡しを半月繰り上げていただくようお願います。 | 本批货是急需物资，请提前半个月交货。

付　録

30. 本製品はまだ生産中ですので、納期を繰り上げることができません。　　本产品尚正在生产之中，交期无法提前。

31. 当社はできるだけ早く本商品を市場へ投入したいので。荷渡期日を 5 月末に繰り上げてください。　　我社希望尽快把该商品投放市场，因此请贵方把交货期提前到5月底。

32. 荷渡しは 10 月中旬より遅くなることはありません。　　不会迟于10月中旬交货。

33. 期日通りに荷渡しできないかもしれません。　　也许不能按期交货。

34. できるだけ早く出荷できるよう努力いたします。　　我方尽可能争取早日交货。

35. 船名、及び ETD、ETA をご連絡ください。　　请告知船名、离港日期和抵港日期。

36. 必ず契約の期日通り、荷渡しできると確信しております。　　我们深信，完全可以按合同规定日期交货。

37. 契約書135号のカーペットは本月15日までに積込できるはずです。　　135号合同的地毯预定本月15日以前装运。

38. 船積遅延の原因をご説明下さるようお願いいたします。　　请贵方说明装运迟误的原因。

39. さっそく FAX にて確実な積出期日、船名、及び積込情況をお知らせ下さい。　　请用传真告知确定的装船日期、船名和装船情况。

40. 最終船積みを 5 月中旬にしてほしいです。　　希望最后一次装船定在5月中旬。

41. 荷渡期日もう近付いておりますから、上記貨物をかならず積出しできるようすみやかに準備を整えてください。　　由于交货期已临近，为使上述货物务必启运，请速做好发货准备。

42. 前もって船積の手配をしなければなりませんので、船名、積載量、出港期日と入港予定期日を至急お知らせ下さい。　　由于须预先安排装船，因此，请速告知船名、载重量、离港日期和预定抵港日期。

43. 3 月上旬には、カーゴ・レディーができる見込です。現在のところ、3 月 10 日 ETD 青島の「魯裕」号に積むよう努力いたしております。　　我方预定3月上旬可备妥本批货物，现在，正努力安排装3月10日从青岛离港的鲁裕轮。

44. 1290 号契約にかかわる硫酸ポンプは至急入用のため、ユーザーよりさっそく荷渡しするよう希望しており、信用状期限再延長は不可能です。ご諒承ください。　　由于急需1290号合同项下的硫酸泵，用户希望立即交货，信用证不能再行展期，请谅解。

45. 船積終了ゴ 8 時間内に契約番号、品名、数量、送状金額、船名および ETD を FAX にて当公司へお知らせ下さい。　　装船后48小时以内，请用传真告知我公司合同号码、品名、数量、发票金额、船名及离港日期。

46. 本ロットの貨物はすでに青島港に輸送しており、貴社の配船を待つばかりです。　　本批货物已经运至青岛港，敬候贵社派船。

47. 船積次第、FAX にて詳しいことをお知らせいたします。　　一旦装船，立即用传真把详细情况告知贵方。

付　録

48. 貨物船のスペースがブックでき次第、荷受本船名を貴方にお知らせいたします。　　一旦订妥货船舱位，我方立即把载货船名通知贵方。

49. 当方は前もって船積みの手配をしなければなりませんので、船名、国籍、積載量、出港地、出港期日、寄港地及び入港予定期日を至急ご連絡くださるようお願いします。　　由于我方需要事先进行装船的安排工作，故请将船名、船籍、载重量、起航口岸、起航日期、沿途停靠港口、预定抵港日期等迅速通知我方。

50. 国際複合輸送は貿易発展のための有利な輸送方式の一つです。　　国际多方式联运是发展贸易的有利运输方式之一。

51. 当公司は契約の規定通り、間違いなく船積みを致します。　　我们公司将按合同规定，准期装船。

（十）保険に関する用語

1. 保険会社は全額賠償することを承認しました。　　保险公司答应赔偿全部金额。
2. 保険は当方で処理いたします。　　保险由我方自理。
3. この損害は単独海損に相当するもので、当然貴方の賠償すべき範囲に属するものと考えます。　　我方认为这种损失相当于单独海损，当然属于贵方赔偿范围之内。
4. オール・リスクを付保してください。　　请投保综合险。
5. このロットの貨物にWPAを付保していただきたい。　　请对这批货物投保水渍险。
6. 付保金額はインボイス金額の110%です。　　投保金额为发票的110%。
7. インボイス金額の10%増して、付保してください。　　请按发票金额加10%投保。
8. 当公司が貴社に代わって付保できますが、保険料金は貴社払います。　　我公司可代贵社投保，但保险费由贵社支付（承担）
9. 直接保険に加入してください。　　请直接投保。
10. 可能な限り、低額の保険にしていただきたい。　　希望尽可能低额投保。
11. なるべく低額の保険に加入していただきたいのです。　　希望尽量低额投保。
12. 当方はなるべく低価の保険に加入するようお願いします。　　我方希望尽量以低价投保。
13. 南京太平洋保険公司は全額賠償することを引き受けました。　　南京太平洋保险公司承诺赔偿全部损失。
14. 今度の損失について保険会社と交渉したところ、全額賠償することを受諾しました。　　对于这次损失，经与保险公司交涉，该公司承诺赔偿全部损失。
15. 通常この種の品にはAll Risksをかけます。　　一般对此种货物投保综合险。
16. インボイス金額の110%の保険金額で付保したいと考えております。　　我方愿按发票货值的110%保额投保。
17. 破損保険は貴公司のご希望通りに付保しますが、割増料金は貴公司持ちになります。　　我方按贵社希望投保破碎险，但额外保费由贵公司承担。

付　録

18. 保険はこちらでかけることにいたします。	由我方自行投保。
19. 当公司は自分で付保いたします。	我公司将自行投保。
20. 保険は買方のほうでかけることになっています。	由买方自行投保。
21. このロットの貨物にはオール・リスクを付保するよう希望いたします。	我方希望对这批货投保综合险。
22. 一般的な慣例ではインボイス価格に 10%を加えて付保します。	按照一般惯例，只按发票价格加10%投保。
23. 保険料およびすべての輸送費は荷受人が支払います。	保险费和运费均由收货人支付。
24. 当公司は貴社に代わって付保してもかまいません。	我公司也可以代贵社投保。
25. 当公司はこの種の保険をかけますが費用は貴社で負担してください。	我公司将投保这种险别，费用由贵社负担。
26. 保険料は運賃と共にインボイス金額に合算（がっさん）します。	保费、运费都一起算在发票金额之内。
27. 横浜で荷卸しする際、貨物の袋がよく海中に落ちますので、保険業者は保険料率を3%上げざるを得なくなったわけです。	在横滨卸货时，货包常常掉到海里，所以保险公司不得不把保险费率提高3%。
28. 保険会社から保険証明書を受領次第、すぐ貴公司へご送付いたします。	一旦收到保险公司的保险凭证，我方立即寄给贵公司。
29. 通例によって、次の貨物にはWPAを付保いたしました。	按照惯例，我方对下列货物投保了水渍险。
30. ご要望により、次の貨物にはオール・リスクをかけましたが保険料と運賃は荷受人で負担することになっています。	按贵方要求，我方已对下列货物投保了综合险，保险费和运费由收货人承担。
31. インボイス金額の 110%で仕向け港まで付保いたします。	我方按发票金额的110%投保到目的港。
32. 今後、半年間に当公司は門司に数回セメントを輸送しますので、貴社の FPA の最低保険料率を知りたいと思います。	今后半年之内，我公司将分几次向门司港运送水泥，想了解贵社平安险的最低费率。
（注：FPA＝分損不担保）	
33. 当公司は本ロットのセメントに対し、すぐ神戸までの保険をかけたいと思っておりますので、保険証券ができあがり次第、当公司にご送付願います。	我公司对这批水泥货物拟立即投保到神户，望请贵方一旦准备好保单后，立即寄送我公司。
34. FOB と CFR 価格なら買手が保険をかけることになります。	如果是 FOB 和 CFR 价，由买方投保。
35. CIF 価格なら、売方が中国人民保険公司の約	成本加运费在内价由卖方保险，按照中国人民保

款（ストのリスクを含まない）に基づいて、インボイス総金額 110%に当るオール・リスク及びウォーリスクを付保します。 险公司条款（不包括罢工险）由卖方按发票总金额的110%投保综合险及战争险。

36. 当社の保険条項は主に分損不担保(FPA)、分損担保(WPA)、オールリスクという三種類になっています。 我公司的保险条款主要分平安险、水渍险和综合险三种。
注：ぶんそんたんぽ［分損担保］水渍险
　　ぶんそんふたんぽ［分損不担保］平安险

37. 保険期限は最後の荷揚げ港で船より被保険貨物を荷揚げしてから、60日限りです。 保险期限仅限于在卸货港从船上卸下被保险货物后60天为止。

38. 当保険公司は国際保険で一般的につかわれている倉庫より倉庫までという条項を採用しております。 本保险公司采用了国际保险业务中一般使用的仓至仓条款。

39. オール・リスクで保険契約を取り結ぶと海上、陸上をとわずすべての危険が担保されます。 如签订综合险保险合同，可以担保不管海上还是陆地上的所有的风险。

40. 分損担保のほうは分損不担保より保険者の危険負担の幅が大きいです。 保险人承保水渍险比承保平安险承担的风险范围要大一些。

41. もし、CIF価格で取引が成約するならば、分損担保の保険を申し込めば、結構です。 如果以到岸价格成交，申请投保水渍险就可以了。

42. 破損保険の割増保険料は買手負担になります。 破损险的额外保费由买方承担。

43. この積送品に破損保険を付保してください。 请对这批装运货物投保破碎险。

44. 本取引は FOB 価格で契約したものですから、貴方ご自身ご付保すべきだと思います。 本交易是以FOB价格签约的，应由贵方自行投保。

45. 当保険会社は普通分損担保を取り扱っております。 本保险公司通常办理水渍险保险业务。

46. 成約値段が FOB 建てですから、保険は慣例通り、海外の買手が付保すべきです。 因为成交价为离岸价格，所以按惯例保险应由国外买方投保。

（十一）クレームに関する用語

1. クレームを出す 提出索赔
　——を提起する 提出索赔
　——を提出せざるを得ない 不得不提出索赔
　——を撤回する 撤消索赔
　——を取消す 取消索赔
　——に関してはまだ解決していない 索赔问题尚未得到解决
2. 双方の友好に支障をもたらす。 有碍双方友好。
3. 現品は見本（或サンプル）と一致しない。 现货和样品不符。
4. 着荷は見本と一致しない。 到货和样品不符。
5. 品質はサンプルと違う。 质量和样品不一样。

6.	商品に欠陥がある。	商品有毛病。
7.	荷造り不良のため、着荷の半分以上がすでに廃物になっており、まったく売物にならない。	由于包装不良，到货的一半以上货品已成为废品，根本无法销售。
8.	現品は見本と相違しています。	现货和样品不符。
9.	貴公司の賠償要求に応じかねます。	难以接受贵公司的赔偿要求。
10.	貴社が違約の全責任を負うべきである。	贵社应负违约的全部责任。
11.	残念ながら当社は違約の責任を負いかねます。	我公司歉难负违约的责任。
12.	明らかに契約違反である。	显然违反合同。
13.	契約書の第二条のとりきめに照す。	依照合同的第二条规定。
14.	契約書の第2条項に基づく。	根据合同第二条款。
15.	無償でお取換えくださるようお願いいたします。	希望给予无偿更换。
16.	貴社はついにこれを打ち捨てて、顧みられませんでした。	贵社竟然置之不理。
17.	このような事故は初耳である。	这种事故尚属初闻。
18.	今後は二度とこのような不祥事が発生しないように保証してください。	今后请贵方保证不再发生这样的不幸事故。
19.	貴公司の責任を追究せざるを得ません。	不得不追究贵公司的责任。
20.	もし、貴社が品質の確保を保証できないなら、残りの分はしばらく出荷しないようお願いします。	如果贵社不能保证品质绝对优良，剩余货品望暂停发运。
21.	お互いに友好的な話し合いによって、今度の不祥事に対し善処していただくようお願いします。	我方希望双方通过友好协商妥善处理这次不幸事故。
22.	今度の損傷は輸送中に生じたものと確信しております。	我方确信这次货损是在运输途中发生的。
23.	今度の損傷は輸送途中に発生したものと確信しております。	我方确信这次货损是在运输途中发生的。
24.	当公司は不合格品にたいして、クレームを提起します。	我方对不合格产品提出索赔。
25.	当工場は一九八四年外国との業務関係を打ち立てて以来、品質などの問題で、返品を受けたことはありません。	我厂自1984年和国外建立交易业务以来，从来没有因产品质量问题而被要求退货。
26.	今度の損失について保険会社と交渉したところ、保険会社は全額賠償することを承認しました。	对这次损失，经我方和保险公司交涉，对方承诺赔偿全部损失。
27.	これは明らかに包装不良によるもので、クレームを提出せざるを得ません。	这显然是由于包装不良所致，我方不得不提出索赔。

付　録

28. 貴社から買い入れのワニスは、ユーザーより苦情が非常に多いので、当公司は大変困っています。ここに返品されたものをお送りしますがよくご検討のうえ、適切な改善をされるようお願いします。
（注：ワニス／清漆）

从贵社订购的清漆，用户大为不满，我公司深感棘手，先把用户退回的商品寄送贵社，请好好研究后，进行适当的改进。

29. 今月10日山和丸で運送してきた硫安を青島商品検験局に依頼して、再検査した結果、窒素含有量23％以下のものが約8％も占めています。これは契約書第十二条の取り決めに違反するものであり、クレームを提出せざるをえません。

本月10日由山和轮运来的硫酸铵，委托青岛商品检验局复验的结果，含氮量在23％以下的量约占8％，我方认为这是违反了合同第十二条的规定，因此，不得不提出索赔。

30. 先月10日天和丸で運送してきたコンプレッサーは商品検験局によって、検査された結果、錆のついたものが五台もあります。これは契約書第五条の取り決めに違反するので、この違約の全責任は貴社が負うべきものであります。そこで、この損害について賠償要求せざるを得ない次第であります。

上个月10日由天和丸运来的空压机，经商检局检查，生锈的竟达5台之多，我方认为这违反了合同第五条规定，应由贵方负违约责任。因此，我方不得不要求赔偿损失。

31. コンプレッサーが錆のついた事由で、賠償要求との申し入れははなはだ意外に存じます。今まで、当社の製品が荷造り不完全のために破損したことは一度のありません。それは輸送途中特別の事情で生じたものと確信しております。それについては船会社にご交渉下されば、ご満足な回答が得られるものと思います。

以空压机生锈为由提出赔偿损失的要求，使我方甚感意外，我社从来没有因包装有缺陷而造成产品损坏之事。我方确信那是由于运输途中发生的特殊情况所致。关于这种情况，如向船公司交涉，可得到满意的答复。

32. 貴方が若干の枝葉末節の問題を取り上げ、契約破棄の理由としているのは甚だ妥当性を欠くものであります。

贵方提出一些枝节问题作为毁约理由，是很不妥当的。

33. 貴社が今回の取引について、故意に小事に託して、契約をキャンセルしたことに対して当公司は理解に苦しんでおります。

贵社对本次交易借故毁约，我公司对此难以理解。

34. 当公司がよく調べました結果、同商品の品質はサンプルと完全に一致しておりますので、貴社からの商品品質に関するクレームのお申し出はお受けいたしかねます。

本公司经过详细调查，证明该商品的质量和样品完全一致，对贵社关于商品质量的索赔要求我方不能接受。

35. 貴公司の荷造りが粗雑なために着荷したカラーテレビは半数以上はすでに廃物になりました。そのため、無償で、お取り替えくださるようお願いいたします。	由于贵公司的包装粗劣，运来的彩电有一半以上已成为废品，因此希望无偿予以更换。
36. 先月、当方が注文した2000ケースのいちごジャムは5月2日に到着しましたが、残念ながらそのうち50ケースがひどく傷んでいます。	上个月，我方订购的2000箱草莓酱于5月2日到货，很遗憾其中有50箱严重损坏。
37. 本ロットの商品は船積前に青島商品検査局によって、検査済みです。	本批商品在装船前已由青岛商检局验讫。
38. 今度の損傷は輸送中に起きたものと確信しております。もし、損害賠償を請求する際は船会社にご交渉いただければ、必ずご満足のゆく回答が得られるものと存じます。	我方确信这次货损是在运输途中发生的，如果要求赔偿损失，可向船公司交涉，定可得到满意的答复。
39. 今度のミシンの損傷は輸送途中に発生したものではなく、波止場（はとば）で積み込む際に手荒く取り扱われたため損傷したものと思っております。	我方认为这次缝纫机货损不是在运输途中发生的，是由于在码头野蛮装货所致。
40. 当公司は輸送中に発生したいかなる損害もその損害賠償要求を受け入れかねます。	运输途中发生的任何货损及货损赔偿要求，我公司都歉难接受。
41. 残念ながら、当方は貴社の損害賠償をお受けいたしかねます。	我方歉难接受贵社的赔偿损失的要求。
42. 昨年注文した栗は二カ月遅れて到着し、輸入業者は大損害をこうむりました。貴公司は損害賠償の責任を負うべきです。	去年订购的栗子到货晚了两个多月，进口商蒙受了巨大损失，贵公司应该承担赔偿损失的责任。
43. 貴社のクレームは保険会社に差し出すならば、満足の行く回答が得られるものと存じます。	我方认为如果贵社向保险公司提出索赔要求，可以得到满意的答复。
44. 当公司の提出したクレームを全部解決していただけるよう願っております。	我方希望贵方能全部解决我公司提出的赔偿要求。
45. 双方の友好的な貿易関係を考慮して、当方は大豆500トンのショートづみ賠償を承諾すつ用意があります。	从双方的友好贸易关系考虑，我方同意赔偿短重的500吨大豆的要求。
46. 貴社が本契約を履行しないため、当公司に重大な損失をもたらしています。	由于贵社不履行本合同，给我公司带来了重大损失。

（十二）投資、合資に関する用語

1. 南京市は投資環境がよく、投資するに足りるところだと多くのビジネスマンは見ています。	很多实业家认为，南京市投资环境良好，是一个值得投资的地方。
2. 中国は外資を導入するためにあたって、契約を重んじて、信用を守るという原則を一貫してモッ	中国在引进外资时，一贯把重合同、守信用作为恪守的宗旨。

トーとしています。

3. ここ数年来、外資企業の輸出による外貨と獲得もたえず増加し、中国の輸出の力となっています。

近年来，由外资企业出口所创外汇不断增加，成为中国出口的一支力量。

4. 各種形式の外資企業はすでに中国経済における不可欠な構成部分になりました。

各种形式的外资企业已经成为中国经济不可缺少的构成部分。

5. 中国政府は引き続き投資環境のいっそうの改善に努力いたします。

中国政府将继续进一步努力改善投资环境。

6. 投資方式の面で、中外合資企業は中外合作企業の発展テンポを上回り、全額外資企業の増加は更に遠いです。

在投资方式方面，中外合资企业已超过了中外合作企业的发展速度，独资企业的增加更加迅速。

7. 当方は合資経営に非常に興味を持っております。

我方对合资经营非常感兴趣。

8. 当方は日本の実業界の人々と協力して、工場を合資経営したいという希望を持っております。

我方有同日本工商界人士合作经营工厂的愿望。

9. 中国国内の貯蓄が限られているため、より多くの外国の投資と融資を切望しています。

由于中国内储蓄有限，渴望得到更多的外国投资和贷款。

10. この工場は海外の投資家と協力パートナーに対し、さまざまな優遇をあたえ、便宜をはかります。

该厂对国外投资家和合作伙伴给予各种优惠条件，提供各种方便。

11. 当社は投資ができるだけ早く、安全に回収できるよう心から願っております。

我社衷心希望我方的投资能尽快安全地得到回收。

12. 中国はアメリカ工商界が投資し、協力事業を進めることを歓迎します。その場合、合弁会社であれ、100％出資企業であれ、国際的に通用する協力方式であれば、すべて受け入れる用意があります。

中国欢迎美国工商界对华投资、合作办企业。投资时，不管是合资企业还是全额外资企业，只要是国际通用的合作方式，我国都同意接受。

13. どこでも投資にはリスクはつきものです。

无论在哪里投资都会有风险。

14. 香港と中国大陸の経済協力の見通しは非常に明るく、大きな潜在力があり、大陸への投資は、利益をあげることができます。

香港和中国大陆的经济合作的前景十分光明，有很大的潜力，向大陆投资能获取利润。

15. 大陸投資市場から経済的利益をあげられることは台湾投資者を引き付ける主な原因です。

从大陆投资市场可以赚取利润是吸引台湾投资者的主要原因。

16. 外国資本が中国に投資して、企業を設立することは投資環境がたえず改善されていても、さまざまな困難はさけられないものです。

外国资本向中国投资，设立企业，即使投资环境不断得到完善也会遇到这样那样的困难。

17. 南京の投資環境はかなりよく、ここには廉価な労働力があるだけでなく、かなり優秀な人材もあると数多くの投資者は言っています。

不少投资者说，南京投资环境相当好，这里不仅有廉价的劳动力，而且也有相当优秀的知识分子。

主要参考资料

1. 芳贺绥著.《日本人の表現心理》．东京：中央公论社，1993
2. 木村尚三郎监编.《日本のすべて》．东京：三省堂，1987
3. 角田实、加藤晴子著.《日中对照生活会话手册》．东京：三修社，1994
4. 木村三千世著.《情報化時代の事務文書管理》．东京：燃烧社，1998
5. 马克•齐默尔曼著.《怎样与日本人做生意》．上海：上海科学技术文献出版社，1989
6. 丁建忠著.《国际商业谈判学》．北京：中信出版社，1996
7. 柯青蓉编译.《商务对话技巧》．北京：地震出版社，1993
8. 罗萃萃、李明等著.《面向21世纪高校学生素质教育基础理论研究》．海口：南方出版社，1998
9. 李魏、边东海、李炳南主编.《国际贸易》．北京：中国金融出版社，1997
10. 藤本恒、张黎、胡士云编著.《中日对照商务日语大全》．北京：世界图书出版公司，1998
11. 王智新、江丽编著.《日文书信手册》．上海：上海交通大学出版社，1988
12. 朱惠安编著.《外贸日语会话》．北京：外语教学研究出版社，1997
13. 张新华编著，《外贸业务日语》．青岛：青岛海洋大学出版社1993
14. 周殿清、彭晓利编著.《同声传译》．大连：大连理工大学出版社，1991
15. 周林娟编著.《商务日语大全》．上海：上海科学技术出版社，1993
16. 前川智.《地道商务日语会话》．华东理工大学出版社，2008.1
17. 王希时.《外贸商务日语会话》．天津大学出版社，2004.4
18. 孙韶华.《经济参考报》．2012.3
19. 新华网．2012.2
20. 德永健.《中新社华盛顿》．2012.4